篮球文化发展与
技战术训练研究

刘 伟 金国庆 王 颖 著

吉林摄影出版社

·长春·

图书在版编目(CIP)数据

篮球文化发展与技战术训练研究/刘伟,金国庆,
王颖著.--长春:吉林摄影出版社,2023.8

ISBN 978-7-5498-5956-6

Ⅰ.①篮… Ⅱ.①刘…②金…③王… Ⅲ.①篮球运
动-研究 Ⅳ.①G841

中国国家版本馆CIP数据核字(2023)第179001号

篮球文化发展与技战术训练研究

LANQIU WENHUA FAZHAN YU JIZHANSHU XUNLIAN YANJIU

著　　者:刘　伟　　金国庆　　王　颖
出 版 人:车　强
责任编辑:罗　晗
开　　本:787mm×1092mm　1/16
字　　数:285千字
印　　张:13
版　　次:2024年1月第1版
印　　次:2024年1月第1次印刷

出　　版:吉林摄影出版社
发　　行:吉林摄影出版社
地　　址:长春市净月高新技术产业开发区福祉大路5788号
　　　　　邮编:130118
电　　话:总编办:0431-81629821
　　　　　发行科:0431-81629829
印　　刷:北京银祥印刷有限公司

ISBN 978-7-5498-5956-6　　　　　定　　价:48.00元

前言

改革开放以来,我国经济快速发展,我国体育教学的改革也在不断推进,体育课程的设置也越来越丰富。篮球教学作为一项重要的体育课程,凭借其独特的魅力,深受学生的喜爱。它不仅能促进学生身心健康的发展,还能增强学生的体能、组织能力以及合作能力,有利于提升学生的综合素质,促进学生的全面发展。但随着体育教育改革的深入,篮球教学的诸多特征开始暴露出来,如理论脱离实践、教学观念不够新颖、教学方法缺乏创新等。

篮球运动是一项充满激情与创新的集体性球类运动,其多元运动价值和独特运动魅力使得诸多篮球运动员、教练员、球迷被其深深吸引并积极参与其中。当前,在体育全球化发展形势下,篮球运动发展也进入了一个新的发展时期,我国篮球运动拥有着良好的发展环境和发展机遇,竞技篮球、大众篮球、校园篮球等的发展态势良好,全社会篮球运动文化氛围已经形成,这也引发了对我国篮球运动的发展走向和前景的新思考。

本书是篮球文化发展与技战术训练研究方向的著作,本书简要介绍了篮球运动概述、篮球运动文化的弘扬与发展、篮球文化与篮球运动市场化发展等相关内容。另外介绍了篮球运动心智能力训练,还对篮球运动技术训练、篮球运动体能素质训练、篮球运动战术训练、篮球运动游戏科学化训练做了一定的介绍;最后阐述了篮球运动常见损伤与科学保健、篮球运动的科学研究。本书根据篮球运动的规律、特点和实践经验,重点介绍篮球运动的基本技术、基本战术及其训练方法,提出了现代篮球技战术训练的一些新思路、新观点和新方法。本书力求体现理论与实践的密切结合,在进行理论阐述的同时,穿插了大量篮球经典案例解析,便于读者理解、学习、融会贯通。

本书可作为篮球教练员、运动员的专业指导书,同时也可以作为广大篮球爱好者自学自练的参考书。

在编写本书的过程中,笔者查阅和借鉴了大量的相关资料,在此向其作者表示诚挚的感谢。此外,本书在编写的过程中,也得到了相关专家和同行的支持与帮助,在此一并致谢。由于作者水平有限,加之时间仓促,书中难免出现纰漏,敬请广大读者批评指正。

目 录

第一章 篮球运动概述

第一节 篮球运动的起源与演变

一、篮球运动的起源

(一)篮球运动起源的社会背景

现代篮球运动是在当时特定的社会条件下产生的,并随着社会的不断变化而得到进一步的发展和完善。19世纪中叶以后,欧洲产业革命引起生产劳动技术的创新,对生产力的大幅度提高起到了积极的促进作用。与此同时,人们的思想观念也开始发生一定的转变,追求的目标逐渐转变为健康、文明、进步和富裕的生活方式。另外,由于经济的发展和国力的增强,科教文化事业的受重视程度也越来越高。这些都在一定程度上为篮球运动在美国的起源奠定了坚实的基础。

具体来说,篮球运动起源的社会条件主要有以下几个:

第一,时间条件:19世纪50年代以后,欧洲产业革命的兴起使得生产劳动的技术得到较好的创新,人们拥有更多由自己支配的空闲时间。

第二,观念转变:随着生活方式的转变,人们的思想得以转变。人们追求的生活目标逐渐转变为健康、文明、进步和富裕的生活方式。这一时期,出现了各种各样的属于现代体育活动范畴的健康文明的活动性游戏,篮球游戏就是其中之一。

第三,社会环境:篮球运动起源于美国并非偶然,是社会历史的必然选择,经济文化的发展在一定程度上为篮球运动等休闲性体育活动在美国的起源奠定了坚实的基础。

(二)篮球运动的游戏雏形与形成

为了使新的运动项目达到预期的效果,为设计的运动提出了三个基本的要求。

第一,这种运动项目要与枯燥的古典体操和美式足球有所区别。既要具有对抗性,又要体现出文明性特征。

第二,这种运动项目不能受到时间、场地和天气等因素的影响,既可以在白天进行,又可以在黑夜进行;既可以在室内进行,又可以在室外进行。

第三,这种运动项目要适合不同性别、不同年龄的人参与,尤其是要使年轻人接受并喜欢这项运动。

由于当时设计出的篮筐底部是封闭的,球被投进篮筐无法掉落下来,所以每当篮筐内装满球后,需要将球从篮筐中取下,这带来了很多不便,也对游戏的流畅性造成影响。后来,经过不断改进,篮筐底部被去掉,并在篮球场地两边各放置个立柱,将篮筐安装在立柱上来进行比赛。在篮筐的底部曾设有挡网,以此来防止篮球被投掷到场外远处,有的是用网形装置将场地的周边罩住来代替挡网。随后竹篮逐步被活底的铁篮所替换,并经过不断改进成为铁圈,并在铁圈下面挂网。人们便将这种游戏称为"奈史密斯球"或"筐球"。这项运动不仅具有很强的趣味性和游戏性,而且它还具有良好的健身作用。

最初的这种篮球游戏没有规则和限制,后来,由于篮球运动具有较强的对抗性,便将某些限制性规定制定了出来,并且在不断的发展与实践中对比赛方式进行改进,从而使篮球游戏得到逐步完善,并逐渐向现代篮球运动转变。

二、篮球运动的发展

(一)世界篮球运动的发展

由于篮球运动具有广泛的适应性且场地器材简单,因此篮球运动产生之后就迅速传播开来。篮球运动由美国当地传向全世界,在世界范围内得到了广泛的传播。总的来说,篮球运动的发展大致可分为五个阶段,即初创与萌芽阶段,完善与推广阶段,普及与发展阶段,全面提高阶段,创新发展阶段,具体如下。

1. 初创萌芽阶段(19世纪90年代~20世纪20年代)

(1)篮球运动的迅速传播

在学校中,篮球运动自创立后,便以独特的运动形式和较强的趣味性得到迅速开展和传播。经过短期的传播之后,篮球运动由学校进入社会,并随着文化和信仰传播到世界各国。篮球运动如此快速的传播,彰显出其所具有的强大的生命力,并为成立国际业余篮球联合协会打下了良好的基础。

(2)篮球技战术的初步形成

在篮球运动不断开展和比赛规则的改变下,一些更适应篮球比赛要求的新技术不断出现,并在以后的篮球运动发展过程中得到更为充分的改进和完善,并逐步形成了与其他运动项目相区别的独特的技战术体系。具有标志性的技战术发展主要体现在以下三点。

首先,运球技术在19世纪90年代第一次出现,直到20世纪,运球技术的合法性才在比赛规则中得以明确。

其次,20世纪初出现了单手低手传球、双手低手传球、单手肩上投篮等技术动作。

最后,20世纪30年代出现了跳起投篮等技术动作。

(3)篮球竞赛规则的初步形成

篮球竞赛规则是关于篮球运动的技术法规。它在肯定正确技术和保护合理接触的同时,也明确否定了错误动作,并提倡"积极进取、团结合作、公平竞赛、行为高尚"的篮球运动精神。19世纪90年代的篮球竞赛规则只要求在竞赛时参赛双方人数相等便可,而对具体人数和场地的大小等没有严格的要求和限制,球被投入到篮筐中便可得一分,累计得分多的一方为胜,并且每进一球都要重新开始比赛。之后,这个时期的篮球竞赛规则经过了以下几个阶段的改进。

1892年,制定出了篮球竞赛的原始规则,即包含13条规则的"青年会篮球规则"。该规则作出了将比赛场地分三段区域的规定,同时确定了比赛的基本要求,如对攻守对抗中队员之间的身体接触部位进行限制,对悬空的篮筐装置的要求进行明确,在比赛中不准个人持球跑等。

篮球比赛的场地也经过了一系列的变革,并增画了中圈、罚球线等各种区位的限制线,后来又增画了中线。篮圈使用的是较为规范的铁圈,篮圈后部的挡网由木质的不规则的挡板所替代并与篮网相连接。此后的篮球比赛,由中圈跳球开始,并且队员在场中的位置也有了锋、卫的区分,其中前锋和中锋主要负责前场进攻,后卫在承担保护本方篮筐职责的同时,还要将球传给中场和前场的中锋和前锋,经过不断实践,篮球运动得到更好的改进和完善。

2.完善、推广阶段(20世纪30年代~20世纪40年代末)

(1)成立国际业余篮球联合协会

国际业余篮球联合会(简称国际篮联)在瑞士日内瓦正式成立,其总部设在意大利首都罗马。国际篮联的主要任务有以下两个。

第一,统一世界各国的篮球竞赛规则。初步制定了国际上统一的13条篮球竞赛规则,如规定每场比赛参赛双方的场上人数各为5人;增改了场地上的进攻限制区域;在比赛中,进攻队员投篮时防守队员犯规,如果投中则增加一次罚球,如果没有投中则罚球两次;比赛时间,男子和女子的篮球比赛时间分别由原来的男子10分钟、女子8分钟,共四节,改为每节比赛20分钟,共两节;在进攻方拿到球后必须在10秒内过中线,并且不能再次返回到后场。

第二,将篮球列为奥运会正式比赛项目。20世纪30年代,男子篮球成为第11届奥运会正式比赛项目,从此篮球运动开始登上国际竞技舞台。

(2)不断完善篮球技战术

篮球运动在20世纪30年代以后得到迅速普及和推广,其中在欧洲、亚洲、大洋洲的许多国家得到了非常快速的发展,这也使得篮球运动技术水平得到了更大的提高。20世纪30年代,单手胸前投篮技术和双手抛球投篮技术逐渐被双手胸前投篮技术所取代,并且协防、掩护、配合等团队精神在比赛中得到重视。一直到20世纪40年代末,进攻中的掩护、策应、快攻战术和防守中的区域联防、人盯人防守等战术阵型和配合受到世界各国篮球队的高度重视,这也使得篮球运动在世界范围内进入完善与推广的新阶段。

(3)国际级篮球比赛的日益丰富

在国际篮联成立以后,各个国家、各个地区都在有组织、有计划、频繁地举办各种篮球比赛。

3.普及、发展阶段(20世纪50年代~20世纪70年代末)

(1)运动员的身高不断增加

该阶段,运动员所表现出的直观现象是身材越来越高大,其中不乏2米以上的运动员参加比赛,身高的优势也在比赛中得到很好的体现。尤其是在阿根廷和智利举行的男子和女子首届世界篮球锦标赛上,高大篮球队员在赛场上的优秀表现,给国际篮球运动带来了新的更大的冲击。特别是通过利用高大队员强攻篮下的中锋打法已成为篮球比赛中有效的进攻战术,这进一步促进了篮球运动向着队员高大型的方向发展。

（2）高大队员开始大量出现

在篮球比赛中,为了更为有效地应对场上出现的新情况,篮球规则在场地和时间上对进攻队进行了新的限制,如将一次进攻的时间限制为 30 秒;扩大篮下的限制区,由门字形限制区扩大为梯形限制区;20 世纪 60 年代中期曾一度取消中场线,直到 20 世纪 60 年代末才又恢复。

（3）篮球技战术得到全面发展

在篮球比赛中,扩大攻守区域,并做到高度和速度相结合,已经成为比赛胜负的关键,在此基础上,篮球比赛中的攻守技术和战术也得到了很好的推动和全面的发展。例如,进攻中的快攻战术和防守中的全场紧逼人盯人防守战术,成为当时以快制高的重要手段。20 世纪 60 年代,世界篮球运动进入了普及与发展的新时期,并逐步形成了欧洲型打法(注重力量、速度、高度相结合)、美国型打法(注重高度、技巧、速度相结合)和亚洲型打法(以矮、快、灵、准相结合)。

4.全面提高阶段(20 世纪 70 年代～20 世纪 80 年代末)

（1）比赛对抗更加激烈

随着篮球运动技战术的不断发展,篮球运动员在身高、控空高度和攻守转换速度等方面都有了较为明显的提高,篮球运动也因此被称为"巨人们"的游戏。篮球运动员在个人高度和技术方面达到了有机统一,在团队协作方面,也逐步形成了整体高空战术及地面与空间协同组合的战术配合。随着篮球比赛中速度和高度的对抗越来越激烈,新时期的篮球运动正向着高强度、高对抗、高速度、高技巧、高智慧、高比分的方向发展。

（2）竞赛规则日益完善

篮球竞赛规则经过多次修改后,增加了 3 分球和追加罚球的规定,进攻时间的缩短也进一步提升了攻守转换的速度,这也使得新的篮球技战术体系得以构建。

（3）女子篮球发展快速

20 世纪 70 年代中期,女子篮球成为第 21 届奥运会正式比赛项目,进而掀起了第二次发展高潮。篮球运动人口数量日益增多,篮球比赛的方式也发生了变化,竞技水平越来越高,国际强队不断增多。

5.创新发展阶段(20 世纪 90 年代之后)

目前,篮球运动进入了一个全新的创新发展阶段,篮球运动在该阶段的发展特点主要表现在以下几个方面。

（1）国际篮球联合会成立

20 世纪 90 年代后,经过国际奥委会的批准,职业篮球运动员可以参加奥运会比赛,这也为篮球运动的发展注入了新的活力,并为其发展提供了新的发展方向和渠道,篮球运动正向着将竞技化、智能化、职业化、科技化、产业化、凶悍化等融为一体的现代化方向发展。因此,国际业余篮球联合会正式更名为国际篮球联合会。

（2）竞赛规则得到适时修改

由于篮球运动技术动作的不断创新，战术配合越来越精湛，追求实效，阵形多变，运动员在场内的攻守区域部分逐渐趋向模糊，高空争夺也更加凶悍，这就使得篮球比赛越来越具有艺术观赏性。同时，篮球规则也对比赛速度、高空争抢、场地区域及攻守技术、战术的合理运用，以及全场比赛的时间和方式等都进行了新的规定，如将比赛的上下两个半时改为 4 节，并且每节的比赛时间限制为 10 分钟，交替拥有球权，实行 3 人裁判制。

（二）中国篮球运动的发展

篮球运动在我国的传播、普及、发展、提高经历了一个复杂的过程。大致可以分为以下几个阶段。

1. 萌芽阶段

篮球运动是在 19 世纪末传入中国的，最早传入天津。鉴于此，我国篮球运动的发源地可以说是天津。19 世纪末，我国篮球运动开始得到进一步的传播和发展。20 世纪初，男子篮球在南京举行的首届全国运动会上被列为表演项目，其中，天津、北京联队和上海队参加了本次表演。

2. 缓慢发展阶段

20 世纪 30 年代开始，中国篮球在技术方面有了一些发展。20 世纪 30 年代，在中国第 4 届全运会上，上海队采用了人盯人防守和快攻的自由式打法。这一时期，在革命根据地也开展了篮球运动。

3. 蓬勃发展和停滞阶段

新中国成立后，篮球运动的发展比较迅速，20 世纪 50 年代建立了全国联赛的竞赛制度。20 世纪 50 年代举行第 1 届全国运动会，当时中国男、女篮球队已接近世界水平。

4. 快速发展阶段

国家体委于 20 世纪 70 年代召开了全国体工会议，标志篮球运动开始复苏。20 世纪 70 年代恢复等级赛，进一步制定全国竞赛制度。20 世纪 90 年代我国第一次举办男子 CBA 职业联赛。

目前，我国篮球是亚洲篮球的最高水平。不可否认，中国男篮的整体水平还是有一定提高的空间的，同时，也逐渐崛起了一批优秀的新生代力量，因此，我们对未来中国男篮的发展充满信心。

第二节　篮球运动的特性

一、篮球技术方面的特性

（一）动作结构的固定性

篮球动作由动作基本环节和环节的连接顺序构成。动作结构技术的微观结构，每项篮球技术动作的基本结构都包括若干个基本环节。如双手胸前传球有蹬地、伸臂、翻腕、手指拨球四个环节,这四个环节按特定的、不能予以更改的顺序构成双手胸前传球的动作结构。由此可见,篮球动作结构不能随意改变。对动作基本环节的掌握程度和对各个环节的串联节奏决定着篮球基本功的好与坏。

（二）动作组合的多元性

篮球运动的动作包含着固定与不固定两个方面。从单个动作结构来看,它是固定的,但从两个或两个以上单个动作的组合来看,它又是不固定的。如双手胸前传球的动作是固定的,它是运动员经过反复的练习与雕琢而形成的。双手胸前传球后是与徒手摆脱切入组合,还是与掩护组合,运动员要根据场上的情况而决定,体现了不固定性。篮球动作的固定性保证着动作质量,而不固定性则是动作实效性的基础。

（三）动作运用的变异性

篮球运动隶属开放式技能项目。运动员在比赛中运用技术时,首先要利用肌梭来控制肌肉的用力大小、方向和节奏,以使所做出的动作是准确的。同时,运动员还要利用视觉、听觉、触觉及大脑来搜集、分析外界传入的信息,根据防守情况,灵活地改变固有的动作结构,确定运用技术的方式。一名运动员即便拥有规范的技术动作和足够多的动作组合,我们只能说这名运动员的技术储备比较充分。如果要把丰富的技术储备转化成克敌制胜的法宝,还必须训练运动员的篮球意识,即运用技术的能力。篮球意识与技术储备的有机结合正是篮球动作运用变异性的体现。

二、篮球战术方面的特性

（一）战术实施的集群性

篮球运动是群体性项目。无论多么伟大的单个球员也无法打败一支由五人共同作战的球队。从两人、三人参加的攻防基础配合到五人协同进行的全场紧逼、区域联防等战术配合,都需要同伴的协作与响应。与网球、羽毛球等项目相比,篮球战术实施的集群性显得尤其重要。

（二）战术方法的多样性

从篮球运动对抗角度,通常把篮球战术分为进攻与防守两大系统。每个系统还包含许多具体的、不同形式的战术配合。每种战术配合都有自己的原则、方法、要求与变化。以进攻战术为例,它主要包括快攻、进攻人盯人防守、进攻区域紧逼防守、进攻混合防守等。简言之,篮球战术丰富多变,是许多运动项目无法比拟的。

（三）战术实施的应变性

每支球队都有多种战术,而每种战术都有固定的配合方法。在比赛中,不同的对手又有不同的特点,同一对手也可以采用不同的进攻方法。因此,在实施战术的时候应根据不同对手的具体情况,灵活地、有针对性地变换运用方法。一般来说,有三种变换方法:一是形式上,比如:盯人、联防,联防不包括多种形式;二是区域上,比如:全场、3/4 场、半场、1/4 场或以打内线为主、以打外线为主;三是形式和区域的综合运用。

三、篮球规则方面的特性

(一)高空目标的准确性

依据项群理论中的成绩评定方法分类,篮球运动属于设防型命中类。篮球比赛中,运动员在频繁的身体碰撞与对抗条件下,把充满气体的弹性皮球投入到离地面3.05米、直径只有0.45米的蓝图之中,其难度是可想而知的。因此,高空准确性自然地把篮球运动与其他项目区分开来。

(二)空间争夺的立体性

篮球比赛的目的是把球由上而下地投入到离地面3.05米的篮圈中。为此,运动员投篮时,球的抛物线通常是呈弧形且由下而上。相比之下,足球、手球等同属命中类项目,它们的得分方式要丰富很多。足球运动员可用头、脚射门,球飞行的路线可以是抛物线型的,也可以是直线型的,还可以是折线型的。故此,这些项目的空间争夺远不如篮球对空间争夺激烈。篮球比赛中,运动员在以自身纵轴为核心的圆柱体内展开全方位的立体争夺,它主要体现在下肢的卡位、封堵,躯干的合理碰撞及上肢的封盖、干扰等方面。

(三)时间、空间的限制性

篮球运动的无限魅力体现于在限定的时间、空间内展开激烈的控球权争夺。时间限制主要有3秒、5秒、8秒和24秒。空间限制主要有边线、底线、中线、三分线、限制区和干扰球。回顾篮球运动的发展史,对时间、空间的限制经历了一个不断完善的过程,其目的是加快进攻节奏与增强比赛强度,提高比赛的观赏性。

四、篮球竞赛方面的特性

(一)全面对抗的激烈性

目前,人们普遍认为运动员的竞技能力由体能(包括形态、机能、身体素质)、技能、战术能力、心理和智能五个子能力构成。如果进一步细化,五个子能力又分别派生出各自的构成因子。以身体素质为例,它包括速度、耐力、力量、柔韧、协调和灵敏几个方面。依据"木桶"原理,一名运动员或一支运动队的竞技水平,是由这五个子能力均衡发展及相互间的有机结合而决定的。故此,一名运动员或一支运动队想要克敌制胜,必须全面发展各项子能力,篮球运动全面对抗的激烈性就不言而喻了。

(二)比赛活动的瞬间性

篮球比赛战机的出现往往只持续2秒、1秒甚至零点几秒。比赛的胜负常取决于运动员对战机的把握能力。如两名进攻运动员经过挡拆后,持球队员突破投篮还是传球的时机是极其短暂的,不容运动员有太多的思考与犹豫的余地,必须果断、坚决地把握稍纵即逝的战机。

(三)比赛活动的随意性

篮球运动属开放技能项目,运动员进攻或防守行动的效果,不但与完成技术的准确性有关,而且还与其运用技术的时效性有很大关系。以田径的中长跑为例,运动员在比赛前经过研究之后,决定采用体力分配战术与对手周旋。这个战术制定后,运动员可以不考虑对手在比赛中的行进节奏,按自己的节奏来比赛就可能战胜对手。但篮球比赛前,无论教练员、运动员制定怎样详尽的战术方案,都不可能在比赛中完全按既定的模式僵化地进行,还需要依据场上情况的变化做出相应的调整。

(四)比赛效果评价的相对性

一场比赛的成功经验可能成为另一场比赛失利的致因。我们对篮球比赛效果的评价只能就相应的比赛而言,而不能一概而论。如针对对方队员高大但脚步移动缓慢的特点,制定出了快速多变的克敌方案是正确的,但如果遇到同样以快求胜的球队,就必须对相应的战术打法进行调整。

五、篮球社会学方面的特性

(一)篮球运动发展的社会受约性

篮球运动的主体是社会中的人,篮球运动也必然在社会的大舞台中开展。故此,普及、发展篮球运动要涉及诸多社会现象,如社会体制、经济状况、风土人情等。如果我们抛开特定的社会背景,把篮球运动从社会的大舞台中割裂出来,那么,篮球运动就会成为无源之水、无本之木。从社会体制与篮球运动的发展关系来看,我国的篮球职业化是在我国计划经济体制向市场经济体制转轨完成之后才有了生存的土壤。在计划经济体制下,篮球运动走职业化道路被认为是无稽之谈。从经济状况与篮球运动的发展关系来看,由于篮球运动的主体是人,而人的第一需要是生存。如果经济状况差得难以满足人的生存需要,那么,人怎么会有时间和兴趣参与篮球运动呢?篮球运动1891年诞生于美国,恰如其分地说明了篮球运动发展的经济制约性。1891年的美国已完成了农业社会向工业社会的转变,人们的生活比较富裕,所以,他们的生存需要退居到第二位,可以把大部分时间与精力用于追逐精神需要,而篮球运动正是美国人追逐精神生活的结晶。再从NBA的发展来看,进入NBA可为运动员带来巨大财富。运动员要想赚更多的钱,必须打好球,所以,运动员千方百计地提高自己的竞技水平,客观地说,运动员这种敬业精神促进了美国篮球运动的不断提升。试想,如果NBA不是把运动员收入与竞技水平直接挂钩,运动员怎么可能保持旺盛的前进动力!

(二)比赛过程的观赏性

重大篮球比赛之所以拥有数以亿计的观众,就是因为其无与伦比的观赏性。精彩的篮球比赛总可以向观众奉献娴熟的运球、巧妙的传球、准确的投篮、机智的抢断和优美的滑行扣篮,再加上攻守交错、对抗变换,所有这些都会使观众感受到美的存在与如痴如醉的吸引力。尤其是随着篮球职业化步伐的延伸,以美国NBA为代表的篮球职业联盟摸索出了一套赛事运营、管理模式,把高水平的赛事加以包装,再借助强势媒体的造势与宣传,如今的NBA比赛已触及全球的各个角落,观看NBA比赛已经成为人们生活中必需的一部分。

(三)优良品德塑造性

从心理学的角度分析,篮球运动对人的心理过程和心理特征都可以产生深远的影响。

经常参加篮球运动可提高人的感觉、知觉能力,在此基础上判断、归纳、推理、演绎等高层次的认知能力也会得到很好的发展。心理过程的发展无疑会给参与其中的人带来巨大的帮助。人的心理特征主要包括性格、气质、意志品质等方面。篮球运动属集体性项目,当然要求参与其中的人具有较强的集体主义精神和团结协作精神,同时,比赛中面对强劲的对手,会磨练人的意志,提高人的自信心等个性心理品质。

(四)与商业结合的必然性

篮球运动自产生之日起,就蕴含着无限的商机。在这一点上,美国 NBA 给我们树立了奋进的榜样。我们还应加强这方面的工作,因为篮球运动与商业结合是大趋势,是由篮球运动的特性所决定的。

(五)价值体现的多面性

篮球运动成为世界上最受欢迎的运动项目之一,正是由于其含有多层面的价值。篮球运动可以满足不同个人或群体的品位与追求。一般说来,篮球运动的价值主要体现在社会交往、经济开发、娱乐休闲、健身、育人、启智等方面。

第三节　篮球运动的基本规律

篮球运动的规律是篮球比赛本身所固有的、普遍的、必然和稳定的联系。它是不以人们的意志为转移的客观事实。不管人们是否认识它或承认它,规律总会以固有的形式对事物起着必然的影响。人们要认识和改造任何事物,必须先掌握事物的规律,只有掌握了事物的规律,才能完成对事物的认识;只有利用事物的规律,才能更好地改造事物。

现代篮球运动发展迅猛,比赛日趋激烈,比赛中引发了许多亟待解决的问题。我们只有深入地认识并研究篮球运动的规律,分析它们之间的关系,才能有助于我们树立新的篮球比赛的观点和思维方法,丰富篮球运动的理论宝库,指导篮球运动的实践,推动我国篮球运动进一步发展,提高我国篮球运动的水平。

一、攻守平衡和相互促进的规律

(一)攻守发展演进变化

20 世纪 30 年代以前,进攻是站立式固定配合阶段,进攻是固定配合、策应配合,通过中锋和中锋定位掩护;而防守也是站立式的固定防守阶段,队员以盯人为主,又有联合站位进行防守。

20 世纪 30～40 年代,进攻是行进间固定配合阶段,出现了"8"字行进间配合;防守也出现了行进间的盯人防守,有半场或全场的盯人防守。

20 世纪 50～60 年代,进入进攻换位阶段,队员不停地换位,在快速移动中变换配合方式,同时保持进攻的连续性;防守也进入了积极防守阶段,出现各种区域紧逼和人盯人紧逼,防守的区域有全场和半场。

20世纪70年代至今,出现了移动进攻,人和球按一定的原则进行配合,进攻更加灵活多变;而防守进入了整体防守阶段,把各种战术综合运用,使防守形成一个坚强的整体。

（二）攻守的相互制约和促进

在技术方面,由于出现了贴身防守,迫使个人运球技术由体前以肘关节为轴、前臂发力、手指手腕远球变为身后以肩关节为抽上臂发力,指腕吸、拉式运球。在战术方面,进攻出现掩护配合,防守出现交换、挤过、穿过和绕过等配合。

（三）攻守抗衡的特点

第一,攻守抗衡的交替性。

第二,攻守抗衡的激烈性。

第三,攻守抗衡的频繁性。

第四,攻守抗衡的准确性。

第五,攻守抗衡的谋略性。

二、规则和篮球运动发展相互促进的规律

（一）规则的修改、补充促进了技战术的发展变化

①1897年,篮球比赛从9人制改为5人制,取消锋、卫线不能越区的规则,促进了运动员活动区域的扩大,促使运动员掌握攻、守兼备的全面技术,同时战术上出现盯人和联防战术。

②1932年增加了10秒规则和3秒规则,促进了快速技术的发展,要求高大队员技术更加全面。战术上制订了"拖延球"打法,促进战术更加灵活多变。

③1984年,场地扩大,从26米×14米变成28米×15米,增加了3分投篮区,促进了队员体能的加强,技术要求更加全面,特别是促进了队员远投能力的提高。战术上要求队员大范围穿插,频繁移动,内、外结合,重视综合防守战术的运用。

（二）技战术的发展促进规则的修改和完善

①由于队员身高的增加和蹦跳能力的提高,出现许多高空技术和配合战术,促使规则出现干扰球的条款。

②现代篮球比赛的对抗愈演愈烈,出现贴身攻防和防守中抢步、抢球、主动进攻技术,促使规则出现"圆杆体"条款。

③胜方为了保住优势,采用拖延时间的战术打法,促使规则增加进攻24秒和球回后场违例的条款。

（三）规则修改促进篮球运动发展的一般规律

第一,时间的修改促进快速技术的发展。

第二,时间的修改提高了技术的难度。

第三,犯规数量的修改提高了防守技术的发展和增强了比赛强度。

第四,器材设备的更新提高了比赛的精确度。

第五,停顿次数的减少,保证比赛的连续性和提高比赛的观赏性。

①篮球比赛是 5 人对 5 人的对抗,必须发挥 5 个人协同作战的能力。一个人力量再大也不能打败 5 个人,因此必须要有很好的战术组织,使每个人都能够合理地运用技术,使全队形成一个有组织的整体,在攻防战术运用上既能发挥每个人的特长,又能突出 5 个人集体的作用,使本队立于不败之地。

②集体作战还应体现在全队的实力上。全队实力不仅指 5 名主力队员的能力,还应包括替补队员的实力。现代篮球比赛替补队员实力的雄厚往往是一个队取胜的最重要因素之一。替补队员有时是改变打法、出奇制胜的重要力量。

③集体对抗还体现在教练员的管理和指挥能力上。教练员是球队的成员之一,是训练过程的设计者和训练活动的组织者,也是管理球队的主要决策者。教练员严格的管理、正确的指挥和灵活的协调能力能产生巨大的团结力量,增强全队的战斗力。

④正确处理个人和集体的关系。篮球比赛是全队的集体竞赛,但整体的比赛又是建立在个人作战的能力基础上,因此必须处理好个人和集体的关系、明星队员和一般队员的关系,使 5 个人集体功能发挥到最佳状态,使整体功能大于 5 个人功能之和,使集体对抗发挥出最优效果。

三、全面、综合对抗规律

①全面综合的对抗体现在内容上是技术、战术、身体、心理、智力和意识融为一体的、高水平的、全面的对抗。在空间上表现为地面和空中的立体式对抗。在时间上表现为分秒必争、分秒必抢,在全场 40 分钟内无时无刻不在争抢和拼斗。

②全面、综合对抗形式主要表现在无球对抗、有球对抗、转换对抗和篮板球对抗。这里要特别提到的是转换对抗,它指的是从有球到无球或从防有球到防无球转换的对抗,这常常是比赛容易忽略的一个重要方面,转换对抗主要是要处理好快速移动、调整位置、保持适当的距离和合理的身体接触等几项技术环节。

③全面、综合对抗的特点:凶悍性、瞬时性、时空性、应变性、规范性和实效性。

④全面综合对抗的主要区域:重点是篮下、限制区内和三分线外附近区域,主要人员是双方的中锋和向篮下突破和空切的队员。

⑤全面综合对抗的基础是身高、体重和全面发展的身体素质。在身体接触和相对抗的条件下,特别注意灵活地运用身体力量,不要死打硬抗、粗暴蛮上,而是刚柔相济、四两拨千斤,灵活协调地进行对抗。

四、动态均衡发展规律

(一)速度和高度均衡规律

速度是人完成快速运动的能力,它包括反应速度、动作速度和移动速度,速度快会赢得时间,掌握更多的进攻机会,占据更有利的地位。高度是指由人的身高、好的弹跳和人的伸展而占据的高空优势,占有制空优势就会取得更稳定的攻、防成功率,也会赢得比赛的主动权。但是往往高大队员反应迟缓、行动缓慢,而速度快的队员往往缺乏高度、控制空间能力差,所以现代篮球运动必须要求高大队员速度快,速度和高度均衡发展,才能使比赛处于主动地位,使自己立于不败之地。

(二)内线和外线均衡发展规律

内线一般指中锋和大前锋在篮下活动的范围,内线实力强大能保证进攻的稳定性。但如果仅是内线攻击力强,外线攻击力弱,防守队会缩小防区,保护篮下,增加内线攻击难度。外线一般指后卫队员和小前锋活动的区域。外线实力强会使进攻更加灵活。但仅有外线的强大,内线攻击弱,同样会使防守扩大防区,增加外线的攻击困难度,所以,只有内线实力和外线实力同样强大,均衡发展,才能使防守队员顾此失彼,处于被动地位。

(三)进攻和防守的动态均衡发展

进攻和防守是篮球比赛的一对根本矛盾。进攻要得分,防守要阻止得分。如果一支球队只是进攻好,得分很多,但防守差,失分也多,这样的队很难赢球。如果一支球队防守好,失分少,但进攻不好,得分也少,同样也很难赢球。所以一支球队不能只重视进攻,轻视防守,同样也不能只重视防守而轻视进攻。只有进攻和防守动态的均衡发展,才能赢得比赛的主动。

(四)技术和战术的动态均衡发展

技术是基础,战术是技术的运用形式。技术好,但战术组织差,则技术不能很好地发挥。同样战术好,但技术欠佳,则战术也是空中楼阁,没有使用价值。现代篮球运动要求既有全面扎实的基本技术,又要发展良好的、有针对性的战术,技术和战术的均衡发展,才能推动篮球运动不断发展和提高。

五、内线优势规律

(一)离篮越近命中率越高是篮球运动的根本规律

篮球比赛是在对抗中向高空目标投准的一项运动。近距离投篮即使投篮出手有偏差,但由于飞行距离近,在接近目标时,偏差不会太大,因此也有命中的可能性。但如果投篮距离远,球飞行的距离远,同样的出手偏差,在接近目标时,偏差就会增加,几乎没有命中的可能性。因此,内线进攻的稳定性大。

(二)内线攻击更具有杀伤力

内线攻击指篮下限制区附近的范围,外线穿插篮下和突破到篮下、外线利用中锋策应及抢篮板球的二次进攻等配合大都在内线,因此这个区域是防守重点,特别是中锋的进攻往往遭受到防守者的夹击、围堵和拽、拉、推、撞等犯规动作。如果进攻方内线实力强大会造成防守犯规,杀伤对手的有生力量,削弱对手的战斗力。

(三)中锋的实力是一支队伍强弱的重要标志之一

中锋位于篮下附近,进攻中不仅投篮命中率高,得分能力强,且能够杀伤对方有生力量,是进攻的枢纽,起到组织进攻的作用。在防守中,中锋是全队的第二道防线,是坚强的防守后盾。中锋实力的强弱是一支篮球队实力强弱的重要标志。当代世界篮球强国都在努力配备好的中锋,增强对抗的力量,提高他们的实力。

第四节　篮球运动的特点、功能

篮球运动作为一种文化现象,发展至今已遍布五大洲,成为最受人们喜爱的运动项目之一。它之所以能在全世界范围内得到如此广泛开展,是由于它有以下特点和价值。

一、篮球运动的特点

(一)集体协同性

篮球运动的技术、战术行动都是通过队员集体协同配合完成的。运动员传球、接球、运球、投篮和移动、防守等动作均有目的性,都是在战术指导思想要求下,通过两人以上的协同配合而发挥作用。队员的个人战术行动与集体战术配合是局部与全局、个体与集体的关系,前者是后者的组成部分,后者则是前者合理组织的综合体现。运动员在场上的每一行动都应从全局出发并与同伴通力合作,努力为本队形成严密防守和创造进攻机会。同时要把个人技术的发挥融汇在集体协同配合之中,努力促使战术意图的实现。另一方面,集体的密切配合又为个人施展才能创造良好的条件。因此,球队在组建、训练和比赛中均应强调全队行动的协调一致,同时还要注意调动每个队员的积极性。

(二)全方位立体对抗

篮球运动是同场直接对抗的运动。比赛中双方队员始终是在制约与反制约之间进行面对面的争斗。由于篮球运动独特的活动形式是以篮球向悬挂于离地面 3.05 米的篮筐投射入篮的多少决定胜负,因此,反映在争夺控制权、抢占有利位置、控制空间上,形成激烈的地面与空间立体对抗。篮球运动的魅力就在于比赛是在特殊地面和空间进行短兵相接的,包含智、谋、技、体等全方位的攻守对抗,这是现代篮球的基本特点。这一理念带来了攻防的变化。近年来发展了空间与地面全场紧贴对手、身体主动用力的个人防守技术,迫使对手难以施展技术特长和达到攻击目的。这种攻击性防守技术类似近身格斗,极具破坏力与杀伤力。在进攻上,也相应发展了贴身强攻技术,强行突破、强行投篮、篮下强攻技术,使篮球运动全方位立体对抗的特点表现得淋漓尽致。因此,在队伍的组织、阵容的配备、训练与比赛作风的培养、心理的准备上都应考虑篮球运动激烈的全方位立体对抗特点。

(三)技术运用的多元组合性和战术灵活多变

篮球运动是以手控制球,并围绕着投篮得分展开攻守对抗为主要活动形式。因此,技术动作复杂多样。这些技术在比赛中的运用均是组合形式的,其活动结构形式是多元化。由于比赛情况的复杂多变,使技术组合呈现随机性、多样性与无确定性的特点。

篮球比赛场上情况变化万千,稍纵即逝,围绕着空间瞬时变化展开地面与空间、单兵与集体配合相结合的攻守立体型对抗。固定的模式、不变的打法无法对付多变的情况,因此,使得篮球战术呈现灵活、机动的特点。运动员必须善于根据主客观情况的发展变化,随机应变,提高临场应变能力,灵活地运用战术和变换战术,表现在适时地掌握进攻时机,正确地选择突破口,合理地组织力量,发挥全队及个人的特点。

现代篮球运动内容结构的多元性和综合化,使它形成了独特的理论体系和技术、战术实践系统,已成为一门交叉的边缘性学科课程。它要求特殊的运动意识、集体的团队精神、个性气质、身体形态条件、生理机能、心理品质、道德作风,全面身体素质、专项技术与战术配合方法体系及实战能力等。所以教师、教练员的科学化教学、训练和高水平的指挥管理才能够造就具有现代意识、现代技能、现代体能、现代文化、现代文明的高层次的篮球竞技人才。

二、篮球运动的功能

(一)教育功能

篮球运动是一项集体性项目,通过篮球训练与比赛,可以培养运动员齐心协力、团结协作的集体主义精神;同时,激烈的对抗性,又可以培养运动员顽强的意志品质。竞技教育的发展及人文篮球观点的被广泛接受,使得篮球除了具有竞技功能外,还广泛被应用到通过篮球的训练和比赛,使运动员学会做人、学会做事的人文教育,以达到运动员的人格修炼,依此而建立的一种人性化的篮球运动。人文篮球有助于人的全面教育;有助于弥补运动员的某些先天不足;有助于抵制竞技异化,促进竞技人性化。

(二)健身功能

篮球是一种包含各种跑、跳、投等动作技能的运动项目。所以从事篮球运动,可以发展人的全面身体素质,提高内脏器官的功能。

现代篮球比赛在时间和空间上的争夺越来越激烈,因此,通过篮球运动能提高各感受器官的功能,提高广泛分配和集中注意能力及空间、时间和定向能力。在比赛过程中由于经常变换动作,对提高神经中枢的灵活性、提高神经中枢协调支配各器官的能力,均起着良好的作用。

(三)文化、娱乐功能

篮球运动的思想、理念,篮球的技术、战术,篮球的竞赛方法、训练方法,都极大地丰富了体育文化,是对人类文化宝库的极大贡献,是体育文化的重要组成部分。

篮球运动对于参与者来说既有健身的功能,又有教育的功能。但对于观赏者来说,具有很大的娱乐功能。篮球比赛吸引了众多的观众,从欣赏运动员的精彩表演中,人们获得美的享受,得到了极大的满足。因此,丰富人们的文化生活,有助于精神文明的建设。

(四)经济价值功能

随着体育产业的兴起,篮球运动的普及和篮球文化的深入发展,使得篮球运动也成为很有影响力的体育产业之一。巨大的经济效应驱动着篮球运动的发展。

第五节 篮球运动技战术的发展演变

一、篮球运动技术的发展演变

(一)篮球技术发展演变的影响因素

在篮球技术的发展过程中,受到多种因素的影响,要想研究篮球技术的发展问题,就不得不对影响篮球技术发展的因素进行了解,其中比较重要的主要有以下几种。

1.人员因素

篮球运动是一项集体运动,人与人之间的一种特殊关系与篮球技术的发展息息相关。运动员是篮球技术主体的操作者,直接影响着技术的质量与发展,而指导者的组织、身教、经验等对篮球技术的发展起着重要的作用,科研人员对篮球技术的研究也发挥着越来越积极的作用,他们之间结成了主体、主导和协作相辅的关系。其中人是最重要的因素,从设计到实践,从教学到训练,从改进到完善,从研究到创新,是促进篮球技术发展的内在动力。

2.物质因素

篮球运动需要一定的场地、器材、设备等,这些物质条件和因素在一定程度上也促进了篮球技术的发展。最典型的要数专业篮球运动鞋的问世,可以说,篮球鞋是体育科技引领下的完美产物,它拥有人体工程学和针对篮球运动损伤特点的设计,球员穿上这种球鞋后可以更加轻便、灵活地做出各种急停、急转和快速变向等动作,进而为篮球技术的进一步发展注入了一剂强心针。

3.规则因素

规则是篮球运动的重要组成部分。篮球是一项争夺激烈的竞技运动,竞赛规则对篮球技术的发展有着导向的作用,影响着攻守技术之间平衡与不平衡的发展。规则的具体规定在一定的时间内也直接制约或推动着某些篮球技术与战术的发展速度。篮球竞赛所创造的竞技环境与条件,也使篮球技术得以表现发挥、广泛交流、相互学习和共同提高。例如,三分线的出现促进了球员远投技术的进步;合理冲撞区的设置鼓励双方球员练就在篮下的合理身体对抗技术等。

4.商业因素

商业化是篮球运动的发展趋势,是社会经济影响下的必然结果。篮球竞赛的商业化发展趋势,也使篮球技术受到市场价值规律的驱动并产生积极的影响。只有篮球比赛更加激烈精彩,才能吸引到更多的观众,由此才会使围绕篮球竞赛进行的各种商业开发活动更具意义和效果。因此,从篮球技术发展的角度上来说,更新颖、更刺激和更绚丽的技术自然能够博得更多眼球。在此种观念的推动下,篮球运动员创造了无数花哨的技术,如花式扣篮、远距离投篮等。尽管这些精彩的技术不能经常在比赛中见到,但无可置疑的是这些技术的出现的确是为满足商业化需求而发展的,对篮球运动的发展有间接推动作用。

5.科技因素

科学技术的进步与体育运动的发展之间有着十分密切的关系。当今体育科学中的许多基础学科和边缘学科的发展,使得它们的理论与方法为研究篮球技术的理论和动作方法的更新提供了依据,起到了指导和论证的作用。同时在教学、训练、竞赛、科研等领域中,运用一些先进的科技手段,可有效促进篮球技术的发展。

(二)篮球技术发展演变的历史进程

1.快攻、跳投、紧逼防守(20世纪50年代)

以我国篮球运动技术的发展演变为例,篮球运动传入我国之初,只是作为一种游戏和体育课堂的教学内容存在,从国家的层面上并没有将之列入主要的体育竞技范畴,因此在这段时间内篮球运动在我国发展缓慢,水平也较低。这一情况直到新中国成立后才有所改观。从 20 世纪 50 年代起,我国竞技篮球运动获得了快速的发展,形成了具有自身特色的篮球技战术风格。在当时,由于受到南北地域文化不同的影响,衍生出了"南派"和"北派"两种技战术风格的篮球打法,再加上此时党和政府将篮球运动列为强身健体的"标杆"式运动项目,一时间,军队、工厂、学校等团队纷纷开展篮球运动,由此我国篮球运动发展进入了一个高峰。当时我国篮球界根据我国人民的身体素质和技战术水平的实际情况提出了"以投为纲",发扬狠、快、准、灵的风格;以我为主、以攻为主、以快为主、以小打大、积极防守的战术指导思想和"积极、主动、快速"的训练指导思想,这是我国竞技篮球运动发展的一次有益的探索。

2.重视中锋的作用(20 世纪 60 年代)

位置分工在篮球运动中具有十分明确的规定,不同位置的队员对战术的组织具有重要影响。由于打法的不同,球队中的位置分工并不绝对固定,但普遍来说均会设有中锋这一关键位置。中锋不论是在进攻端还是防守端都是组织攻防的核心,因此,在 20 世纪 60 年代期间,中锋的技术风格成为每支球队都非常重视的内容。我国在这一时期也开始关注中锋在球队中攻防两端的作用,可无奈由于身高不足的客观现状,强行照搬内线攻防的打法非常不实际。自此以后,全国各级球队在选拔篮球人才时都非常注重选拔高大队员,在运动训练中,采用围绕中锋的打法进行训练。当时由于过于重视中锋的技战术打法,而忽略了身体训练和技术训练,在一定程度上制约了我国篮球运动的发展。

3.力求技术的全面性(20 世纪 90 年代后)

(1)高与灵的结合

制空权是篮球运动中争夺的重要焦点,篮球运动中篮筐离地 10 英尺(3.05 米),从篮球技术原理的分析中就能得知,无论是投篮出手角度、球体入筐面积还是防守技术,身高相对更高的人必定会占有更多的优势。因此,正因为篮球的这种特点,也被人们称为"巨人的运动"。身高和制空优势是篮球比赛取胜的重要前提。这点首先会从运动员的选拔工作入手,在今后的一段时间内高空优势仍然是世界强队追求的目标。但我们应该清楚地认识到,世界篮球在追求高度的同时并没有忽视"灵活"对篮球运动的重要意义,而且并非越高越好,因为身高越高,身体的灵活程度和弹跳能力也会受到一定的制约。随着空间争夺的激烈,高大运动员日趋高中有灵、高中有巧,这是世界优秀高大运动员的特点。

篮球运动只高不灵,或者只灵不高,都不能适应世界篮球运动的发展。当今世界篮球发展的趋势是既要有高度,也要强调灵巧,两者缺一不可。当然,球员身高的高与矮还要与场上司职的位置有关,如中锋球员通常是身高最高,体重最大的;前锋球员要兼备较高的身高和灵活性;后卫球员的身高普遍最矮,原因在于他们要拥有最佳的灵活度用以串联场上其他位置的球员。

(2)快与准的结合

随着篮球运动的发展,人们对速度的理解也将更加全面和合理。篮球运动发展历程中,规则的改变一直受到人们的关注,而历次规则的改变都会带来这项运动技战术方面的革新。

其中最为典型的要数起初不设定进攻时限到如今的进攻方需在24秒内完成进攻,以及在底线发球后8秒钟必须将球运过中场等规则。这些规则上的变化将篮球运动引向更加追求快节奏和高强度的方向。与此同时,球员必须通过提高技术水平以适应更高的强度和对抗,在战术方面也必定有与之相适应的战术孕育而生。现代篮球非常重视有节奏地加快攻守转换速度,从而增加快攻反击的次数,使快攻得分率提高,就能在速度、高强度对抗中保持较高的投篮命中率。以速度争取主动,以争取时间来控制空间,赢得胜利,这些是现代篮球比赛对抗的又一个特点和趋势。

现代篮球训练都十分重视培养运动员比赛中的快速意识,并同时提高转换技术和运用技术的速率,强化攻守转换的整体速度,快攻将进一步发展,阵地进攻将进一步精炼而有实效,个人投篮强攻能力将会进一步提高,比赛也将随之进一步紧张激烈。这一趋势促使高度与速度结合得更完美,促使当代篮球运动向更高层次发展。

需要注意的是,追求快速是规则变化的要求,但同时也要关注进攻的成功率与得分率。速度应在保持成功率的前提下提高,失掉成功率而换取速度不仅失掉胜利,也终将失掉观众。

(3)凶悍与智取相结合

攻守对抗日趋激烈是现代篮球运动的特点之一,在现代篮球比赛中,只有敢于对抗,才有取胜的条件。对抗体现在技术对抗、身体对抗、战术对抗、心理对抗和智力对抗上。现在人们已普遍意识到强悍作风与拼斗能力的重要性,世界强队在拼斗凶悍的基础上,更注重"智""谋"。例如,现代篮球比赛防守过程的凶悍性、主动性、力量性和破坏性日趋激烈,充分讲究技巧,进攻中也是如此。顽强与技巧结合才是技术,这也将是篮球技术发展的一个很重要的趋势。有智谋的拼斗,才能拼出一个新局面,这已成为普遍认可的当代篮球新观点。

总之,篮球技术的发展经历了一个较长的时间,才最终成为今天人们看到的样子。但是,今天的篮球技术仍旧表现出动态的形式,它仍然在向前发展着。

二、篮球运动战术的发展与演变

(一)篮球战术发展演变的影响因素

篮球战术的设计和执行会受到多种因素的制约和影响。因此,为了制订最为合理有效的战术,就必须将这些因素考虑其中。总的来看,做到这点需要在战术准备过程中明确以下因素与战术的关系,具体包括技术、行动意识、谋略和战略等因素。

1.技术对战术的影响

技术的水平对战术的水平和运用效果起着决定性作用。篮球战术是由多种具有针对性的技术组合而成的。因此,球员的技术水平就成为战术发展的重要因素。只有技术过硬的球员,才能使战术的执行更为顺利,特别是对于发展速度越发加快的篮球运动而言更是如此。良好的篮球战术水平依赖于一定战术数量与高质量的技术,没有技术就没有战术。而且,战术是技术运用的组织形式,为技术的发挥创造条件。由于战术的需要,某些特定的战术必然要求有相应熟练而准确的技术,甚至需要技术的创新来实现,如参与掩护投篮战术的球员,投手必须具备出色的投篮能力,否则通过掩护创造出了投篮机会,因为投篮技术欠缺,也仍旧不能达到得分的目的。

综上所述,篮球技术对篮球战术有较大的影响,它们之间是内容与形式的辩证关系。战术运用的实质是在比赛中通过组合与配合的方法去创造机会或是相互帮助,而机会的把握和动作的协同都是要通过队员的技术来实现的。从这个意义上讲,战术对于确定球队的发展方向、风格和特点,推动球队技术的进步,都起着重要的作用。

2.战术意识对战术的影响

一般来说,战术意识在一定程度上影响着战术运用,两者呈正相关的关系。也就是说,战术意识愈强,战术运用实现的概率就越大,越能在比赛中根据具体情况的观察及时做出正确的判断和应对,能动地、果断地配合同伴或独立地完成本队的战术意图。从某种角度来说,球员的战术意识对战术更为重要,因为球员对意识的领悟并不简单是通过后天训练就可以达到较高水平的,其中还有球员的意识悟性强弱问题。这就是为什么有些球员在聆听完教练的战术布置后就能立刻明白他的意图,而有些球员很难在短时间完全理解。

在篮球运动中,战术的实现不仅需要过硬的技术作保障,同时它还需要球员有强烈的战术意识。战术意识应理解为队员在篮球比赛中对战术运用规律性的认识与正确行动,它是篮球意识的核心。从战术角度而言,战术行动反映着队员的竞技能力和经验,行动反过来也促进意识的培养,在比赛中意识支配行动,行动反映意识,两者辩证统一。

3.谋略对战术的影响

篮球谋略具体是指具体的计策计谋,是体现队员篮球意识中施计或应变的思维活动,是在比赛中对战术运用的速决方案。它是队员智慧的瞬间表现,对抗出智慧、对抗出谋略,竞技篮球比赛本身就是智慧的竞争,化谋略为正确的行动去战胜对手,争取主动,对完成具体的攻守任务和整个比赛获胜的目标而言,两者是紧密联系、缺一不可的。再好的战术若由无谋、无术的人去运用,也不可能在复杂对抗中取胜。

4.战略对战术的影响

和谋略对战术的影响相比,战略对战术的影响表现得更为宏观一些。战略是对比赛全局的策划与指导,是领导比赛的艺术;而战术则是比赛中所采取的具体行动,是队员作战的才能:战略和战术是否得当,在很大程度上决定着篮球比赛的胜负。从整个比赛全局来看,战略占主导地位,它决定比赛的最终目标,战术则应服从于战略。但战略目标的实现又取决于战术任务完成的质量。因此,两者既是从属关系,又是依存关系,相辅相成。战略较为宏观,它在实践中的使用主要为对球队在长期训练比赛中,如在赛会制比赛或延续时间较长的联赛制比赛中,从整体把握球队的体能状况和心理状态等,甚至还会根据队伍的情况有取舍地对待不同强度的比赛等。

(二)篮球战术发展演变的历史进程

1.快速灵活、全面准确(20世纪70至20世纪90年代)

就我国篮球运动战术的发展而言,从20世纪70年代开始,我国篮球运动就确立了赶超国际水平的新目标,从中国实际出发,较全面完整地确定了"积极主动""勇猛顽强""快速灵活""全面准确""以小打大、以快制高、以巧胜大"的篮球运动训练指导思想和贯彻"三从一大"的科学训练原则。我国篮球运动的技战术水平从此得到了迅速的恢复与发展。

2.重视战术综合运用与战术创新（21世纪之后）

（1）全面与特长相结合

现代篮球运动的发展趋势要求运动员掌握全面的技术，能攻善守，同时在某一项技术上应有超人的本领。全面与特长结合是现代篮球运动发展的要求，也是一个发展的趋势。技术全面为在对抗中灵活运用技术和战术变化奠定基础，而运动员对某一项技术在实战中不断地提炼创新，最终形成了个人的特长技术，现代世界篮球明星均是全面与特长结合的典范。

（2）常规与创新相结合

创新是现代篮球的灵魂所在。技战术都需要不断创新，才有活力。只有不断创新，才能不断突破前人的成就，篮球运动才能不断发展。常规和创新结合，产生不同流派和风格及多种多样的打法。因此，创新是现代篮球发展的突出特点和趋势。

然而创新是在认识与把握篮球运动本质特征与规律的基础上，对篮球运动发展趋势的真正理解和认识，是基于对当今世界篮球运动发展现状的客观掌握和了解。运动员、教练员以及篮球界的学者们都应在篮球运动的实践中不断创新，促进篮球运动的不断发展。

（3）个人与集体相结合

篮球运动是一项集体项目，一方面，比赛期间需要团队中5名球员的默契配合才能达成战术设计，因此，注重团队配合是每支篮球队都非常关注的内容，同时培养球员之间的默契也是日常训练的主要内容。另一方面，篮球队由5名球员组成，每名球员又都拥有一定的自由度，服从集体的意志并不完全代表球员在队伍中"丧失自我"，服从集体不意味着个人的发挥被抑制。

个人与集体的结合，正是篮球运动的魅力所在。个人超水平的发挥也是人们在比赛特定时刻非常期待的场面，因此，现代篮球队中几乎都有1～2名核心球员，他们或是拥有出众的技术，或是在球队中拥有极高的影响力，使他们能够在比赛的关键时刻挺身而出，带领球队战胜一切困难获得最终的胜利。

总之，注重个人与整体的技战术风格是符合世界篮球运动发展潮流的，有利于我国篮球运动的进一步发展。

三、现代篮球运动的发展趋势

经历百年的篮球运动以新的姿态、新的面貌进入新的世纪后，作为一种文化现象，将进一步在世界范围内得到更大的普及与发展。在继承已有特点基础上，未来的篮球运动的发展将会有以下几种趋势。

（一）普及广泛，形式多样

篮球运动由于自身的特点，而充满活力。为此，大众性篮球活动将进一步在全球普及，成为名副其实的全球性文化娱乐和全民性强身健体、修身养性的手段。因此，篮球运动遍布全世界,成为人类文化生活的特殊部分,多种形式的篮球活动在世界开展,街头篮球、轮椅篮球等多种活动形式广泛存在于世界各地。

(二)教育功能彰显

现代化社会的发展,人文教育举足轻重,篮球的增智、健身、教育、宣传、社交功能越来越被认同。竞争激烈的社会环境中,人们通过篮球活动将有助于缓冲压力、陶冶情操、磨练意志、修养品行、培养团队精神、增强使命感和荣誉感。

(三)职业化、商业化加强

职业篮球比赛的特殊魅力和经济效益,促使新世纪职业性篮球俱乐部将在全球范围内广泛建立,以满足人们观赏的需要。职业性竞赛的商业化行为将日益在规范中完善法治经营,逐步形成一种新兴产业。

(四)理论与实践的科学化

现代科技对篮球运动的渗透,使传统篮球观念、理论、技术、战术和体能水平与训练手段将有新的创新和要求。实践训练手段将更科学化,多元化科技将与训练比赛实践相结合,形成篮球观念的新转变,新的理论观点将层出不穷,新的竞赛制度不断完善,新的规则再充实、再发展,从而形成从篮球理论到篮球实践内容的创新与发展。

(五)竞技篮球呈现新特点

世界篮球竞技水平和技术、战术的发展趋势,主要通过三项赛事表现出来,第一是奥运会篮球比赛;第二是世界篮球锦标赛;第三是美国的 NBA 联赛。代表当今世界最高水平的三大比赛,基本上对世界竞技篮球运动的发展起指导作用。奥运会每 4 年一次,世界各强队均是虎视眈眈。世界锦标赛也每 4 年一次,代表篮球水平的盛会,各路豪杰汇聚一堂,各展神通,互不相让。美国 NBA 是当今职业比赛中的最具水平的联赛,代表着世界竞技篮球的顶尖水平。对近几年的奥运会篮球比赛、世界锦标赛和 NBA 比赛的研究分析,反映出当今世界竞技篮球技术、战术发展的趋势。

1. 高与灵的结合

由于篮圈距地面的高度在 3.05 米,所以篮球与高度有着紧密的关系,从某种程度上说,篮球比赛是巨人群体展开的大拼搏。身高和制空优势是篮球比赛取胜的重要前提。不高无优势,已是篮球比赛的客观事实。在今后的一段时间内高度和高空优势仍然是世界强队追求的目标。但我们应该清楚地认识到,世界篮球在追求高度的同时并没有忽视"灵活"对篮球运动的重要意义。随着空间争夺的激烈,高大运动员日趋高中有灵、高中有巧,这是世界优秀高大运动员的特点。只高不灵,或只灵不高,都不能适应世界篮球的发展。当今世界篮球发展的趋势是既要强调高度,也要强调灵巧,两者缺一不可。

2. 快与准的结合

篮球规则对进攻时间不断限制,必定加快比赛速度。战术变化的要求,也促进进攻速度提高。现代篮球非常重视有节奏地加快攻守转换速度,从而促使快攻反击数增多,快攻得分率提高,普遍重视在速度、高强度对抗中保持较高的投篮命中率,以速度争取主动,以争取时间来控制空间,赢得胜利,这些是现代篮球对抗的又一特点和趋势。

但速度应是有节奏的、有条件的,应在保持成功率的前提下提高速度,失掉成功率而换取速度不仅失掉胜利,也终将失掉观众。总之,随着篮球运动的发展,人们对速度的理解也将更加全面和合理。

3.凶悍与智取的结合

现代篮球运动的特点之一是攻守对抗日趋激烈,矛盾的主要方面首先是有胆识、有毅力和有勇气地与对手对抗。只有敢于对抗,才有取胜的条件。对抗体现在身体对抗、技术对抗、战术对抗、心理对抗和智力对抗上。现在人们已普遍意识到强悍作风与拼斗能力的重要性,世界强队在拼斗凶悍的基础上,方更注重"智"与"谋"。

4.集体力量与明星作用

篮球运动是一项集体性的体育项目。集体的作用是非常重要的,全队的水平是获胜的基础,但集体的力量并不限制个人的发挥。整体与个人的结合,是篮球运动的魅力所在。现代篮球运动的发展趋势是整体与明星队员的结合,明星队员的作用更加突出、引人注目。

第二章 篮球运动文化的弘扬与发展

篮球运动从产生到现在,已在全世界得到了广泛的普及和发展,并从过去单纯的竞技游戏转变为今天集政治影响力、经济生产力,社会亲和力、文化传播力为一体的新型文化载体。作为篮球运动的灵魂,篮球文化在篮球运动生存与发展中发挥着非常重要的作用。没有文化支撑的篮球缺少底蕴,缺乏亲和力、感召力和影响力,且没有内涵和品位的。篮球运动的文化价值主要体现在通过运动实现个人自身价值以及促进人类自身的有序生存和持续发展,并推动人类世界文明不断进步。因此,必须大力弘扬与发展篮球运动文化,促进篮球事业和人类社会的可持续发展。本章主要就篮球运动文化的弘扬与发展展开研究,首先阐述篮球运动文化基本知识,然后分别对篮球运动物质文化、精神文化以及制度文化展开科学研究。

第一节 篮球运动文化概述

一、篮球运动的文化内涵

（一）篮球运动文化的概念

篮球文化是指参与、组织和观赏篮球运动的人的思维方式和行为方式的制度化凝结,是篮球运动的观念、知识、技能、习俗和制度的总称。其核心是篮球价值观的群体共识,其实质是篮球运动的制度化、法治化、和谐化、品位化。其内涵和外延有很大的广度,广义地说:凡是与篮球有关的人、事、信息都属于篮球文化。

（二）篮球运动文化的构件

篮球运动的文化构件包括物质、制度、行为及精神四个组成部分。从篮球运动的产生、发展历史轨迹来看,它所包含的文化内容是这项运动本身实践所创造的物质财富和精神财富的总和,并呈现出动态的趋于丰富、变化的时代特征。

具体来说,篮球运动的四个文化构件具体表现如下。

第一,篮球运动的物质文化:物质形态的基础支撑,具体体现为篮球场地、器材等。

第二,篮球运动的制度文化:包含篮球规则、竞赛制度、篮球比赛管理制度等,它集中体现了作为篮球运动主体的人对于篮球的认知程度、管理理念先进程度以及篮球运动组织能力水平程度等。

第三,篮球运动的行为文化:可以说它是篮球精神文化的具体表现形式,它可以通过篮球教学、篮球竞技来展现篮球运动的气质风尚。例如:篮球技巧学习、体能训练、运动娱乐、比赛观赏等文化;在篮球的产业文化上,涵盖了篮球竞技、商业活动、俱乐部文化等。

第四,篮球运动的精神文化:这是篮球文化的终极文化内涵,它是篮球运动认知、篮球理念、篮球价值观及篮球运动情感等要素的集合,也是篮球运动文化的灵魂与核心。

篮球运动的四个文化构件形成了动态的牵制和促进关系,同时也为篮球运动的发展提供了精神动力。

(三)篮球运动文化价值观

不同的自然环境和不同的社会人文环境造成了不同的篮球文化,不同的篮球运动参与者也有不同的价值观念,篮球运动使参与者在篮球文化的核心文化层的影响下融合成为一个有机的统一整体。同时,体育文化作为民族文化的一个分支,它受到了特定民族文化、地区习俗及社会伦理道德的影响,这就是为什么我们能在篮球运动中看到民族文化、地区文化烙印的原因所在。

1.人格价值

篮球运动注重运动技能的获得,又追求参与者个性的释放和兴趣的满足;尊重个人的成就需要,又重视个体的职责,强调个人和集体之间的平衡;鼓励公平的竞争,又倡导相互协作、相互支持;要实现人的生理功能的改善,又致力于人格素养、精神境界的提升。

2.社会价值

篮球运动要求运动双方在身体素质、技战术水平、心理和智能多方面展开对抗和竞争,这种对抗和竞争应当遵循公平、公正的原则。同时,对抗和竞争又是建立在团结协作基础上的,要求每一个群体内部成员必须紧密团结、相互合作。篮球比赛中的传切、掩护、突分、策应、夹击、补防、关门等攻守战术配合,需要依靠两三人在局部上的协同配合。综合多变的攻守战术体系,更是必须依赖全队的密切合作、协同行动才能完成的。依靠个体之间统一目标、统一认识,通过沟通和理解才能使队伍形成一个有机的整体。因此,这种公平竞争、沟通理解和团结合作具有普遍的社会意义。

3.教育价值

篮球文化对参与活动的个体具有行为引导和规范作用。篮球活动过程受到竞赛规则以及相应的规章制度的约束,参与者的行为要遵循规则、体育道德、规章制度及社会规范的要求。竞赛规则、规章制度要求对抗双方在公平公正的条件下展开攻防活动,依靠技巧、协作、顽强和智慧取胜。同时,参与者的行为还要符合体育道德的要求和取得社会规范的认同,要具有敬业精神、责任感和顽强拼搏的精神,鼓励对抗但又限制粗野动作和不道德行为。

因此,参与篮球运动是一种实现德育、智育、美育和身体锻炼的教育方式。

二、篮球运动的价值

(一)促进健康

世界卫生组织(WHO)把健康定义为:"一个人只有在躯体健康、心理健康、社会适应良好和道德健康"才算健康,而篮球运动对人的健康的促进作用也同时体现在这些方面。

1.篮球运动与生理健康

个体生理健康包括:机体内部器官和系统功能的完善,功能的平衡,身体活动能力和身体素质的提高等多个方面。参与篮球运动能有效促进人的生理健康。

经常参与篮球运动对促进人的生理健康的表现如下：

第一，能够改善和提高心血管系统、呼吸系统、消化系统、神经系统等功能。

第二，能提高人的身体活动能力、身体素质和运动能力。

第三，能有效控制体重和改变体型。

2. 篮球运动与心理健康

心理健康包括：具有完整的人格，保持积极情绪，具有观察能力，能保持正常的人际关系，具有良好的社会适应能力，自尊、自爱、自信等多方面。这些心理健康特征也是篮球运动训练和比赛对参与者的基本要求。

经常参与篮球运动对促进人的心理健康的表现如下：

第一，改善情绪状态、降低焦虑水平。

第二，确立良好的自我评价体系，增强自信心。

第三，培养坚强的意志和团结协作精神。

第四，消除心理疲劳，缓解心理应激。

第五，让运动者在参与活动过程中学会调整自己的情绪和兴奋状态在一个适宜的水平。

3. 篮球运动与社会适应

社会适应是指一个人的心理活动和行为能适应当时复杂的环境变化，为他人所理解，为大家所接受。

经常参与篮球运动能增加人与人之间的接触和交往，使参与者能够尽快地适应周围的各种人和各种变化，尽快地被他人接受、理解。当前，篮球作为健身、娱乐、会友、提高生活质量、丰富生活内容的方式，已经被越来越多的人群（包括老人、妇女和青少年）接受，在此基础上，人们通过篮球运动增进了解、适应环境和社会。

4. 篮球运动与道德健康

世界卫生组织（WHO）关于健康的概念有了新的发展，即把道德修养纳入了健康的范畴。健康不仅涉及人的体能方面，也涉及人的精神方面。将道德修养作为精神健康的内涵，其内容包括：健康者不以损害他人的利益来满足自己的需要，具有辨别真与伪、善与恶、美与丑、荣与辱等是非观念，能按照社会行为的规范准则来约束自己及支配自己的思想和行为。

体育精神是体育的整体面貌的水平，是公正、公开、公平、特色及凝聚力、感染力和号召力的反应，是体育的理想、信念、节操及体育知识、体育道德、体育审美水平的标志，是体育的支柱和灵魂。2018年，新版《篮球规则》将"违反体育道德的犯规"修改成"违反体育精神的犯规"，就是把道德的表层意义提升到更高的价值。所以，经常参加篮球运动的人，尤其是参加篮球竞赛的人，其道德水准也会逐步提升。

（二）休闲娱乐

篮球运动最初是作为一种游戏活动而存在的，因而，游戏的娱乐性就是篮球运动中的原始特性。对于大部分的爱好者而言，他们参加篮球活动的主要目的，并不是为了提高自己的篮球技、战术水平和专项能力，而是为了缓解工作、生活中的压力，宣泄自己的情绪，追求愉悦身心体验、兴趣的满足及收获运动的快乐。另外,观赏成规模的高水平篮球比赛时,除了精彩的比赛对抗,穿插安排的娱乐活动,例如,文艺演出、杂技表演、比赛音乐及整个赛场热烈的气氛,都能使观赏者在视觉、听觉、情感方面获得艺术的享受。观赏高水平的篮球比赛已成为人们休闲、娱乐活动的重要组成部分。

三、篮球运动的欣赏

篮球运动是一项集趣味性、娱乐性和竞争对抗性为一体的竞技运动和文化娱乐活动。高水平的篮球竞赛中所展现出来的健美、强悍、对抗、高超技艺、拼搏精神,以及在赛事组织、运作和包装方面体现出来的浓郁的文化元素,不仅能给人们带来强烈的视觉冲击,而且还带给人们情感的震撼和美的享受。

（一）欣赏篮球运动的价值与生理、心理机制

1.篮球运动的欣赏价值

（1）让人们喜爱篮球运动

由于篮球运动具有技术动作繁多、战术形式多样、攻守突变、转换频繁等特点,篮球场上的竞争与对抗更加激烈,从而吸引了广大的球迷爱好者,尤其是会使一大批青少年学生产生强烈的观看需要和模仿欲望。这种需要和欲望作为动力,会驱使他们参加体育观赏活动。从体育观赏的心理过程可知,他们不但可以从观赏比赛中获得美感,产生愉快的情感体验,这种情感还会得到累积和升华,使审美主体不断地进行体育实践活动。

（2）调节情绪与丰富情感

随着现代篮球运动技、战术的迅速发展,比赛中攻守双方的争夺越来越激烈,一场高水平、势均力敌的篮球赛,其胜负往往在最后时刻方见分晓。场上运动员和场外观众的情感无不随着战局的变化而改变,或欢乐、或焦虑、或惊叹、或惋惜,这种情感的变换对人是一种乐趣、一种魅力、一种心理需求,它丰富了人们的情感世界,有利于人们的身心健康。在篮球比赛中,运动员健美的身材和精湛的技艺、教练员的指挥艺术等不仅能给人们带来无穷的乐趣、愉悦的心情和强烈的美感,还能使人发现一些人生的永恒价值,一定的人生哲理领悟。所以,欣赏篮球比赛能调节情感、愉悦身心、陶冶品行,满足人们的情感需求。

（3）体验竞争带来的刺激

篮球运动的特点是竞争激烈、对抗性强。在激烈的竞争中,战术、技术、思想、风格都表现得十分鲜明、突出,运动员的素质、技艺、胜败观、内心世界都暴露无遗。在篮球比赛中,攻守双方的前提是争夺、控制球权,进攻与防守是比赛场上同时出现的一对矛盾,进攻队员和防守队员之间也存在竞争,不仅体现在篮球的技术上,也体现在篮球的战术和心理素质方面。进攻队员投篮得分,体验成功的快乐,防守队员防住对方同样能体验成功的喜悦,同时也刺激攻防队员更加努力,不断提高自己的竞争能力,在拼搏中找到自己的立足之地,感受竞争带来的刺激。

（4）缓解工作和生活方面的压力

现代社会的高速运转,人的学习、生活和工作压力不断增加,人们需要以适当的方式来

缓解压力,不断地提高自己的生活质量。在观看篮球比赛或自己进入比赛时,篮球场上那种有张有弛,张弛有序,可以让观众感觉到节奏的变化美、张弛统一的和谐美;比赛的结局悬念,往往使人遗憾或欢乐。在运动中运动员可以释放压力,体验美,而观众在观赏中也可以感受美。因此,风靡世界的美国 NBA 篮球比赛展现出精湛技艺、好作风、高格调的精彩镜头,无疑会使人愉悦身心,陶冶情操,丰富精神生活,从而有利于人们减轻身心压力,提高生活品质。

(5)通过观赏篮球比赛了解世界

有着较强观赏能力的青少年,他们比较注重与外界的交流,其获得篮球方面的知识和动态信息来自大众传媒。经常观看篮球比赛的人都知道 NBA 球队的名称,如猛龙队、雄鹿队、步行者队、凯尔特人队、76 人队、黄蜂队、公牛队等,又如巨星绰号:"空中飞人"乔丹、"魔术师"约翰逊、"重型坦克"巴克利、"天勾"贾巴尔、"冷面杀手"斯托克顿等。通过了解球星、球队,有助于我们了解各国、各洲整体技战术水平的发展趋势以及各洲篮球运动的特点等,所以观赏篮球比赛,有助于我们了解世界。

2.观赏篮球运动的生理机制

(1)视觉

不管是观看电视台的现场直播还是在现场看篮球赛,精心布置的篮球场地以及啦啦队队员激情热烈的舞蹈,会让观众看到精彩纷呈、目不暇接的内容,而球员在篮球赛场上呈现出的是一种动态美,能让观众感受到蕴含其中的生命节律。在 NBA 的全明星赛上,运动员们所体现出的美颇具代表性:精准的投篮、巧妙的传球、快速的推进、闪电般的突破、大力战斧式的扣篮等一系列精妙的技术和他们天才的表演,能够把篮球的美表现得淋漓尽致,给观众以强烈的感染力,使观众眼花缭乱、心情舒畅、意犹未尽;所以,在观赏篮球比赛时,视觉冲击占据首要位置。

(2)听觉

当篮球运动员随着解说员的介绍依次跑步进场时,会引起万众欢呼、旗帜挥舞、相机闪烁、全场沸腾,这是篮球赛场上的第一高潮。在比赛中,解说员的解说,场上的啦啦队的叫喊声、击棒声,一浪高过一浪,此起彼伏,呐喊声震耳欲聋,观众随即感受到篮球运动的气势磅礴;随着比赛时间的推移,观众的心情也会越来越激动和振奋,所以听觉冲击在观赏篮球比赛时占据了重要的位置。

3.观赏篮球运动的心理机制

(1)感知

感知是意识对内外界信息的觉察、感觉、注意、知觉的一系列过程。感知包括感觉和知觉两个心理过程。感觉是对事物个别属性的反应,只有通过知觉才能达到对客观事物的整体把握。例如,在一次突分配合中,先是持球突破,再传球给同伴,随后是起跳投篮。在欣赏这个动作的过程中,首先要求欣赏者通过感觉(主要是眼睛的感觉)看清它的个别属性,如突破的路线、传球的时机、接球起跳时机的把握,然后才能从知觉上对该动作进行整体的把握。这时,如果观赏者能将突分过程的个别属性全部都看得一清二楚的话,那就会更完整、更准确地认识和理解这一投篮动作,所以感知是观赏篮球比赛的第一要素。

(2)想象

想象是一种特殊的思维形式,是人在头脑里对已储存的表象进行加工改造形成新形象的心理过程。人们在体育实践中,不仅能感知当前作用于自己的事物,能回忆起过去曾经经历过的事物,而且还能在已有表象的基础上,在头脑中创造出没有直接感知的新形象。以快攻上篮为例,如果没有以往对篮球运动的了解,也就不会想象出快攻的结果;正是大家都已熟悉了快攻的路线、得分方式,所以在运动员上篮时就会设计与创造出新的形象。因此,观赏篮球比赛,想象是主要的心理活动。

(3)情绪和情感

情绪和情感是人对客观事物与人的需要之间关系的反应。当客观事物符合或违背人的某种需要时,人们便会表现出这样或那样的态度,产生种种主观情绪体验,这种由事物是否符合人的需要所产生的态度和体验,在心理学上称为情感。在欣赏篮球比赛的时候,人们会因为自己喜欢的球队获胜而兴奋,也会因为球队失利而懊恼,同时又会为球场上出现的不良现象感到不满和义愤等。这些主观的情绪体验都是高级情感的具体表现。情感存在于整个体育欣赏过程中,其主体总是或多或少地进行着各类情感的体验。观众对比赛结果也有不同的情感体验,有的高兴,有的伤心。因此,情绪和情感是通过认知活动的"折射"而产生的。在观看篮球比赛中,所有这些喜、怒、悲、愤等都是人的具有某种独特色彩的心理体验。

(二)欣赏篮球比赛的内容与角度

1.对篮球运动员身体美的欣赏

篮球运动员身体美的主要内容,具体如下。

(1)身体形态美

形态美是指身体健壮而匀称,包括:体形美(身体外表匀称、协调)、姿势美(动作正确协调、舒展)、肌肉美(肌肉的形状与弹性)、肤色美(颜色、光泽)以及精神面貌美(精神与体力)。篮球运动员往往身材高大,肌肉结实,身体各部分发展均衡并与整体比例得当,体型完美,展现出一种身体的和谐美。

(2)体格健壮美

篮球运动员身材高大,体形匀称,躯干短,四肢长,关节灵活,上肢手大臂长,下肢大腿粗,小腿细,骨骼发达,肌肉丰满结实,剽悍健美,肤色光泽,气宇轩昂,富有朝气,浑身有使不完的劲,有惊人的弹跳能力,表现出一种体格的健壮美。

(3)气质风度美

气质风度美是指人的风采与气度的美。虽然风度与人的思想文化修养有密切的关系,但它是通过人体的活动而表现出来的,因此,它是身体美的一个部分。体育运动不仅能塑造健美的体格,而且也能培养健康向上的人格。在长期的篮球运动中,这种健康的人格可以使运动员和教练员形成一种风度美,如尊重对手、服从裁判、关心同伴、珍惜集体荣誉等。

风度美一般具有两个基本特征:一是符合职业道德规范和社会道德规范;二是表现出鲜

明的个性特点。在球类比赛中,裁判的误判是不可避免的。在这种情况下,有的运动员表示理解,能立刻服从裁判的判罚,并向队友示意。这一切给人的印象极为深刻,使人觉得他们的风度非常美,从而引起崇敬感。相反,在比赛场上恶语攻击观众,追打对手,围攻裁判等行为就不具备风度美,会让人产生反感。

2.篮球运动中运动美的欣赏

篮球运动美的内容,具体如下。

(1)篮球运动的技术美

篮球运动技术美是指运动员在篮球比赛中完成技术时所表现出的准确性、协调性、连贯性、实效性、稳定性的有机结合。一个出色的篮球运动员可以通过跑、跳、投等简单的基本动作向人们展示变化莫测、丰富多彩的动态美。在激烈的比赛中,球员的跳起空中盖帽、摆脱抢位、空中转体扣篮,以及一连串令人分辨不清的假动作等,无不使观众为其高超的技艺而叹服,同时也使观众享受着一种篮球运动特有的运动美。

(2)篮球运动的战术美

篮球运动战术美是比赛中队员个人技术的合理运用和队员之间相互协调配合的组织形式,它是运动员根据比赛双方的情况,把各自的技术通过战术基础配合巧妙联系到一起,采取合理行动,以发挥己方特长,限制对方优势,夺取体育比赛胜利的一种艺术。

(3)篮球运动的意志品质美

意志品质美指在体育运动中所表现出的个性心理特征,主要是指积极、努力、忍耐等顽强的意志,观察、思考、探索等智力活动,热爱、体谅、互助等基本的道德观念等。现代篮球运动竞赛不仅仅是技术、战术、体力的较量,更重要的是意志品质的较量,运动员要勇于拼搏、不怕挫折、不惧失败,这就是意志品质蕴含着高度审美价值的源泉。篮球运动可以培养一个人坚韧不拔、积极进取、奋发向上的拼搏精神,以及尊重他人、团结协作、互助友爱的良好的品质,形成积极、健康向上的心理品质,塑造美好的心灵。

3.欣赏篮球比赛的环境美

篮球环境美的内容,具体如下。

(1)运动员和教练员的基本素质

篮球运动员是篮球竞赛的主体,运动员要具有良好的身体美、技术美、战术美和运动美,更重要的是要具有良好的气质风度美等,这种内在的美更会受到人们的尊重。

教练员是篮球训练和竞赛的主导者,教练员的职业道德精神,以及临场指挥、稳定军心和协调的能力,是一个球队克强制胜、形成良好球队风格的必要条件。

篮球竞赛是一个不断变化的过程,一个战术使用不当就可能导致整场比赛的失败。因而,要求教练员在关键时刻临危不乱、稳定军心,根据自己的经验和现实的情况观形造势,通过调兵遣将、暂停机会调整运动员心态,改变战术打法,力挽狂澜,改变场上不利的局势,从而赢得主动,为球队赢得胜利。

参加比赛的运动员、教练员尊重裁判的判罚,服从工作人员的安排,不挑衅观众、侮辱观众,尊重观众,关心和爱护观众,反映了运动员和教练员的基本素质,是球场环境美的重要组成部分。

(2)裁判员的基本素质

裁判员的基本素质是指在职业道德约束下的身体条件、心理状态、基本技能和执裁技艺的总和。篮球运动是一项动态的、对抗的、发展的、控制的、综合的工程,作为篮球运动重要组成部分的裁判员,他的能力应该反映篮球运动的规律,并体现篮球运动的价值。基本素质包括良好的身体状况、临场风度、专业技能、执裁技艺等。

①良好的身体状况

篮球裁判员必须具备一些特定的条件才能适应他所从事的工作。篮球运动的发展使得运动员的身高日益增长,在中国,要求裁判员的身高不低于1.80米,否则将影响其观察的视线和范围。同时,裁判员的体能也是非常重要的一项指标。研究表明,裁判员在执裁一场高水平的篮球比赛中奔跑距离为4 000米~10 000米,期间要对场上出现的各种违反规则的行为做出迅速判罚,体能不佳是导致裁判员反应速度下降的最主要因素。

②临场风度

临场风度是对人体美的一种综合的、高层次的评价,是指篮球裁判员临场时的仪表、举止、姿态、言谈、作风等综合体现的一种美。优秀裁判员的特点,就是风度不凡、自信、镇定、目光敏锐,使参赛的运动员和教练员顿生敬畏。

风度源于坚定的事业心、良好的思想修养与高尚的职业道德,这是每个裁判员的行为准则。在执裁中,裁判员要精通规则和裁判法,熟练掌握过硬的裁判业务,要用"实事求是、敢于宣判、作风顽强、干脆利落、准确无误"的作风赢得观众、教练员、运动员的信任与尊重。

③专业技能

专业技能是裁判员执法的基础,它包括两部分的内容:一是视野与移动,广阔的视野是篮球裁判员及时准确地判断赛场情况的先决条件;二是鸣哨与手势,哨声是篮球比赛中的主要信号,是裁判员临场指挥比赛的武器,鸣哨要求单声、短促、洪亮。手势是篮球这项运动特有的形体语言,是临场执法中的主要外在表现形式,是篮球裁判员与运动员、观众交流的一种特殊的办法,也是篮球裁判员向记录台交代中止比赛原因的特定方式,所以,对裁判员手势的要求是:规范、清楚、果断、大方。

④执裁技艺

执裁技艺是裁判员临场能力的综合体现,它集中反映在裁判尺度上。首先,裁判员要对正确合理的动作和行为给予肯定和保护,对错误的非法动作和行为给予禁止和判罚,从而保证比赛在规则的范围内顺利进行。优秀的裁判员除了公正以外,就是"尺度"掌握得好,或者说"分寸"掌握得好。其次,裁判员要多学习别人的判罚技巧,加强裁判理论学习,在深刻理解、吃透规则精神的基础上去很好地掌握判罚尺度,提高自己判罚的准确性。最后,裁判员要能够站在篮球运动发展的高度上"执法",使判罚有利于对抗风格的形成,有利于篮球技、战术水平的提高。

（3）球场观众的基本素质

当我们在篮球馆观看比赛时，作为一个文明的观众应做到以下几点。

①在入场前，应自觉遵守体育场（馆）规定，凭票按时按顺序入场，对号入座，举止文明。

②不要轻易离场，手机要开振动模式，看完比赛后再回电话，切不可在场内打电话。

③要学会为运动员的精彩表现鼓掌，给予运动员鼓励，不喧闹起哄，不辱骂运动员和裁判员，不向比赛场地投掷物品或进行妨碍他人的不文明行为。

④衣着干净、整洁、保持清洁卫生，不在场内吸烟，不随地吐痰和乱扔废弃物。

⑤遇到紧急情况，不要慌乱，听从工作人员的指挥；若有烟雾，应尽量低头、弯腰撤离；年轻人要照顾老幼，要有秩序退场。

⑥要爱护公共设施，不蹬踩座椅，不在建筑物或桌椅上涂写刻画。

（4）体育场馆设备状况

①篮球场地中，地板要平整，有较好的摩擦力。场上标志线条要准确、清晰、色彩鲜明。地板、篮架和篮板的材料要符合国家的质量标准，篮板和篮圈的离地高度准确。球场上的灯光符合国家标准，篮球场上的每一个角落光线均匀，每个座位都非常舒服、安全。

②体育馆场地除设备外，体育馆应把建筑声学、扩音系统、噪音水平这三者综合考虑，才能达到良好的效果。配备适当的扩音设备降低空调噪声，使音质及声学特性达到最佳的结合点。

③体育馆的显示系统要能够清晰、及时、准确地显示体育比赛的信息，通过多媒体技术显示比赛的实况，烘托和营造紧张热烈的比赛气氛。同时要采用计算机网络系统作为电子显示系统的硬、软件平台，以便充分利用网络平台达到信息管理共享。

④体育场馆的安防系统应包括出入口管理系统完善、安全检查设备（系统）运行良好、实时监控系统良好、通信指挥系统通畅。

四、高校篮球文化

（一）校园篮球文化的定义

校园篮球文化与篮球文化应属从属关系，校园篮球文化是篮球文化的重要组成部分，是校园文化的子文化，是在大学校园这个特定环境中以篮球运动为中心的一切事物的总称，包括物质、精神、制度等方面。

（二）高校篮球文化的教育本质

篮球作为体育教育的一项内容，也是促使青少年全面发展的一项体育活动和社会游戏，是融德、智、体、美、劳等全面发展的教育过程的特殊形式。

篮球运动具有强烈的教育性。它是一个集体性很强的体育项目，而且篮球运动对大学生的教育价值，体现如下：

①篮球运动是集体项目，其运动行为是通过集体对抗的形式表现出来的，因而从事篮球运动能够增强集体意识、培养团队精神。

②在严格、统一的竞赛规则的规范下进行的文明运动,能够培养运动者良好的行为规范和良好的组织能力。

③篮球运动是一项高体能、高智慧的运动,从事篮球运动能提高人的智力和全面发展体能,这些特性恰与高校教育大学生的出发点相吻合。

(三)高校篮球文化的教育作用

1.团队精神的教育

团队精神是现代社会中人们所必须具备的一种基本素质,是个人发展、寻求成功的基本条件。篮球运动中的战术运用正是这种团队精神的直接体现。从基础配合到全队战术,都是通过2~5人的协作,才能顺利完成,参与者各司其职,通过传切、突分、掩护和策应四种最基础进攻战术与关门、夹击、补防等防守战术,完成其比赛任务,取得篮球比赛的胜利。

作为大学生,他们的求学过程不仅仅是获取知识,也是为即将走上社会做准备的过程。团队精神作为现代社会中人们所必须具备的素质,大学生应当接受这方面的教育。篮球运动不但使学生强身健体、享受体育乐趣,同时潜移默化地教育他们学会合作。可以说,把篮球运动中蕴含的团队精神作为教育大学生学会合作、提高社会适应能力的手段具有很强的现实意义。

2.竞争精神的教育

在谈论团队协作精神时,不能离开篮球运动的竞争精神。因为人与社会只有在竞争中才能更快发展。只有在协作中才能求生存,所以人的协作精神和竞争精神也是人性不可分割的两个方面。同样,现代社会是一个追求竞争与协作的社会,合作是以具有一定的竞争力为前提展开的。竞争性是人的天性之一,它要求人具有顽强的意志品质与拼搏精神,篮球运动在强调协作的同时,对个人竞争精神与顽强拼搏精神也提出了极高的要求。它体现着人的表现欲、竞争欲,参与篮球运动在无形中就已经接受了竞争精神与顽强拼搏精神的教育。

3.社会规范的教育

在当今的法治社会,人们之间的行为依赖于必要的事前规则的规范与约束,而不可能决定于某些个人意志。开展高校篮球运动,有利于大学生规则意识的内化,它既是一种精神文化,也是一种行为文化,对人们的社会生活、人际关系有着调节、控制和引导的功能,它在人和社会的关系中起着调节与稳定的作用。在参与篮球运动时,篮球规则是参与者所必须遵循的约束机制,对于违反规则的行为都有相应的处罚,最重的惩罚莫过于剥夺参赛资格。这种严格的参与准则对于大学生规范自己的行为,走上社会后遵守法律具有启蒙的作用。这种规则意识内化以后,使人们在行为过程中,不自觉地会形成一种遵守规则的意识。

(四)高校篮球文化对大学生的凝聚功能

凝聚力需要通过人们共同的思维方式、价值观念、生活习惯、行为方式等方面来实现,而体育文化在这些方面的凝聚功能是许多文化难以比拟的,这种凝聚功能在高校篮球文化中主要体现在正式的篮球比赛中。每个参赛队的背后都有一个班级、一个学院、一个学校的师生作为后盾,他们在一定程度上代表着这些团体,正是他们把这些团体凝聚在一起。通过篮球文化的纽带作用,大学生产生共鸣,形成共同的价值观和行为方式,这成为连接他们情感世界的黏合剂,从而使他们形成强烈的向心力、凝聚力和群体意识。

在大学生篮球联赛中,这种凝聚作用更能体现出来。在 CUBA 开赛期间,一些高校师生们为了迎接主场的比赛,全校上下一心,从球队到球迷、啦啦队、舞蹈队、工作人员等,无不为之奔跑忙碌。校园中随处可见海报、横幅、宣传栏、吉祥物,各种文体宣传活动红红火火,这一切的行为都是来自师生们从心中迸发出来的荣誉感、自豪感、归属感。在比赛场上,他们毫不掩饰自己对赛事的关注和对本校队伍的热切期盼,为其呐喊,为其振鼓,将热爱与真心倾情注入,在他们心中,CUBA 是团结向上的精神纽带,有催人奋进的凝聚力。

经常参与或观看有本校篮球队参加的比赛,会强化对学校的归属感,从而形成对学校的认同。通过篮球运动能把学生凝聚起来,为学校的发展而贡献自己的力量。从这个方面说,高校篮球文化对大学生具有凝聚功能。

第二节　篮球运动物质文化及发展

一、篮球运动物质文化的相关概念

在篮球运动文化中,物质文化是最为活跃的因素,总体上来说,物质文化处于整个篮球运动文化的外层,不仅能够为篮球运动文化的发展奠定良好的物质基础,而且也能够将篮球运动的精神文化体现出来。除此之外,篮球运动的物质文化在一定程度上也是时代的某些精神和趋势的反映,同时,其对篮球各类赛事活动也起到了积极的渲染作用。

(一)物质文化

物质文化指的是实际的物质生产过程及物质生产的实体性、器物性的成果。

物质文化的概念中包含下面三方面的内容。

①最重要的物质文化财富:由劳动者、劳动资料、劳动对象构成的现实生产力。

②消费资料。

③物质生产的实际过程。

(二)篮球物质文化

物质文化在篮球运动中主要表现为:篮球是所谓的"劳动资料",将球投进篮筐是所谓的"劳动对象",比赛所需要的场地、服装、饮料和各种设施是所谓的"消费资料",其中的工艺、技术、科技含量等是所谓的"物质生产的实际过程"。

研究发现,篮球的这些物质无不体现着人的精神因素,尽管如此,物的性质仍然是最主要的,由此也可以将人的本质力量在物质生产领域中的表现和发展程度体现出来。

需要明确的是,物质和精神并非对立的,二者是一个统一体。"精神文化不是文化中某种脱离物质文化的、孤立存在的部分,即使是主体的精神活动,也离不开物质性的文化的大脑,精神依赖于物质。而物质文化也离不开精神,正因为它同时是精神的,凝聚着人类的精神劳动,才称作文化,这是物质产品被视为文化的内在根据。在社会文化的整体结构中,物质文化是全部文化的基础。"由此可以看出,"物质"要想获得自身的灵魂、生命,并且在文化领域获得一定的地位,就离不开对文化精神的借助。

综上可知,物质文化在篮球运动中有非常重要的地位和作用,要对其进行进一步分析和了解,从而更好地为篮球精神文化和制度文化服务。

二、篮球运动物质文化中"物"的体现

在体育文化范畴中,"物"的文化有丰富的内涵和内容,也有非常重要的作用与意义。

从文化学角度来看,物质文化是文化传播中一个非常重要的载体。在文化运载和传播过程中,相较于其他方面来说,物体器件往往被忽视。篮球的"物"能够将各个时代不同的篮球文化精神和意义充分体现出来,同时,这在一定程度上也是某些精神和意义的补充,正因如此,篮球运动才能不断发展。

具体来说,篮球的物质文化主要包含以下几方面的内容。

(一)篮球

篮球运动早在1891年就出现了,但当时发明这项运动的奈史密斯先生并没有对球这一重要运动因素充分进行考量,他只是在对篮球的规则和比赛的形式进行考虑的基础上,就让工人将两个桃篮钉在体育馆的看台上,并且上课所用的球也是随手捡的一个足球。由此可以看出,"篮球"这个实物起初并未受到重视。

从1891~1894年,篮球运动中所用的球都是足球。之后,才做出了用比足球大一点的球的决定。从某种意义上来说,这个球就是现代篮球的雏形。球囊是在1928年才出现的,露的球嘴用皮带子扎住。当时的球是吹起来之后,把球嘴扎紧,塞进球里,外面再用带子缝上。可以说,这是篮球的一个巨大改革,这一变革使球能够成功弹起来。10年之后,这种球才又被改革,变成新型的球。

当前所用的球不仅有漂亮的包装,还有非常好的手感,而且这种正式用球在规则中也有相关规定。

目前,篮球的工艺技术水平已越来越高,并且一些篮球已经形成了知名品牌,篮球工艺水平的提高在一定程度上带动了篮球技术的发展,尤其是对运球技术的发展起到了很好的推动作用。

(二)篮筐和篮板

在历史上的第一场篮球比赛中,奈史密斯博士将桃篮钉在看台上,在比赛过程中,运动员争相将球投进桃篮中,然后,借助梯子将球取出来,再继续比赛。后来的比赛中,用有底的网型代替了篮筐,并且在网子里安置了一根带子,只要球一投进去,一拉带子球就弹出来,这样运动员就不需要爬在梯子上取球了,需要强调的是,这时的篮筐后面是没有挡板的。再后来,就将篮筐安在篮板上。篮筐的下面装有篮网,球进篮筐应声而出。

在篮球的发展历史中,不仅篮筐在不断改进,篮板也有了较大程度的发展,比如,最早的

篮板后面是铁丝做成的网状,后改为木制,再后来发展成为当前玻璃透明的篮板。

篮球器材的发展在很大程度上反映了人类的聪明才智,每个器材的发明与发展都是人类智慧的结晶。

(三)场地与设备

尽管一般的篮球活动对场地的要求并不是很高,只要场地空间大,地面平坦,有篮筐基本上就可以了。但是,随着社会的不断发展,人们对篮球运动场地和设备等基础设施的要求越来越高,如对灯光的要求等。

从某种意义上来说,篮球运动的物质文化是文化的实体或载体,对人文精神和艺术品位越来越注重。文化的物价性形态不管是从建筑物、器材设备上,还是从服装、食品上,都能够得到体现,可以说,这些都是文化产品。这些文化产品同时具有使用价值和审美价值。比较典型的当属当前运动员的服装和球鞋,将设计与材料的选用、舒服与美观都有机结合在一起。当前,随着人们的物质生活水平越来越高,其精神需求也越来越多元,层次越来越高,通过对篮球运动的欣赏,能够使人们的艺术欣赏需求得到很好的满足。对于观众来说,运动员本身就是一件运动着的艺术品,有很高的观赏性。

三、篮球运动竞赛的"包装"

(一)包装的含义

包装在狭义层面上的解释是"盛装和保护产品的容器"。随着社会的不断发展以及体育产业的逐渐兴起,包装这一狭义上的概念已经不符合现代意义上的认识了。包装在现在社会活动中经常被用到,并且随着这一概念应用范围的不断扩大,其包含的内容与含义也越来越丰富。比如,当前经常听到的给明星包装,给某个活动包装中,包装的含义就不是狭义的概念,是有深刻内涵的。现代意义上的包装突出表现的是促销功能。因此,在体育产业中,其往往被用于无形资产的一个重要促销手段。

广义层面上的包装是文化的一种表现形式。但需要注意的是,这种文化同时包含了物质文化和有象征文化两种文化的含义和内容。其中,所谓的物质文化的因素,主要是指人们接触到产品的时候,首先看到的是外在的包装。

(二)篮球运动竞赛的包装及其手段

以推销和渲染篮球比赛为主要目的而附加在比赛中的各种活动和手段就是篮球竞赛的包装。包装在体育竞赛中普遍可见,比如,为了对比赛进行更好的推销和宣传,制造浓郁的比赛气氛,将更多的观众吸引过来,主办者往往会通过各种有效的手段对比赛进行大量包装。当前来看,联赛包装、球队包装和队员包装是篮球运动竞赛包装的几个重要内容。

通常来说,篮球运动竞赛的包装主要体现在以下几方面。

①举办赛事的开幕式、闭幕式,聘请名人出席。

②邀请文艺、服装表演等各类表演。

③对联赛和各队的秩序册和宣传册进行制作并下发。

④对球队的形象人物重点进行宣传。

⑤用各种艺术画像、广告对球场进行装饰。

⑥对球衣进行包装。

⑦设计能吸引眼球的开赛式。

⑧比赛中将啦啦队表演穿插其中。

⑨制造比赛悬念。

⑩中场休息时安排猜奖、抽奖,投篮比赛等互动活动。

四、篮球运动物质文化的发展

篮球象征文化和实物都属于篮球运动物质文化的范畴。因此,可以将篮球运动的普及,篮球文化的流动和传播,明星队员、职业联赛、国家队大赛的成绩等都归为篮球物质文化。篮球运动物质文化的发展也应从这几方面努力,下面仅从球星队员、职业联赛、国家队大赛的成绩等几方面来探讨篮球运动物质文化的发展。

(一)球星队员

职业联赛是市场经济发展到一定阶段的产物,因此职业联赛必须树立自己的品牌,在职业联赛品牌中,我们不能忽视篮球球星是一个非常重要的且有价值的砝码。球星队员可以说是整个球队的灵魂,是球队的核心和主要得分手,全队战术也在一定程度上围绕其来展开,在比赛的关键时刻,球星被赋予很高的期望,也是其他球队的主心骨。有球星参加的比赛更精彩,球星的号召力非常大,他们本身就是票房的保证。

人们之所以关注明星,主要是因为其运动能力超群。球星加盟 NBA 以及在赛场上的出色表现,使亿万人民对 NBA 的关注程度得到了明显的提升,NBA 商家的商业利益追求也因此而一步步实现,与此同时,CBA 职业联赛的受关注程度也得到了明显的提升。但是相对来说,CBA 联赛中能够让媒体、让观众津津乐道,难以割舍的球星还是比较少的。

NBA 的造星运动是其取得成功的一个主要原因。因此我国在发展联赛的同时也可借鉴这一模式,培养自己的球星队员,除了队员自身应有的超群篮球技艺外,还要通过媒体的包装宣传。以球星的魅力带动更多的球迷对中国篮球的关注。因为种种原因我国球迷逐步形成了区别于其他国家的特殊风格,就我国球迷对篮球运动的迷恋来说,民族意识发挥了重要的作用。

一方面,对于传统的社会心理与价值取向来说,维护国家利益和群体利益是人们密切关注的内容。因此,球迷的这种情感与精神作为一种动力推动着篮球运动发展,而且在篮球运动发展的众多动力因素中,这种动力最稳定、最持久。

另一方面,我国传统文化中"尚仁""崇义"的内涵使我国球迷在关注球星高超技艺的同时也对球星的伦理道德典范作用给予了很高的期待。

(二)职业联赛

篮球职业化运作模式是市场经济发展的重要产物,是竞技体育的重要发展形势之一,这也是特定社会制度、社会环境以及社会意识形态对竞技体育的具体要求的重要反映。我国CBA联赛正在逐步发展,取消了升降级,实行南北分区增加了比赛场次,同时不断对NBA的经营管理模式进行吸收与借鉴,不断探索更持久更稳定的职业化发展道路。经过几个赛季的努力,人们越来越清晰地看到了篮球项目特有的文化价值、商业价值。我国球市的发展、上座率连续上升都体现了篮球市场开发取得了一定的成果。但从经营管理上来看,还存在许多问题,尤其是与NBA相比,差距很多。我们必须清楚,篮球职业化的系统运作是一个庞大的系统工程,各要素相互影响,相互制约,共同围绕着整个联赛发挥各自的功能,丰富了篮球文化的内涵。

从职业联赛的组织机构来看,我国职业男篮俱乐部内部还没有设置合理的组织机构,对经营事务负主要责任的职能部门少,各部门管理分工笼统片面,具体分工不明确,这就导致法律事务、人力资源开发、球员培训等工作无法得到有效的落实。再加上很多制约性影响因素未能得到化解,因此篮球的职业化进程受到了严重的影响。对于篮球职业联赛来说,对外是彰显我国篮球文化的重要窗口,对内能够充分反映我国篮球人士的集体智慧,对我国篮球运动发展进程具有直接意义上的导向作用。

篮球职业化是市场经济发展到特定阶段的重要产物,市场经济实质上来说是法制经济。篮球职业化的经营与企业化经营是不同的,篮球职业化的顺利发展需要有合同制、薪金制、转会制和选秀制等相应的政策和法规来保障。

现阶段,我国要进一步开发与培育篮球市场,还需要从以下几方面来努力。

①及时更新观念,正确引导大众尤其是篮球爱好者的篮球消费意识。

②对篮球体制的改革持续深化,将所有权和经营权分离,从物质、法律等方面来保障篮球俱乐部自负盈亏的落实。

③促进职业篮球俱乐部体制的进一步健全与完善,进一步明确相关主体的责、权、利。

④加强对篮球市场的理论研究,为篮球市场的深入开发提供理论支持。

(三)国家队大赛的成绩

竞技篮球运动发展的真正水平是通过各国运动队在篮球大赛中所获得的成绩体现出来的。对于任何一个运动项目来说,在体育盛会上取得的优异成绩往往能激发人们对这项运动的热情。当前,我国男女篮总体水平和世界强队之间的差距还是非常明显的。我国篮球文化要在世界赛场上得以彰显,就必须不断提高竞技水平,取得优异的比赛成绩。我们一定要认清世界篮球发展的最新状况,以先进的篮球理念指导训练比赛,争取在世界大赛中取得让国人都感到骄傲与自豪的成绩。

任何事物都是普遍联系的,篮球文化诸要素之间相互影响、相互制约,是矛盾的统一体。在充分掌握篮球文化各项影响要素的基础上,应当尽可能在均衡发展各要素的前提下突出重点,有效推动职业联赛发展进程,大幅度提高我国竞技篮球运动的发展水平,深入地了解篮球文化,促进篮球文化内容的进一步充实与弘扬。

第三节　篮球运动精神文化及发展

一、篮球运动精神文化的相关概念

(一)精神文化

精神文化指的是人们在劳动创造中所形成的思想惯性和价值取向的总和。

(二)篮球精神文化

篮球精神文化指的是与篮球物质实体相对应而客观存在的,以篮球竞技比赛、篮球体育组织及体育媒介宣传为依托的,有突出教育性、激励性、辅助性、稳固性、领先性的各种篮球思想与观念的总和。

二、人文篮球理念

篮球运动的健身功能和教育功能极为显著。篮球运动是体现人生价值的重要渠道,在此基础上,篮球发挥自身在人性、人格方面的积极教育作用,进而升华为人的教化,这就是人文篮球理念。

(一)人文的本质

人文的本质主要体现为人文精神。通常情况下,人们会将人文大致分为以下两个方面。

①对文化内在价值和意义的自觉,也就是所谓的人文精神,这是通过人们的行动体现出来的"体道"。

②人们对自身文化的一种了解,一种学问,是"知道",这就是所谓的人文知识。

从以上两点,可以将人文精神归纳为:"人文化成——文明之初的创造精神;刚柔相济——究本探源的辩证精神;究天人之际——天人关系的艰苦探索精神;厚德载物——人格养成的道德人文精神;和而不同——博采众家之长的文化会通精神;经世致用——以天下为己任的责任精神;生生不息——中华民族的人文精神在当代的丰富与发展。"

(二)人文篮球的主要特性

在"以人为本"这一理念的基础上,通过篮球的教学、训练、竞赛等手段,将竞技与教育有机结合起来,从而达到对运动员的人生教育的目的,这就是所谓的人文篮球。

总的来说,"人文篮球"有以下几个特点。

①使人与自然和谐相处,将科学与人文融合在一起。

②以人为本,注重人性、人格。

③注重人的情感教育。

④奠定人生价值基础的人文精神。

(三)人文篮球的功能

篮球训练中不仅要传授运动技术,还要在传授技术的过程中对人的社会谋生技能进行培养,开发人的智力,从而发挥篮球促进人全面发展的积极作用。这是人文篮球的主要观点。

三、篮球谋略

(一)篮球竞赛谋略的方式

在篮球运动文化中,谋略的表现方式主要有以下三种。

1."知"

"知"就是所谓的"知识",具体来说,就是由信息经过处理、筛选、积淀而成的文化。篮球运动文化中"知"指的是人对篮球专业知识的了解。

随着社会的发展,知识在竞技体育运动中发挥着越来越重要的作用,地位也逐渐稳固。

知识是创造性思维的基础,而篮球运动则是一项培养创造能力的活动。由此可知,传授新知识,对运动员的灵感思维进行积极有效的开发,对他们的创造能力进行科学培养,是构建篮球运动文化的主要目的。

2."智"

"智"就是"智慧",具体指辨析判断、发明创造的能力。一般来说,要发挥人脑智慧的现实作用,需要具备的一个重要条件,即知识的长期积累和生理功能的最佳状态。一般劳动的实现离不开知识,而创造性劳动的实现则与智慧有着不可分割的联系。一般来说,高度智慧者往往具有非常显著的能力,这主要体现在洞察幽微、直觉未来、预言预见、把握机会、重构重建、创造发明等方面。

在篮球竞赛中,运动员和教练员的"智慧"有非常重要的作用和意义。篮球运动竞赛不只是运动员之间体能、技术、战术的较量,同时也是心理和智力等方面的较量。而运动智能高的篮球运动员,他们往往能够深刻把握专项竞技篮球运动的特点和规律,对于训练的理论和方法,他们也有更为准确的认识和体验。因此,他们在训练中对教练员的训练意图理解得更准确且深入,在此基础上他们能够以自觉的行为配合教练员,共同保证预定训练计划的高质量完成,从而使运动员的总体竞技能力提高到一定水平,保证训练效果。

另外,运动智能高的竞技篮球运动员对先进的、合理的运动技术有准确的把握,可以利用较短的时间高效学习和掌握运动技巧。而且在学习与训练过程中,他们对篮球运动战术的精髓和实质理解得很透彻,在比赛中善于灵活机动地运用战术;他们具有较多的心理学知识,善于动员和控制自己的心理活动,从而保证在竞技中更为出色地发挥已有的竞技水平,表现出超群的竞技能力。

3."见"

"见"就是所谓的"见识",就是对信息处理后的一种认知。从功能角度上来说,知识和智慧是处理信息的机能,而见识则是处理的结果,预见性是其重要的特性之一。一般来说,"见识"是在知识、智慧、信息的基础上建立起来的。见识往往能够创造良好的发言机会和权利,同时也能够使人以正确的方法处理具体问题。《孙子兵法》中指出,要想"战胜",首先需要

"见胜",说的就是见识的重要性。

信息是见识的重要来源之一。作为一个原始媒体,信息具有实用价值,但是,这种价值并不是直接就可以实现的,还需要具备人处理信息的能力这一条件。从当前的形势来看,"信息处理"是信息时代的关键问题。审时度势—量化分析—推理判断—比较权衡—寻优判断,是《孙子兵法》中对见识的处理方法和程序的理解。

（二）篮球运动竞技谋略的内容

在篮球运动发展中,竞技谋略包含以下几方面的内容。

1. 立人、用人谋略

现阶段,各国在培养篮球人才方面主要采用以下两条途径。

第一,举国体制,这一途径在我国培养篮球人才方面发挥了重要的作用。

第二,将篮球运动普及发展与教育有机结合起来的体教结合途径。这种方式在西方国家较为常见。

以上两种方式都在一定程度上反映了人才培养的谋略,同时,也将不同文化背景及不同时代社会、政治、经济条件下对篮球运动发展的期望充分体现出来。

除此之外,在运动员技术特长和技术风格的塑造上也能够将谋略意识体现出来。对有天赋的篮球运动员进行培养,教练员要在充分考虑运动员天赋的基础上确定培养方向与风格,这也在一定程度上体现了教练员的智慧与谋略。

2. 竞技谋略

在篮球竞技比赛中,双方的谋略都会得到不同程度的体现。可以说,篮球运动文化中,竞技谋略是非常重要的一项内容,并且为人们所钟爱。

体育竞技比赛中所运用的谋略都有一定出处,如《孙子兵法》中的"机动灵活""随机应变""料敌制胜""出奇兵"等就是运用最多的军事谋略。需要强调的是,在运用谋略之前,要求教练员首先对参赛的对手有一定的了解,如对选手的技术水平、身体能力、心理素质,应变能力等基本情况,做到心中有数。通过对比赛发展趋势的预见,教练员应机动灵活地、有针对性地运用相应的谋略,从而对比赛过程进行有效控制和把握。

3. 管理谋略

为了更好地完成竞赛的终极目标,管理者带领运动员一起努力,这个过程中展示出来的智慧和能力就是管理谋略。

体育运动的组织者需要具备以下谋略。

①对个人和集体行为的宏观设计。

②制订促进计划和目标顺利实现的策略。

③对人力、财力、物力等资源投入的安排。

④运筹集体与个人的行为,协调运作,进行积极指挥,发挥相关优势。

⑤对运动训练、运动竞赛的管理。

四、篮球运动精神文化的发展

篮球运动精神文化主要包括篮球思想、理念、篮球主体文化素质等方面的内容,此外民族文化与篮球精神文化的发展有直接的关系。因此,下面主要从民族文化及篮球运动精神文化的两个主要内容(篮球理念、篮球主体文化素质)出发来探讨篮球运动精神文化的发展。

(一)民族文化

世界上任何一个国家与民族体育文化的形成都离不开本民族个性与创新精神,而且都或多或少吸收了他国文化的精髓。各国体育文化的发展均体现了由个体到群体再到民族和国家,最后到全球多元交融化的创新发展模式,这些都是特定国家民族、特定历史与生活彼此作用而造成的。当前,我们应积极对能够使我国篮球文化内涵更加丰富与深邃的历史与民族个性进行探索。在"知行合一"哲学观的引导下,中国传统体育文化追求身与心的协调发展。受"中庸之道""持两用中"等传统文化的影响,体育文化在"不争"的节制下逐步发展,这从正心、诚意、修身、养性的运动观中就能够体现出来。

中国传统体育不把竞技胜负看作其唯一价值,进而表现出的则是明显注重人格培养。它所追求的是内在的、含蓄的、和谐的审美价值观。尽管现代竞技篮球运动具备的竞争、对抗、个人技艺和整体配合的密切结合是传统文化所不拥有的,但我国传统文化蕴含极为深厚的文化底蕴,我国传统文化的整合性和地理文化的多元性对篮球职业化的形成与发展具有非常重要的作用。

在中国传统文化对篮球文化的影响方面,我国应保持正确的认识和态度,既不能一味否定,也不能固步自封,对外来文化完全抵制排斥,而应在中外篮球文化的交融与碰撞中实现自身的发展壮大。

(二)篮球理念

篮球理念就是篮球运动的思想与观念,在篮球文化中,这是最深入的东西。我国和世界篮球强队之间的差距不仅反映在竞技结果上,还体现在篮球理念上,篮球理念的落后制约了我国篮球运动的发展。例如,国内教科书定义篮球:"将球投入对方篮筐,以得分多少决定胜负的集体球类运动项目。"这种观念视篮球为一个投篮取胜的比赛,至于人的发展完全委托给自然了,这是典型的见物不见人的思想。为了扭转这一局面,我们需从以下几方面努力来调整篮球理念,充分发挥科学理念的引导作用。

①淡化对运动员生物体能的"物化"训练,重视运动员的人格修炼,提高运动员的可持续发展水平。

②对其他国家的先进篮球理念进行借鉴,积极转变传统意义上的观念,促进我国篮球文化内涵的不断充实,这一点对我国篮球文化的发展具有非常深远的价值。

③改变"重物轻人"的观念,构建人物并重、更重"人"的新理念,在篮球育人方面,有效整合"人道"与"物道",探索育人规律,将"做人"和"治学"融为一体。

(三)篮球运动主体的文化素质

1.教练员的文化素质

文化素质主要是指教练员在接受一定的教育,学习和掌握一定科学知识的基础上而形成的文化品位、审美情趣、人文素养和科学素养。文化素质是人总体素质的基础。

目前,学历是衡量一个人知识水平的一个重要标准。教练员的学历能够在一定程度上反映出教练员在训练、指挥比赛等方面所具有的潜在能力。当前,篮球运动的观念、理论、训练方式、比赛临场指挥都发生了很大的变化,学历层次较低的教练员队伍很难及时捕捉和深入掌握崭新的篮球知识和相关的高科技知识。

现阶段,其他国家在教练员培训中,将教学训练意识等深层次的内在思想教育与培养看得特别重要,对应的培训模式也突破了传统且单一的"训练"途径,转变为"开发"与"发展"并重。因此,立足于教练员专业可持续发展的角度来对教练员的教育培训进行分析与研究,就一定要将超越单纯技术培训与提升技术层面确定下来,由此重视"观念的建构"和新型理念的培养,发挥正确理念指导行为的先导作用。

我国篮球教练员队伍虽然是篮球专项训练的直接从事者,但比较缺乏研究和探索篮球运动专项训练理论的能力,对篮球运动的战术特征、发展走向、训练实践规律等把握得不到位,在训练中大都是凭个人经验进行的,这对我国篮球运动的科学化发展具有很大的限制作用。对于现代篮球教练员而言,高超的篮球专项技术,较高的理论组织与文化素质是必备的重要条件。因此,需要加大对各级篮球教练员的培训力度,促使教练员不断吸收和拓展新知识,使其建立合理的知识结构体系,具体做到以下几点。

①丰富篮球理论知识,更新观念,强调科学化训练。

②培养教练员的事业心和责任感。

③掌握世界篮球运动的最新发展趋势,发挥创新思维能力。

2. 运动员的文化素质

当前,在篮球运动训练中,在运动员技术和体能等生物性层面上投入了大量的时间、精力,而且许多教练员认为这样的训练是科学的、有效的。

研究证实,运动员的训练不只是技术与体能的物化训练,还需要对其思想、情感、责任感进行培养,否则就会导致篮球运动训练演变成"造人"的物化训练,最终强化人的生物性,使真正属于人的一面持续弱化,最终使人这个主体出现迷失。

获得优异的运动成绩和取得胜利是运动员参与比赛的主要原因,但如果运动员缺乏智慧和篮球意识,那么即使体力再好,也很难达到比赛目标。篮球运动既是双方队员身体的较量,又是智力的较量,这对运动员的文化素质提出了一定的要求。我国高水平篮球运动员从小就开始从事半专业化训练,接受的系统基础文化教育比较少,这就直接影响其文化素质水平,低文化素质不利于篮球技战术水平的提高,而且也不利于运动员退役后的就业。

鉴于目前的情况,提高运动员文化素质的重中之重是重视运动员的文化教育和妥善解决学习与训练竞赛之间的矛盾,具体从以下几方面来努力。

①解决读训矛盾,发挥体育院校的办学优势,建立教育、训练、科研三结合基地,加大体育院校竞技篮球运动员的培养,利用社会和高校的教育资源,提高运动员文化水平。

②科学管理,加大经费投入,为各级运动员提供良好的学习环境。

③完善配套的政策法规,建立有效的制约、监督、激励和保障制度,使运动员文化教育工作高效落实。

第四节　篮球运动制度文化及发展

一、篮球运动制度文化的相关概念

（一）制度文化

制度文化是精神文化的外化，外化为制度章程、组织机构的有效性结构、礼仪风俗等。从这方面考虑，可以将制度文化解释为以一定思想观念为依据建立起来的各种制度、规则，执行这些制度的机构和组织，以及风俗习惯和礼仪的总称。

（二）篮球制度文化

篮球制度文化是围绕着篮球运动的开展而产生的规则和比赛体制，以及与篮球文化有关的组织机构。

二、篮球运动制度文化的中心思想

篮球运动的制度文化主要包括篮球运动规则、篮球赛制和篮球组织机构等几方面的内容，而篮球运动制度文化的中心思想主要在其中的篮球规则这项内容上得以体现，下面就这一中心内容的相关理论进行分析和阐述。

（一）篮球运动规则及其原则

1891 年，篮球诞生，相应的篮球规则也逐渐产生。篮球规则的产生比篮球文化要早。尽管早期的篮球规则并不完善，但是，其所传达的思想和精神还是比较明确的。

作为篮球运动的创始人，奈史密斯博士在首次制定篮球规则时，就确定了下面三种精神。

①要与足球和橄榄球有所区别。

②能够将文明运动的精神体现出来，身体接触和严重触犯规则是不允许的。

③这项运动不仅能够在室外进行，也可以在室内进行。

基于以上三种精神，奈史密斯博士将篮球规则的五项基本原则归纳如下。

①它需要一个较大的、可用手控制的球。

②持球跑是不允许的。

③对队员之间的身体接触要严格限制。

④场上任何区域都允许被两队随意占据。

⑤在垂直高处安置球篮，并且要注意呈水平高度。

由此可以看出，制度文化之所以能够有效建立，与其重要的思想基础和明确的精神内涵有密不可分的关系，篮球制度文化能够将篮球精神充分反映出来，并将篮球精神外化，使运动员与观众更好地接受与吸收篮球精神。

（二）篮球运动规则修改的原则

第一个正式的篮球规则是由奈史密斯博士在 1892 年 1 月公布的，后经过多年的不断补充和修改,第一本国际统一的篮球竞赛规则最终在1932年形成,这也在一定程度上标志着篮球规则逐步走向完善。到目前,篮球运动规则已经经历了很多次修改,越来越严格、明晰和成熟,极大地推动了篮球运动的规范与发展。

需要强调的是,不论在哪个时期修改篮球规则,始终都坚持着以下原则。

①保证比赛的合理性,能够激发不同的人群积极参与这项运动,避免取巧的行为。

②能够推动比赛的快速健康发展。

③对单纯追求高度的行为进行严格限制,要对运动员的技术发展与提高起到积极促进作用,并使其向更灵活、广泛的方向发展。

④对于一切不道德的行为都要严格限制,并对其进行相应处罚,从而使篮球运动的正常、健康发展得到有力保证。

⑤能够对运动员勇敢、顽强的意志品质和集体主义精神进行培养,从而使其全面发展。

⑥不断丰富规则的内容,使其进一步充实,同时要注重规则的合理性与科学性。

三、篮球运动竞赛体制

(一)篮球竞赛的意义

在篮球运动的发展中,篮球竞赛起着非常重要的作用,具体表现在以下三个方面。

①使篮球技术,战术水平得到提高。

②将社会政治价值充分体现出来,使篮球市场进一步扩大。

③使大众文化生活不断丰富,从而起到有效调节篮球运动文化的作用。

一般,通过举办篮球竞赛,不仅能够将一名篮球运动员、一支篮球队的运动水平及一个地区和国家的篮球发展状况充分反映出来,而且还能从中发现篮球运动发展中存在的主要问题,从而为今后的发展决策提供现实依据和支持。

除此之外,竞赛在推动篮球文化繁荣方面也发挥着非常重要的作用,从某种意义上来说,篮球赛事多是篮球文化繁荣的一个重要标志,也可以说是一个典型反映。

(二)篮球比赛的主要类型

当前,较为常见的篮球比赛类型主要有以下几种。

1. 单项协会主办的篮球比赛

国际篮联和中国篮协是单项协会主办的篮球联赛的主办方。其中,比较具有代表性的国际性比赛有世界青年锦标赛、世界锦标赛、各大洲的锦标赛、各大洲的青年锦标赛等。

2. 交往性的比赛

交往性比赛的主要目的在于加强交流,增进友谊,发展相互关系。其中,国家之间双边的访问比赛,几个国家之间多边的邀请比赛等都是具有代表性的国际性比赛。

3. 综合性运动会中的篮球比赛

在综合性运动会中,篮球是重要的比赛项目。比较具有代表性的综合性国际比赛主要有世界军人运动会、世界大学生运动会、世界中学生运动会、奥林匹克运动会、各洲际和地区运动会(亚运会)中的篮球比赛等。

（三）常见的篮球竞赛体制

竞赛体制是竞赛顺利进行的有力保证。当前,篮球竞赛体制主要有赛会制和赛季制两种。

1.赛会制

所谓赛会制,即将参加比赛的球队集中在一个地方,然后在一定的时间内进行连续的比赛,决出相应名次的一种竞赛方式。目前,赛会制的运用较为广泛,如奥运会篮球赛、世界锦标赛、亚运会篮球赛和全运会篮球赛等比赛中采用的都是这种赛制。

2.赛季制

所谓赛季制,就是在赛季较长时间内,每个参赛队与其他对手分别在主、客场进行1～3场比赛(最终按总成绩排名)的一种竞赛方式。其中,具有代表性的有美国的NBA比赛和中国的CBA等。

四、篮球运动制度文化的发展

篮球运动规则、篮球比赛秩序、篮球运动法规是篮球制度文化的主要内容,在这些规则和制度规范下,就是篮球运动员的技战术行为表现,因此可以将篮球竞技水平、篮球技战术水平、篮球运动管理体制等归入篮球制度文化范畴中,下面着重从这几个方面来探讨篮球运动制度文化的发展。

（一）篮球竞技水平

在篮球运动发展的一系列影响因素中,篮球竞技水平的影响力非常大,高水平的篮球竞技比赛具有浓厚的观赏性、趣味性、艺术性,可以向人们展示篮球的魅力,使人们获得精神享受,从而使篮球竞技、技艺、篮球比赛迅速转化成能够进入市场的商品。竞技水平是作为"商品"的篮球竞赛运动的价值标志。当竞赛水平逐步提升时,竞赛随之带来的商品价值与文化价值同样会提升。如果缺乏高质量的比赛,观众就会很少,市场也会惨淡。

观众对篮球比赛质量有较高的要求,他们认为构成篮球竞赛质量的主要因素是"运动员高超技术的运用""比赛结果的不可预测性"和"战术的灵活多变"等。篮球文化建设的核心就是要提高运动竞赛的水平,在此基础上,应当利用音乐和舞蹈等多项综合性文化符号来大力建设篮球赛场文化,在篮球比赛中系统反映篮球运动的文化内涵,由此得到预期的物质回报与精神回报。

（二）篮球技战术

篮球运动是集技术、战术、体能、意识、心理等于一体进行综合较量的一项竞技运动,运动员通过展示娴熟的技术和灵活多变的战术给观赏者带来视觉与精神上的享受。在世界性篮球比赛中,尤其是在和欧美强队的对抗中,我国篮球运动员对抗能力、主动性、攻击性、综合应变能力等欠缺的劣势会表现得十分明显。除此之外,我国篮球运动员往往无法准确把握投篮时机,防守积极性不足,还总是犯规受罚。

总之,我国篮球运动队和世界强队进行对抗的过程中,未能充分展现自身的风格,为了改变这一局势,需从以下几方面来努力提高我国篮球运动员的表现力。

①在现阶段世界篮球运动对抗凶悍、突变准确的背景下,在训练比赛中应尽可能激发篮球运动员的积极性,培养其勇敢顽强、坚韧不拔的精神,使其在强对抗条件下依然能够灵活运用技术和战术来争取主动权。

②大力倡导合理的个人表现,对于青少年队员更应当重点培养其个人攻击能力以及攻击欲望。

③在防守方面,应以个人攻击性防守为主,在充分发挥个人能力的基础上再强调集体配合。

通过以上路径,不但能够体现出篮球运动的竞技性,而且能够整体提高我国篮球运动员的技战术水平,并使人们的篮球审美需求得到满足。

(三)篮球运动管理体制

所谓体育体制,是指体育组织机构的设置、领导隶属关系和管理权限划分等方面的体制和制度的总称,它是实现体育目的的组织保证。篮球管理体制就是指为实现中国篮球运动目的而设立的篮球组织机构在实施管理方面的体制和制度。管理水平在现代生产要素中占据非常重要的地位,它对生产效率的提升、市场开发效益等方面的影响非常显著。

在制定篮球运动发展战略的过程中应尽可能排除传统不利思想因素的负面影响,对世界职业篮球运动发展的成功经验积极参考和借鉴,在改革管理体制的过程中对国家体育总局篮球运动管理中心的功能全面挖掘,并充分发挥,从而改善我国篮球运动的管理现状,完善我国篮球运动的制度文化。为了达到这一目的,可从以下几方面来努力。

①有效激发我国篮球运动员的主动性,推动职业篮球与非职业篮球同步发展。

②普及篮球运动,增加篮球人口,加强青少年训练,挖掘与培养篮球后备人才。

③加强管理,重点抓篮球训练,同时注重对教练员执教能力的培养,从而整体提升我国篮球运动发展水平。

④加强与各种媒体的合作,发挥媒体的宣传作用。

⑤聘请外教,借鉴其他国家的先进篮球理念。

⑥对备战世界大赛的模式进行积极探索。

⑦建立以"和谐篮球"为目标的篮球文化建设模式。

第三章　篮球文化与篮球运动市场化发展

第一节　篮球文化与篮球市场化发展的关系

人类有意义的创造活动,使得文化和经济不仅统一地存在于人的创造行为过程之中,而且还存在于作为创造成果的物化的对象之中,从而形成了一种文化经济一体化的原始形态——文化经济共同体。从这个角度来说,篮球文化与篮球市场化的发展有着密切的关系。

一、互动关系

篮球文化与篮球市场发展的互动关系主要表现在篮球市场对篮球文化的反哺和篮球文化对篮球市场的反哺两种方式。

(一)篮球市场对篮球文化的反哺

篮球市场对篮球文化进行反哺主要表现在如下方面。

1.通过市场来丰富篮球文化内容,加强篮球文化建设

由于篮球文化与篮球市场发展的非均衡性,发展较快的篮球市场活动会产生许多新的知识、理论、制度、方式和事物,而这些新的知识、理论、制度、方式和事物的创造和完善过程,实际上也就是篮球文化的一个不断丰富过程。

2.推动篮球文化的传播、继承与创新

经济全球化带动了文化全球化,通过市场运作为篮球文化的传播与创新提供了广阔的平台,篮球市场中的各种经济交流活动,也就是篮球文化在不同地区、不同国家之间的传播和交流过程,从而实现篮球文化在不同的文化对话中去伪存真,不断创新发展。如通过电视转播权的交易活动,在为篮球市场创造巨额经济价值的同时,也对篮球文化的传播和交流起着巨大的推动作用。

(二)篮球文化对篮球市场的反哺

篮球文化对篮球市场的反哺作用表现在两个方面。

1.实现篮球文化对篮球市场活动的文化力渗透

这层次的文化反哺首先表现为篮球文化对市场主体的约束、规范和影响作用,这也就是篮球经济活动中的文化现象。德国著名经济学家李斯特认为,与经济发展相关的诸多的文化因素主要有三项:一是智力的因素;二是精神和道德的因素;三是法律和政治的因素,即制度的因素。这些因素也通常被称为文化力,它是一种通过塑造人的功能而促进和推动经济发展的内在动力。精神和道德因素包括理想信念、价值规范、道德情操、行为准则和审美追求等;智力因素包括科学和技术、教育、信息、知识和制度等;法律和政治的因素包括法律法

规、行业规章等。

其次,市场是以需求为导向,通过调整和控制各种生产要素(生产资料、劳动力和科学技术等要素)的直接配置情况,以达到财富的价值增值的目的。而文化则是"以各个配置规则的可持续协调发展为主要目的,实现对于各个生产要素配置规则的配置规则"。文化以理论依据为导向,通过调整和控制各种生产要素配置规则在理论上的系统性、观念上的认同性、意念上的连续性、情感上的可原性、数理逻辑上的相容性、自然法则上的和谐性和语义逻辑上的一致性,以规划社会目标、统一社会意志、协调社会行为、集中社会智慧、团结社会力量,以达到财富的价值增值的目的。

2. 开发具有潜在经济价值的篮球文化内容的经济行为

篮球文化中具有潜在经济价值的内容作为一种商品被生产和消费,这是篮球文化的经济现象。在探索篮球文化生产力和文化生产关系,篮球文化的供需关系、篮球文化投资、篮球文化消费,篮球文化市场和篮球文化商品等方面的规律性的基础上,使得具有潜在经济价值的篮球文化内容被作为产品生产,并以商品形式参与市场交易活动。这样通过篮球文化力与经济力一起构成新的生产方式。用篮球文化资源开辟新的产品,不仅可以扩大经济发展总量,创造新的财富源泉,还能通过篮球文化产业自身的扩张和辐射,以及生产、交换、分配、消费等一系列环节,带动相关物质生产领域和其他产业的发展,为社会物质生产部门注入新的发展动力。

篮球文化正是基于以上两点来对篮球市场进行文化力的渗透,从而影响和增加篮球生产以及经营、管理、服务过程中的人文内涵,规范篮球市场人员的行为准则和职业道德,对生产要素配置规则进行再配置,提升篮球产品生产过程的科学技术含量和档次(如篮球训练竞赛的科学性),增加篮球物质产品的文化附加值(如无形资产的升值),改善篮球市场环境,塑造优秀的篮球品牌文化,提升整个篮球市场的综合竞争力。

二、非均衡发展关系

在篮球文化和篮球市场发展过程中,篮球文化与篮球市场之间并不一定呈现必然的同步均衡发展的关系,二者的发展都具有各自的特点。在特定的历史阶段,篮球文化与篮球市场发展主要呈现出三种发展状况。

(一)篮球文化的发展领先于篮球市场的发展

在篮球运动长期的纵向历史性演进中,相当长的时期内,篮球运动的经济价值一直被掩盖在其社会公益价值和政治价值之下,不参与市场经济活动,在这个阶段自然也就只有篮球文化的不断积累和发展,而没有篮球市场的形成和发展。

(二)篮球文化的发展会滞后于市场发展

当篮球运动的经济性被逐步开发而成为一种经济活动后,随之也要形成与之相配套的篮球文化内容。但市场的推动与经济的促进并不是篮球文化发展的唯一因素,篮球文化的发展不仅受经济的制约,还要受到政治、法律、道德、社会思潮等诸多意识形态的影响,同时,篮球文化作为一种有生命的社会现象,它的发展具有自己特殊的积累增长规律,经济可以爆发,但文化的发展则需要一定时期的沉淀。因此,在篮球市场快速发展的时候,篮球文化发展相对缓慢。

（三）篮球文化与篮球市场同步发展

在某个阶段,篮球文化与篮球市场之间呈现发展的同步性,形成篮球文化与篮球市场相互融合、互为反哺的良性循环。一定的经济结构必然存在其中或建立其上的文化结构,在这个文化和市场同步发展阶段,篮球文化和篮球市场互相促进,市场在篮球文化的反哺下得到进一步开拓,而篮球文化也在市场的推动下得以更加广泛传播和丰富。现在美国 NBA 的世界性发展和巨额经济效益的获取就是篮球文化和篮球市场同步发展、互相促进最好的佐证。

篮球市场的出现,为我国篮球文化的发展提供了更为广阔的空间和推动力,但是,伴随着这一全新领域的出现,与篮球市场所引发的经济爆发性发展相比较,我国篮球市场的文化建设又相对于市场的发展处于了一个滞后的状况,甚至在一定时期内,由于人们过多关注篮球市场经济利益的增长而忽略了篮球文化的建设。由于篮球文化建设的缓慢,CBA 联赛也就暴露出诸如场地设施等落后问题、裁判员问题、球迷混乱问题、赛场冲突问题、投资者对体制的抱怨等诸多问题。这些问题,都可以归结为在文化和市场发展不均衡情况下出现的"经济的文化问题"。

第二节 中国篮球文化与篮球市场发展策略

一、中国篮球文化与篮球市场发展现状

目前,中国篮球文化的建设与篮球市场的发展正面临着内外环境的变革所带来的机遇和压力。

从中国体育市场发展看,"在经历了'以体为主、多种经营'和以赞助为特征的载体式运作之后,中国体育市场进入了体育产业化和以知识经济为特征的主体式运作阶段。"篮球市场改革成效已初现端倪,它与人们的生活更为密切,对中国体育经济的推动作用也愈显重要。但是,中国篮球市场还不是一个成熟和规范的市场,还需要进一步明晰市场定位,转变经营理念,平衡经济效益和社会效益的关系,防范因利益格局重构和价值观的变革、篮球经济爆炸性的发展而引发的一系列伦理道德失范的后遗症。这些问题,都是进一步激发篮球市场的生命力,使 CBA 形成强势品牌,在中国体育市场中占有竞争的优势,为中国篮球运动的可持续发展筑建稳固基础所要解决的课题。

从世界范围看,全球化的浪潮使文化和经济的广泛交流成为现代世界发展的必然趋势。随着世界各国交往的日益频繁,地球村、全球化的态势更加迅猛,经济生产与国际金融、贸易投资、人力流通、政治对话与合作、文化对话与交流等在全球范围内的合作与交流,成为世界政治、经济发展的重要特征。在这样一种文化与经济世界性交流的趋势下,如何在以美国 NBA 为代表的西方强势篮球文化的冲击下,建设具有中国特色的篮球文化,如何在世界篮

球市场,乃至世界体育市场中开拓中国篮球市场的发展空间,成为中国篮球文化与篮球市场发展的两大命题。

二、中国篮球文化发展路径

篮球文化的积淀和演进是一个不断累积、不断传承、不断创新发展的过程。中国篮球文化发展路径可以遵循以下几种方式。

(一)对世界优秀篮球文化的嫁接借生

从农业生态学的角度来说,嫁接是将优良品种的芽或枝移接到另一个生长健壮、对当地自然条件适应性强的植株上,使之成为一个新的优良品种植株的方法。

不同的民族具有不同的文化传统。从事篮球运动时,人们是运用本民族的文化代码来理解认识其本质规律的,打上民族文化的烙印,呈现出民族的多样性,形成了不同特色的篮球文化。

要符合国际篮球文化发展趋势就要汲取百家之长,依附于中国优秀文化的母体,通过嫁接国外优良文化胚芽,可以加速中国篮球文化的培育,并使其成长得更为优秀。当然我们不能仅仅停留在外在表现上(形),比如联赛的标识、口号等文化载体以及啦啦队等娱乐球迷的活动形式,还应该在核心层(精神层面)这一深层次上充分地嫁接,从而完善中国篮球文化中的内在运动观、竞争观、价值观等。

(二)根植于中国优秀文化的压条催生

中国丰厚的传统文化尽管有许多与西方体育思想格格不入的元素,但是其中更多地蕴含了先进的思维和优秀的因子。如刚健有为的精神、以人为本的精神、顽强自强的精神、辩证的思维、整体的思维、包容的个性、灵巧的特质等。而西方篮球文化尽管有许多较东方体育思想先进的内容,但也有其独尊、自大、狂傲、个人利益至上等消极的内涵。这种压条式的方法就是要把中国的篮球运动埋置于中国传统文化这一土壤,吸收其精华,去西方文化之糟粕,经过悉心的培育,创造出具有中国文化积极意义的篮球文化,即实现篮球文化的本土化。没有了中国文化的内涵,那中国的篮球文化将失去立足的台基,而成为完全西化的、西方篮球文化的复制品。只有拥有中国色彩,才能被中国民众完全接受,并在中国文化中得以继续发展壮大。

中国篮球文化的建设发展,在对世界其他优秀篮球文化进行嫁接借生的同时,必须要实现根植于本土优秀文化的压条催生,这样才不至于使中国篮球文化成为西方强势篮球文化的附庸和复制品。

(三)地域篮球文化的扦插丛生

中国地域广阔,各个地区有自己独特的政治、经济、文化环境和传统,篮球文化也曾经表现出各自的区域特征,诸如原来的风格鲜明的南派,北派打法等。但是随着队员流通的频繁,高大队员的日趋增多和交往的增强,这一特色也在逐渐消失。从总体看这是篮球文化的趋同发展,但是另一方面却也使地域篮球文化个性消失。扦插则是借助于不同地区的自然和社会人文环境,使篮球文化在不同的区域培植生根,培育出各具区域特色的篮球文化个性,形成不同的篮球传统、流派、风格和打法,从而使中国篮球文化呈现出风格迥异,多姿多彩的篮球文化丛。如在赛场间歇文化方面,如有各地不同传统文艺活动和形式的补充,那既能通过篮球比赛展示各自的民俗文化,又能增添篮球文化赛场间歇文化的内涵,体现出中国篮球文化的特色。

(四)多样性篮球文化的分根衍生

随着中国篮球近几年快速的发展,已经衍生出各类篮球文化——校园篮球文化、企业篮球文化、街头篮球文化等。

校园篮球文化,在赛事包装及球市开发方面推出一系列新举措,包括精心设计的球衣、充满创意的互动参与活动、富有地域和学校特色的文体表演等,以营造更加热烈的现场气氛,烘托联赛深厚的文化底蕴和时尚、多元的大学篮球文化。全国各地各级各类的中小学校,根据学生年龄特征和身心发育规律,进一步简化篮球规则,多举办篮球趣味活动,真正体现校园篮球文化的特点。如可将篮筐降低,让学生通过努力可以“灌篮”,体验球星大力扣篮的感觉,进一步促进学生的运动兴趣。通过举办各种小型多样、简便易行的篮球活动,使篮球文化足迹遍布校园,让学生能时时刻刻感受到篮球文化的熏陶。

企业篮球文化是篮球运动与企业文化结合并发展而成的。篮球运动是一门团体艺术,更是一项群体文化。如果说篮球运动注重的是队员之间的默契配合,那么企业发展更重视的是企业职工之间的通力合作。找到了篮球与企业的共性,也就找到了二者的结合点。如果把篮球与企业进行很好的融合,篮球运动也就发展成为一种团结、协作、进取的企业文化。

在中国,街头篮球文化是在20世纪90年代出现的,是随着篮球运动的进一步开展、普及和传播,从单纯的竞技篮球运动中分离出来的。它最初是由篮球与美国当时流行的音乐和舞蹈等文化元素完美结合产生的结果,从而形成了独特的街头篮球文化,它的出现大大地丰富了中国篮球文化的内涵。

三、中国篮球市场发展策略

在篮球运动发展中形成篮球市场是社会政治、经济、文化和科技发展到一定状态的必然结果。在篮球市场中,运动员、竞赛、联盟、协会和商业团体、社团组织和社会公众之间,不断地以技术、资金、物质产品和服务的形式进行着双向或多向的交换,在创造经济效益的同时,并以篮球文化特有的情感魅力满足着不同层次、不同类别人群的个人和社会的生理和心理的需要。对于中国篮球市场发展来说,主要有如下策略。

(一)以篮球文化市场为目标

目前经济的竞争、商品的竞争,越来越多地表现为凝结在商品上的文化力的竞争。文化贫瘠的经济不可能有持久发展的内在力;不注重文化的经济必然丧失其存在和发展的基础。

中国的篮球市场是伴随着篮球运动向职业化方向的赛制改革而发生的。当篮球运动员以其技术技能参与市场商品交换,通过向消费者提供高水平的篮球竞赛满足人们的观赏需求,并通过篮球竞赛获取高额报酬和奖励时,篮球运动就自然地进入了经济活动领域,开始从事业型向市场型转变。职业篮球是篮球市场开发中的最活跃元素,也是拳头产品,实现篮球竞赛市场化,开发职业篮球竞赛市场则是篮球市场开发的先导因子。在将职业篮球俱乐部作为一种经济实体而参与市场活动时,还应该充分意识到职业篮球是一种特殊的文化。也就是说,职业体育俱乐部经营,应该结合社会经济发展时代背景,与文化紧密结合起来。从人类文明的长远利益和发展前景考虑,将职业体育联赛作为一种观赏性的商业表演,作为一种文化活动的价值定位,完全符合社会发展规律,理应成为职业体育发展的一种主流。

由"篮球市场"到"篮球文化市场"是一个前瞻性的市场运作目标定位的转变。在"篮球文化战略模型"下,篮球文化市场作为一个篮球文化和经济互哺的市场,更加突出的是篮球文化与经济互动后的效用,这也与当今世界文化与经济、产业发展的核心相关性日益重要的趋势一致。作为篮球文化市场,一方面需要人们关注篮球市场运作中出现的文化问题,即篮球文化对篮球市场的文化渗透力问题;另一方面要求关注篮球文化活动中的经济行为,即具有潜在经济价值的篮球文化内容如何作为一种商品参与市场交换的问题,进而拓宽中国篮球市场的领域,为篮球产业发展注入新的动力;另外,同时还可以借助经济的强大推动力来推动篮球文化的建设,从而培植中国篮球产业的文化品牌,增强篮球市场和篮球文化的生命力,这无论是对于篮球产业发展还是篮球运动本身,都具有双重裨益。

(二)以篮球文化商品为内容

商品是以满足市场主体的需求为前提的。现代的商品整体概念认为:对某一个或一类商品而言,商品整体应当包括一切能满足买方某种需要和利益的有形实体和无形服务。商品的有形实体主要包括商品效用或服务(也就是商品的核心部分),商品的品质、特色、式样、包装、商标等;商品的无形部分主要包括产品的销售态度、保证、销售声誉等。前者给消费者带来物质利益和某种需要的满足,后者给买主带来附加利益及心理上的满足感和信任感。对职业篮球竞赛产品来说,要注意做好如下几个方面。

1. 产品的效用或服务

产品的效用或服务是产品的核心要素,也就是产品能满足消费者需要的某种使用价值或功能。职业篮球竞赛是职业篮球市场经营的核心产品,它是一种服务性产品,它属于狭义的文化产品的范畴,是篮球行为文化的物化和商品化,具有产品的生产过程和消费过程同一性的特点。人们通过对竞赛产品的交换来满足自己对体育文化娱乐方面的需要。满足人们的观赏需要就是职业篮球竞赛这一服务产品的核心要素。

2. 产品的有形部分

产品的有形部分也称为产品的实体要素。职业篮球竞赛的质量、精彩程度、对抗程度、比赛休息期间的娱乐活动、体育场馆的内部设置和配套的器材设备等,组成了竞赛产品的实体要素。体现在整体产品概念中,则是产品品质、产品式样、产品特色、产品包装等要素。产品的实体要素是产品的核心利益和服务的载体。

3. 产品的无形部分

产品的无形部分也称为产品的延伸要素,也就是为消费者提供的各种附加服务和附加利益。在营销职业篮球竞赛这一服务性商品中,联赛管理部门和经营部门(篮管中心、篮协、俱乐部)对比赛质量、运动员、裁判员等的要求与规定、对比赛中违规违纪现象的处理、组织举行球迷和球星的交流、俱乐部推出的观看比赛的额外奖励、联盟对赞助商等采取的优惠政策,对运动员人气的运用等要素的实施,有助于提高职业篮球在消费者之中的公信力和亲切感,能在另一个层面满足消费者的心理需求。

4.知识产权类文化商品形态

这类商品包括著作权、专利、商标和标识等。它们作为一种"软性"的商品,都渗透着文化的因子、文化的元素,它们无论是作为一种商品区别于其他商品的标记,还是一种识别符号,或者是商品质量和信誉的沉淀形成的品牌,都可以通过转让和授权,并以一定的价格形式获得其内在价值的体现。

篮球文化具备了以上文化商品的所有形态。如篮球书籍、篮球比赛摄影作品、篮球比赛音像制品、篮球器材和设备、篮球服装鞋帽等是第一种的篮球文化商品;篮球比赛是第二种的行为形态商品;篮球纪念品,带有某一球队、某一联赛标识的挂物、饰品等属于第三类形态的篮球文化商品;中国篮协专用商务推广标识"手印篮球"、篮协官方标识"剪影投篮者"和新推出的CBA联赛推广标识"篮球的面孔"等则属于第四类篮球文化商品。

(三)加强职业篮球联赛与俱乐部的产权治理

公司内部治理是基于委托代理理论和产权理论,对代理人实施激励机制从而在公司的各个利益主体之间进行剩余控制权与剩余索取权有效配置的一套产权制度安排。因此,产权的明确界定、产权的合理配置以及由此决定的利益激励机制是内部治理的主要内容。公司外部治理主要是基于市场竞争理论,通过公司外部市场体系提供充分的公司经营信息和对公司及经营者行为进行客观的评价,从而形成一种竞争的市场环境和交易成本低廉的优胜劣汰机制,以达到对公司经营者进行有效激励和监督的目的。

中国职业篮球联赛的经营者、篮管中心和俱乐部的联合,其市场行为的实质就是类似于公司的一个职业篮球经营机构。职业篮球的产权治理的目标也就是要实现各个利益主体之间的责、权、利关系形成一种制衡,尤其是剩余索取权和剩余控制权的合理配置。

第四章　篮球运动心智能力训练

篮球运动的对抗性强、攻防转换速度快。如此就需要篮球运动员除了具备过硬的技战术素养外,还需要具备出色的心理与智能的对抗能力。因为,从现代篮球运动发展现状看,仅仅凭借技战术层面就妄图压制对手的情况已不多见,顶级的篮球赛事更多地倾向于球员之间的心理与智能的对抗。

第一节　篮球运动员心智系统概述

一、篮球运动员心理训练理论分析

(一)篮球心理训练的概念

篮球心理训练是针对篮球运动员的各项心理能力的训练,具体为一种有意识、有目的地采用特定的方法和手段,培养篮球运动员从事篮球运动所开展的心理素质训练过程。

(二)篮球心理训练的意义

篮球运动的心理训练是为了使篮球运动适应新时期运动需求所开展的训练内容,至今已经成为许多专业篮球运动队中不可缺少的一项训练。

在现代篮球运动训练的系统中,篮球心理训练已经与技战术训练和体能训练的作用持平。这些训练内容共同构成了篮球运动训练的体系。

现代篮球运动的发展更加倾向于对抗、速度以及对时空的争夺上,而技战术的水平也已经达到较高水准。在高水平篮球赛事中,双方因争夺造成的冲撞或倒地次数高达 200 次以上。在比赛双方身体、技术、战术水平势均力敌的情况下,胜负往往取决于运动员心理素质水平的高低。而在实际的篮球运动训练当中,对于球员心理素质的训练往往又容易被忽视。

总之,篮球心理训练是现代篮球训练的一个重点,也是当前篮球训练理论研究的一个重要课题。

(三)篮球心理训练的任务

篮球运动心理训练的任务主要为发展、提高和完善球员的心理素质,维持稳定的心理状态,并将其体现在实战比赛中,以保证技战术能力的稳定发挥。其主要体现在以下几个方面。

第一,对篮球运动员的专门化知觉、记忆、想象、思维等心智能力进行改善。

第二,帮助篮球运动员克服不良的运动心理问题,主要针对消极心理和畏惧心理。

第三,提高篮球运动员能在瞬间做出准确的时空判断的能力和有较好的"时机感"。

第四,提高篮球运动员完成技术动作的自控能力。

第五，帮助篮球运动员适应日常的训练，将球员的心理状态调试到与比赛周期相适应的程度。

第六，能够使运动员在日常训练中和紧张的比赛氛围中合理调节和消除自己产生的消极心理影响。

第七，培养篮球运动员良好的意志品质。

(四)篮球心理训练的内容

总的来看，关于篮球运动心理训练的内容主要可以分为两大部分，即一般心理训练和比赛心理训练。

1.一般心理训练

一般心理训练是一种长时间持续不断的心理教育过程，因此它所开展的时间较长，甚至始终会贯穿球员的日常训练之中。这种训练的目的主要在于提高运动员的个性心理品质，使运动员形成更适应比赛的良好心理状态。

篮球一般心理训练具体包括以下几个方面的内容。

第一，篮球运动参与、训练、比赛等动机培养。

第二，篮球运动自信的提升。

第三，篮球运动思维的发展。

第四，篮球运动所必需的感知觉发展。

第五，篮球运动不良情绪调整。

第六，篮球运动注意力的提高。

第七，篮球运动意志品质的培养与提高。

第八，篮球运动集体心理和团队意识的培养。

2.比赛心理训练

比赛心理训练是为准备篮球比赛而进行的心理训练内容。比赛心理训练的训练周期较短，具有很强的针对性，它具体包括赛前心理训练、比赛时心理训练、赛后心理调节三部分。

篮球比赛心理训练的目的是使篮球运动员运用自我调节心理状态的方法，在赛前形成最佳心理竞技状态，为在比赛中创造优异比赛成绩奠定心理基础。

篮球比赛心理训练具体包括以下几个方面的内容。

第一，提高篮球运动员竞技动机。

第二，为球员尽快适应比赛环境、氛围等条件做准备。

第三，为加强篮球运动员在比赛中与队友之间的关系方面的良好适应提供帮助。

第四，帮助篮球运动员在比赛周期中调整好生理、心理等的激发、控制和调节训练。

第五，关于比赛时的战术思维模式和思维灵活性训练。

第六，针对篮球比赛中篮球运动员应对和排除突发事件的心理应激训练。

第七，各种专门的心理状态的调整，心理放松和恢复，消除各种心理障碍以及心理能量的储备等训练。

篮球运动训练是一个科学的过程，其中，一般心理训练和比赛心理训练是相互依赖、互为条件的,二者在具体的训练过程中结合篮球运动员的比赛安排顺序或交叉进行。

二、篮球运动员智能训练理论分析

(一)篮球运动智能的概念

智能是"智力与能力"的简称,它包括以下两个方面的内容,即智力潜能和智力能力。

智力潜能,是指保证个体有效地进行认识活动的稳定心理特征的结合。智力潜能主要包含五大内容,即想象力、思维力、观察力、注意力和记忆力。

智力能力,是指保证个体成功地进行某种实践活动的相对稳定的心理特点的结合。智力能力主要包含五大内容,即组织能力、计划能力、创造能力、操作能力和适应能力。

所谓的运动智能,是运动员将运动能力与智力能力相结合的综合表现。而对于篮球运动员来说,篮球运动智能就是运用知识和信息,分析和解决篮球运动训练或比赛中各种实际问题的能力,具体包括观察力、注意力和思维想象力等要素。

(二)篮球智能训练的意义

实际上,人的运动行为并非简单的身体方面的运动,除此之外,在运动过程中,特别是在现代体育运动项目的参与过程中还需要有运动员智能的参与,球员在场上的斗智斗勇也是比赛精彩纷呈的看点之一。

篮球运动智能是运动员竞技能力的重要体现之一。对于包括篮球运动在内的球类运动来说,通常对球员的运动智能有着较高的要求。运动智能的关键作用在于,它能够使球员在篮球比赛中维持体能和其他技能的高效利用。

篮球智能训练对提高篮球运动员的比赛能力、增强运动员在篮球比赛中获胜的概率、促进篮球运动员更好地提高自我综合运动素质具有重要的意义。其关键点在于,在篮球高水平赛事中,球队双方球员的对抗主要为体能与技战术,在细节上的对抗体现在心理以及团队精神方面。而如果球队中的球员们都具有高超的运动智能,则会使团队配合更加默契,球员之间展现出十足的心有灵犀。

另外,拥有较高运动智能的运动员,可以更加深入地了解与把握运动训练的一般规律与专项规律,即对篮球运动有更深的理解。如此得以与队员、教练员实现更加协调的相互配合,有助于篮球运动员综合运动理论和实践能力的发展。

(三)篮球智能训练的任务

篮球运动员的智能训练的任务主要包括如下几点。

1.提高篮球运动员独立训练能力和参赛能力

提高篮球运动员独立完成训练和参赛的能力,具体应从以下几个方面入手并充分完成。

第一,使篮球运动员掌握科学训练方法。

第二,使篮球运动员了解训练和比赛的目的。

第三,发展篮球运动员的运动感知觉以及战术思维能力。

第四,提高篮球运动员的综合技能水平以及对训练的适应能力。

第五,使篮球运动员养成总结比赛经验的习惯。

2.提高篮球运动员的自我监督能力

篮球运动训练不仅是运动员接受训练,还应该是对训练有一定的自我反思能力和监督能力。这种自我训练监督能力的提升的最大作用在于能够全面、客观、科学地了解自己的实际训练情况,保持运动训练的持续进展和训练效果的持续性获得。

具体要求运动员做到以下两点。

第一,掌握必要的篮球运动相关辅助学科,如运动医学和运动心理学,以此作为开展自我监督的基本能力保障。

第二,理解并配合教练的训练负荷安排工作。

3.提高篮球运动员训练计划制订与修改的能力

篮球运动的训练是一项具体的、系统的、科学的技能养成过程。一旦这个训练计划得以确立,就需要在总体上遵循计划中的安排开展训练。不过,运动训练的计划尽管已经确定了,但运动训练本身是一个动态的过程,在这一过程中会因为某些因素的变化而导致训练不能完全严丝合缝地按照计划执行。此时,运动员的良好竞技水平和心理能力等的获得不仅是依靠训练组织者制订的计划,还需要运动员自己也能根据自我训练感觉提出对训练计划的修改意见,以更进一步地提高自我综合运动素质。

具体来说,要求篮球运动员具备一定的训练计划的制订与修改能力应做到以下几点。

第一,使球员首先能够对篮球运动的本质规律与运动技能成长规律有较为深入的了解,并且在此基础上给训练计划的修正提出有参考性的建议。

第二,使球员掌握较为全面的运动相关学科理论基础。如运动生理学、运动生物力学和运动心理学等方面的知识。

第三,掌握一定的运动训练相关理论,可以相对客观地评价自我训练成果,并及时修改与完善训练计划。

4.提高运动员运动器械操作能力

在篮球运动训练中会需要使用很多训练设备与器材。因此,运动员也要熟练掌握这些设备和器材的使用方法,而这也是评判一名篮球运动员综合运动能力的标准之一。

运动智能的良好发展有助于篮球运动员提高体育器材的使用能力,完成训练任务,具体要求如下。

第一,运动员首先应了解相关运动设备或器械的用途,掌握基本的摆放、使用以及保养技能。

第二,运动员应充分了解不同运动器械的性能与特点。

第三,运动员应具备在各种训练或比赛需要的情况下对相关设备或器械的调整与矫正能力。

(四)篮球智能训练的内容

智能训练的内容包括运动知识教育和智能因素培养两大部分。具体的篮球运动智能训练内容可以参考表4-1。

表 4-1　篮球智能训练的内容

分类		篮球智能训练具体内容
篮球运动知识教育	一般运动知识	解剖学、运动生理学、运动生物力学、运动生物化学、运动心理学、运动医学、体育教育学、运动训练学和运动竞赛学等
	专项运动知识	篮球专项技术分析、篮球专项战术分析、篮球专项训练原则、篮球专项运动原理、专门篮球器械使用、篮球专项比赛规则、篮球裁判方法等
篮球运动智能因素培养	实操能力	学习、掌握和运用运动技术
	适应能力	对身体、技术、战术等方面的训练适应
	观察力	对自身运动行为的感知力和对外界物体运动的感知力
	记忆力	建立运动表象的速度和精确度
	思维力	动作概念的准确性和战术思维的敏捷性、灵活性与创造性等

第二节　篮球运动员心理训练方法设计

一、篮球运动心理构成要素

(一)运动动机

动机是人从事某项活动的内部动力因素或是心理动因,是人从事某项活动的深层次的内部原因。对于人的动机的研究最常见的评判方法为"方向"和"强度"。其中,"方向"是人参与活动的目标选择,即意图要完成的是什么事情;"强度"则是为做某件事的意愿以及愿意为此付出多大努力的程度。

动机的产生一般包括以下两个必要条件。

内部因素——需要。需要是推动个体活动的原动力,当人们的某种需要得不到满足时,自身的平衡状态就会被打破,从而在心理和生理方面引起一定的不适应,为了缓解这种状态,人们会去寻找满足需要的对象,从而产生动机。但是,需要特别指出的是,并不是所有的需要都能转化为动机而引起个体的行为。

外部因素——诱因。诱因是激发动机的各种外部因素,是外界对人们的各种刺激因素,如荣誉、奖金、优惠等。

运动动机的产生通常是需要和诱因两者相互作用的结果,内因是主要因素,外因则是通过内因起作用。

1. 动机的作用

动机的最大作用就在于它是人的行为的引导物,在引导成功后还会继续促使人朝着原定目标进行。

具体表现如下。

第一,始发功能:动机促进行为的实施。对于运动员来说,想要获得教练的称赞、获得队友尊重、获得世人认可,就必须参加刻苦的训练来不断提高自己。

第二,指向或选择功能:运动动机能够激发人们的行为,使其活动向着某一目标前进,并进行不懈努力。在获得运动成绩动机的支配下,运动员会不断加强训练。

第三,维持和调整功能:动机不但能激发人开始某项活动,在活动开始后,还能维持活动的进行。具体来说,运动员在参与某项体育运动的训练过程中,如果运动动机较强,则运动员能够坚持很长时间,并且在遇到困难时,也会想方设法来克服困难完成运动训练;而如果运动员动机较弱或缺乏运动动机,则运动员很容易在遇到一些小的困难时就消极对待训练或放弃训练。

2.动机与运动的关系

运动动机与运动员的活力、坚持等品质都具有密切的关系,其被赋予较高的价值。具有较高运动动机,则运动员能够严格要求自己,积极参加运动训练,约束自身的生活和饮食,不断提升自己。

目前,针对运动动机与运动关系的研究结果主要有以下几种理论,即归因理论、自我效能理论、认知评价理论等,具体分析如下。

(1)归因理论

归因,即对人的行为原因进行的推论过程,是人们常见的一种心理活动。归因理论是关于判断和解释他人或自己的行为结果的原因的一种动机理论,它关注人们的行为发生的原因,并尝试对人的具体行为进行解释。

利用归因理论分析运动员的运动行为具有重要的理论和现实意义。运动的正确归因,能够激励个体进行训练和学习,进而促进运动员的最终成才。

(2)自我效能理论

自我效能,也称为自我能力感,是个体对自己能否完成一项任务所持的信心和期望,也是自我能力的一种判断。

自我效能理论的提出者班杜拉认为,人的自我效能的形成受到四方面信息的影响,即成功的表现、替代经验、言语说服、情绪唤醒(图4-1)。

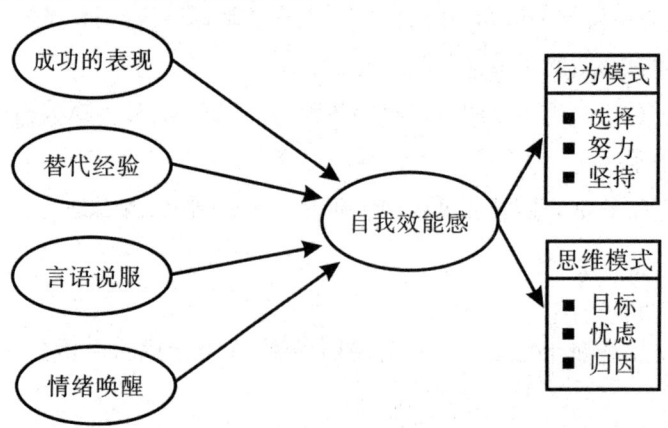

图4-1 自我效能影响因素

在运动训练中,自我效能对运动员的行为和思维都会产生相应的影响,它决定了运动员训练的自信心,良好的自我效能有助于运动员实施"我能行"的心理暗示,更有助于促进运动员完成训练任务,进而促进运动能力的发展。

（3）认知评价理论

认知理论认为，人对事物的认识包括感性认识和理性认识，直观性的感性认识是人认识活动的开始，认识的过程是由感性认识上升到理性认识的过程。运动训练是一个认识过程，直观性的感性认识在这一认识过程中起着非常重要的作用，它是运动员掌握动作技能的开始和基础。

认知评价理论注重认知特征对动机的直接影响作用，其为人们动机的激发和培养提供了重要的理论依据，在认知评价理论的指导下，即使是优秀的运动员，其也不应将取胜作为唯一的目标，还应注意通过比赛来促进自我体育素养、体育精神等的提升。

（4）目标设定理论

目标设定理论认为，挑战性的目标是激励的来源，目标设定具体包括任务定向和自我定向两种，这两种定向直接影响和刺激个体行为。

目标定向会激发人们对任务的直接兴趣，目标的明确度与难度直接决定个人的学习和行为的效果（图4－2）。

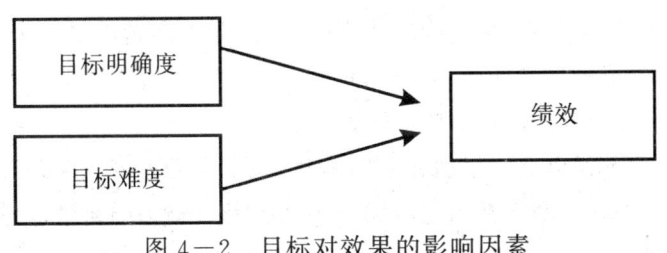

图4－2　目标对效果的影响因素

对于运动员来说，良好的目标设定有助于促进运动员在目标指引下通过努力去完成目标。在运动训练中，教练员应注意运动员的科学训练目标的制定与引导。

（二）运动知觉

运动知觉，是指运动员大脑对客体在空间的位置移动及本体运动状态特征的知觉。简单地说，运动知觉实际上就是人对自身和物体在空间位置移动方面的具体感知。

运动知觉对于生活中的普通人来说，其意义远没有以运动项目为专业的运动员那样依赖。运动员面对的是具有较大负荷和激烈竞争的比赛，优秀的成绩和良好的运动感觉都有赖于自身获得一个强大的运动知觉，这也是运动员的核心竞争力的重要内容之一。

运动知觉的获得有一部分是基于运动员天生的知觉感受状况，但决定运动知觉好坏的因素不只是这一点。事实证明，后天经过严格的训练也是可以将运动知觉培养出来，从而对自身和物体运动的方向、快慢、位置等方面进行正确的感知，以服务于包括篮球运动在内的一切体育运动。

篮球运动中，运动员对客体（球、人、场上人与球的关系）的运动知觉主要靠视觉和听觉，而对主体的运动知觉依靠的是动觉、平衡觉乃至触觉。从这些可以看出，对于篮球运动员来说，其专门化的运动知觉是其在长期篮球专项训练和比赛实践中发展与形成的。良好的篮球运动知觉能帮助篮球运动员对场地、球网、球、双方队员的行动与时空特性及客体做出高度敏锐和精确分析的识别与认知，进而做出正确的行为决策。

(三)思维

1.思维的概念

思维是一种高级的心理过程,是认识过程的高级阶段,是个体对事物的间接反应。可以简单理解为,思维是人们对事物表象信息的思考与加工,从而对事物获得更深层次的认知。

2.思维与运动的关系

认知心理学研究表明,个体的操作思维能够有效反映肌肉动作和操作对象的相互关系,因此个体对运动技能的掌握以及表现都离不开发达的操作思维。因为思维的存在,个体才能对动作产生正确的认识,并且能够将动作准确完成。

思维的敏捷是优秀运动员应具备的基本心理素质,在运动过程中,运动员思维的敏捷性表现为对面临的问题能够通过多方面的经验和知识,做出迅速、及时的反应。

现代篮球比赛中,比赛场上形势瞬息万变、攻守转换迅速,要求运动员及时做出战术决策。只要"信号"一出现必须立即做出应答,否则就无法应付比赛的复杂情况。面对赛场上的一些突发情况,优秀的竞技运动员往往更能在最短的时间内找到有效的应对措施并将问题解决掉。从心理学角度来说,在问题出现和找出问题应对措施的过程中,优秀球员总是可以更快地打破原有建立的思维联系,找寻到最适合当时比赛局面的新的思维联系。这种迅速思维活动,就是思维的灵活性和敏捷性的表现。

篮球运动是一个充满创造性和创新性的体育运动,也正是这一点吸引了全球数亿人对篮球的狂热和喜爱,篮球比赛水平越高,对运动员思维应变能力的要求也越高。

(四)意志品质

1.意志的概念

意志力是人自觉地确定目标,并为这一目标的实现主动性地进行自我调节、克服困难的心理过程。在篮球运动中良好意志力的表现主要是为了获得比赛的胜利,个人与队友共同努力,克服困难。

2.意志与运动的关系

意志与运动有着诸多联系,它是人为了实现既定目标而支配自己的行动。具有良好的意志品质是运动比赛获胜的重要保证。现代竞技运动的竞争和对抗性都较强,在比赛的关键时刻、比赛的最后阶段时,运动员的体力消耗都很大,而这时是对运动员心理素质的极大考验,具有良好意志品质的运动员(运动队)往往更能坚持到最后,赢取胜利。

篮球运动员意志的主要表现在于两个方面,一个是对外部困难的克服,另一个是对内部困难的克服。篮球比赛涉及与对手的对抗以及与自身的对抗。在与对手的对抗中,由于对手实力的不同,可能出现局势对我方有利或者不利的情况发生,如果面临不利局面,就需要运动员有坚强的意志克服这种来自外部的困难。而对内部困难的克服主要是对运动员自我心理不利情绪的克服。但无论是哪种因素,其克服的本质还是为了能在比赛中将自身的能力正常发挥。

(五)注意力

注意,是心理活动或意识对相应对象的选择、指向和集中。注意能够使人选择与当前任务一致的各种刺激,避开各种干扰刺激,从而保证个体对事物有更加清晰、正确的认识,有更正确的反应和更有序的控制。

注意是伴随心理过程的心理现象,但不属于心理过程。

1. 注意方式

注意方式是结合注意的结构维度来提出的,注意包括范围和方向两个维度,在这两个维度下,可将注意分为四种方式(图4-3),即广阔——外部注意、狭窄——外部注意、广阔——内部注意、狭窄——内部注意。不同的活动所需要的个体的注意方式不同,不同的注意方式可对个体认识事物产生不同的影响结果。

广阔——外部注意:注意范围广阔并指向外部环境的注意。

狭窄——外部注意:注意范围狭窄并指向外部环境的注意。

广阔——内部注意:注意范围广阔并指向内部信息的注意。

狭窄——内部注意:注意范围狭窄并指向内部信息的注意。

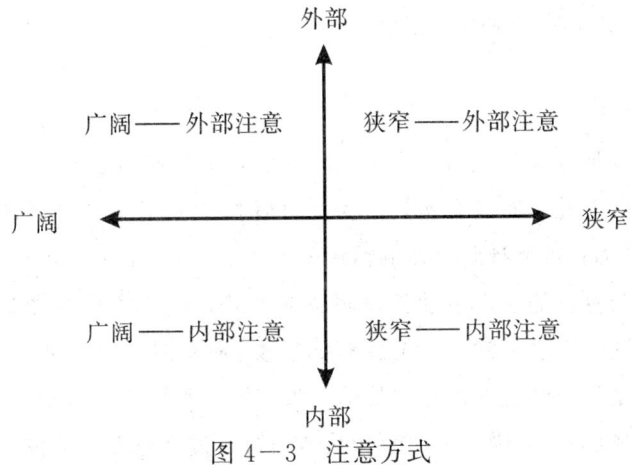

图4-3 注意方式

2. 注意的分类

根据不同的分类方法可以将个体的注意分成不同种类,具体参考表4-2。

表4-2 注意分类及内容

分类依据	注意类型	注意内容及其表现
功能	选择性注意	把注意指向于一项或一些任务,忽视与之竞争的任务
	集中性注意	意识不仅指向于一定的刺激,而且还集中于一定的刺激
	分配性注意	关注不同的任务
目的和程度	无意注意	没有预定的目的,不需要意志努力的注意
	有意注意	有预定目的,需要一定努力的注意
	有意后注意	有自觉的目的,但不需要意志努力的注意
表现	外显性注意	直接把感觉器官转向外界刺激来源的动作
	内隐性注意	对几个可能的感觉刺激中的一个产生知觉集中

3. 注意与运动的关系

在体育运动中,不同的运动项目需要运动员不同的注意方式,这就造成了其注意的信息、注意的转移、注意的强度、注意的持续时间等方面的不同,从而产生不同的行为影响。

结合不同的注意方式,对注意运动的影响分析如下。

第一,广阔——外部注意:针对较为复杂的运动情境的把握需要该注意方式,如篮球、排球等项目,运动员需要收集来自赛场上的人、球等各种信息。

第二,狭窄——外部注意:针对快速、短暂反应时需要该注意方式。

第三,广阔——内部注意:针对所收集信息的思考并做出反应与预测。如棋类运动员在对弈时,对记忆中的已知棋局的思考。

第四,狭窄——内部注意:敏感地把握身体感觉的注意,如运动员对技战术的准确运动感觉体验、诊断。

鉴于篮球比赛高耗能(体能)的特点,随着球员的体能流失,其注意力水平也在逐渐走低,而能否高度集中注意力,常常是能否发挥出高水平的关键。可见只有运动员全场保持高度集中的注意力,才能避免在比赛中由于精神不集中而导致的失误。此外,篮球比赛攻守交替很快。因此,要求运动员注意转移能力极强,既能高度集中注意力,又要能迅速转移注意力,时刻根据场上攻守变化改变技战术策略。

(六)情绪

1.情绪的概念

情绪是个体对各种主观认知经验的通称,是个体多种感觉、思想和行为的综合心理状态。个人的情绪与其个性品质具有密切的关系,同时,个人情绪受外界影响较大,客观环境的变化、他人的评价都有可能导致个体的情绪的波动。

运动情绪是指与身体的生理活动密切联系的情绪状态。体育运动是消耗体力、脑力并克服内外部困难的紧张劳动。没有充沛情绪的推动,是不能从内部动员肌体力量来完成复杂运动任务的。稳定的情绪是保证运动技术正常实施的重要心理基础。

个体的心理会形成一种"吸引力"现象,具体是指人过于思考或关注某项事物时,与之相关的信息会大量出现,如果一个人非常关注令他开心的事情,则会收到许多积极、愉悦的信息;反之则会积累很多消极、负面的信息。简言之,一个积极的运动员更容易接收正面的信息,以较好的情绪状态投入到运动训练和比赛中去,而一个消极的运动员更容易关注负面信息,从而消极应对运动训练和比赛。

2.情绪与运动的关系

运动可影响个体的情绪,一次畅快的运动可以给人带来良好的心理体验。运动过程中,运动中枢形成强烈的"优势兴奋灶",这种兴奋的水平较其他方面带来的兴奋要高出许多,进而对其他中枢产生抑制,降低其他兴奋灶的兴奋水平(保护性抑制),因此,运动可以消除心理疲劳和焦虑、烦恼、抑郁、自卑等不良情绪。长期参与体育运动锻炼,能够使人更加自尊、自信。

对于运动员来说,具备良好的运动情绪有助于其以更好的生理和心理状态投入到运动训练和比赛中去,尤其是年轻的、缺乏比赛经验的篮球运动员更容易受外界因素的影响。例如,在篮球比赛中开场不久就获得两球领先的局面,如此就感到比赛顺风顺水,但开场即落后会给正常比赛的发挥带来压力。这种情绪波动的现象,在篮球比赛中非常常见,甚至一两名关键球员的心理受到影响后会"传染"给其他球员。因此,只有在适宜的情绪状态下,技术水平的发挥才能达到最高点。

在篮球运动比赛中,运动员保持充沛而稳定的情绪,是其高水平地发挥体能、技能的重要心理基础。

(七)自信心

1.自信的表现

自信是一个心理学概念,具体是指个人相信自己,对自己所知的事情、所做的事情或已做的事情确信不疑。自信心是良好的心理素质的重要组成部分,它决定着一个人的整体个性的全面发展。

运动自信,是特定领域的自信,是运动员能够完成某一任务的信念。运动员良好的自信,表现为相信自己的实力,能够在比赛中始终正视对手,认清自己,对可能面对的困难局面无所畏惧,坚信通过稳定的发挥可以力挽狂澜。

与"自信"相对的是"自卑",自卑的运动员在比赛中往往表现得畏首畏尾,容易出现简单失误和错失良好攻防机会。

2.自信的来源

良好的自信是个体对自我的一种认可,个体建立自信的过程是一个复杂的自我说服过程,这与个体之前的成功经验和对自我的客观认知具有重要的关系。此外,榜样可提供成功的替代经验,提升观察者的运动自信。他人的称赞、自我谈话等都有助于提高个体对自我的充分肯定与自信程度。

但是,需要特别指出的是,自信与盲目自信不同,自信是建立在自我全面、客观认知的基础之上的。

3.自信与运动的关系

对于运动员来讲,拥有良好的自信有助于运动员更加积极地投入到运动训练中去,同时,也有助于运动员在比赛中充分发挥自己的技战术水平。

具体来说,自信是运动员良好的心理品质之一,是促进运动员良好运动表现的重要心理构成要素。

首先,自信是运动员的重要心理技能,是决定运动员成功表现的关键的、具有正向关系的心理技能之一。

其次,自信是区分成功和不成功运动员的最有效的心理因素,一般来说,自信有助于调节焦虑对于运动表现的影响,自信能够增强运动员战胜困难的勇气。自信程度高的运动员更能在比赛中从容应对各种突发情况、更有可能获得成功。

最后,通过判断运动员的自信情况,能够有效预测运动员的运动表现。自信的运动员,其认知和情绪以及行为等方面表现得更加积极,从而提升其运动表现。在其他各方面条件相当的情况下,与自信不足和自卑的运动员相比,具有超强的自信心的运动员,往往会有更好的运动表现。

(八)心理相容性和高度的内聚力

强大的内聚力和良好的心理相容性是最大限度地发挥集体力量的重要基础,是运动团体取得比赛胜利的前提。

对于竞技运动而言,个人和团队都应具有这种心理相容性和内聚力,特别是在篮球这种极度依赖团队的运动中。队员纵使是一个个体,但其也是团队中的一个组成部分,每一个队员的活动都在一定程度上影响着整个球队的发挥,如果个体能得到队友的肯定,说明团队的心理相容性较好,这有助于运动员之间形成良好的技战术配合。

篮球运动是一个集体项目,在篮球队内,每一个成员的任何活动都可能影响其他成员,并引起他们的反应。一个篮球队中,如果有2~3个人与其他人场上、场下心理不相容,或这几个人和另几个人心理不相容,这个篮球队就会失去集体凝聚力,那么整个篮球队就如同一盘散沙,各自为政,是不可能取胜的。

二、篮球运动员心理素质总体训练方法

(一)表象训练

表象训练实际上是一种偏向于"视觉化"的训练,对于心理素质的训练来说是较常见的一类。

对于参与体育运动训练和比赛的运动员来说,其所关注到的表象是动作技术在运动员头脑当中的反应,即呈现出一种象形化的符号。鉴于此,表象训练所关注的训练点就是运动员有意识地在头脑中再现或完善动作或运动情景的能力,从而使这项训练成为他们建立和巩固正确动作的动力定型、提高运动技能、增强运动自信的过程。

1.表象训练的程序

第一,要对表象训练的相关理论基础知识进行介绍,让运动员对此有一个初步的了解。

第二,对运动员的表象能力进行测定,以测定结果作为依据对运动员的表象能力进行评分,并据此确定训练任务。

第三,初步开展的基础表象训练。这一阶段的表象训练的重点是提高运动员的感觉觉察能力、表象清晰性和表象控制能力。

第四,更加具有针对性的表象训练。这一阶段的表象训练与篮球运动专项的结合更加紧密。

2.表象训练的实施

(1)基础表象训练的实施

①觉察能力训练

利用记忆中的经验,创造出可控形象并对这些形象进行操纵。这个训练有些类似于冥想,具体如闭上眼睛,回忆既定的篮球运动技术动作的整个过程。

②表象清晰性训练

运动员利用自己所有的感觉体验,生动、真实地进行表象演练。这种训练方式更多是在技术动作的训练中使用。

③表象控制力训练

表象控制力训练顾名思义就是重点提升运动员改变、操控和调节表象能力的训练。

（2）针对性表象训练的实施

篮球运动拥有自身的众多专项运动特点，包括技战术、训练规律、组织方式等。所以在制订表象训练时就需要兼顾这些专项特点，甚至还要考虑到不同运动员的个人训练特点，以此来设计与实际更加匹配的表象训练法和程序。

（二）放松训练

大脑与骨骼肌具有双向的联系，这种联系主要体现在对外界刺激信息的传递方面。肌肉越放松，其接收信息和传递的能力就越低，因而其向大脑传递的冲动就减少，此时大脑的兴奋性也会降低，连带着心理的紧张也相应减少。因此，这种放松训练最终就使得心理同样得到了放松。对于这种放松训练的常见方法如下。

1.渐进放松法

渐进放松法主要是通过一定方法与程序使练习者获得肌肉部位的放松，这一过程应该呈现出循序渐进的形式，以达到逐渐使心理得到放松的目的。

2.自主放松法

自主放松法是通过他人或自己利用引导语诱发练习者产生某种感觉体验，以放松身心的方法。这个方法与催眠术中的放松引导方法极为相似。

自主放松法包括六种基本练习内容，每一种练习内容都有固定格式的指导语，在引导语的暗示下，实现放松。当然这几类引导语并非固定格式，实践中可以略微改变一下语言方式，以使放松的引导效果达到最佳。

（三）暗示训练

暗示训练是利用语言等刺激物对人的心理施加影响，进而控制行为的过程。

通过语词（第二信号系统）暗示训练，可以调节中枢神经系统的兴奋水平，从而达到调节内部过程（心境、情绪、意志、信心等）的作用。例如，运动员在第四节比赛最后的关键罚球前向自己暗示"这只是一次在平时训练了无数次的罚球，小菜一碟，这种罚球的命中率我一向很高，所以没有问题"。

1.暗示训练的程序

第一，使运动员认可语言暗示对情感、行为可以产生的作用。

第二，发现运动员的消极想法。

第三，了解运动员对这种消极想法的认识程度。

第四，确定积极性引导的暗示语。

第五，实施积极性引导的暗示语。

第六，通过不断重复和定时检查，形成积极、阳光的心态。

2.暗示训练的实施

在运动员深刻理解和认知暗示训练法的基础上，确定积极性引导的暗示语，以此来替代他们的消极想法，不断实施语言暗示，改变运动员心理认知。

（四）模拟训练

模拟训练主要是通过对特殊环境、人、事、物等情境的模拟创造,让训练者尽可能地处在身临其境的环境中而对其产生适应感的训练方式。

模拟训练在体育运动训练领域中已经得到了广泛运用,这种训练方式可以让运动员的心理发展与外界环境发生一定的适应性改变。在这一过程中,运动员在头脑中建立起合理的动力定型结构,从而使运动员的心理在真实比赛中保持一定的平衡。具体的实施过程中,模拟训练应根据篮球专项特点、比赛规则、比赛实际、运动员特点进行有针对性的安排模拟对象、模拟内容。例如,使用正式比赛同款的篮球架与篮球筐、相同的场地材质、相同的用球等。

（五）系统脱敏训练

系统脱敏训练,是一种以渐进方式克服神经症焦虑的心理技能训练。在篮球运动心理训练中使用到的系统脱敏训练的具体操作程序如下。

第一,建立恐怖或焦虑等级（层次）。此过程应与运动员共同制订。

第二,开展放松训练。放松训练过程可以经由语言或音乐进行引导,以此达到使运动员身心放松的目的。这个训练每次30分钟,每天1至2次,共进行6～10次。

第三,在放松的情况下使运动员按某一恐怖或焦虑等级层次进行系统脱敏练习。具体实施的步骤为彻底放松,运动员在指导者的语言指导下想象情境,运动员无法忍耐而出现严重恐惧或其他心理状态。放松训练对抗直到运动员继续忍耐至最终适应。系统脱敏练习每次30分钟,每周1至2次。

三、篮球运动员心理素质具体训练方法

（一）运动动机的激发

篮球运动员的心理动机训练应针对比赛的需要和运动员的个体差异进行操作性调整,除了以激励为基础经常保持稳定的动机之外,还应结合具体比赛任务增强动机。

篮球运动员的训练和比赛动机激发方法具体如下。

1. 满足乐趣

参与运动训练,运动乐趣性和艰苦性兼而有之,如果运动过程非常枯燥,就会导致运动员失去运动乐趣,导致其运动动机的下降。因此,要合理选择训练内容,科学安排训练时间和负荷,尤其是在训练初期。

2. 满足运动员获得集体归属感的需要

篮球运动属于集体项目,运动员参与训练渴望得到同伴的认可,在集体当中可以获得相应的归属感。针对此类运动员,应以集体成员的资格作为激励来激发这一类人的参与热情,通过集体行为规范、目标、荣誉感来激发运动员积极参与训练的动机。

3. 通过强化手段培养动机

强化手段是指对于可接受的行为给予奖励或撤除消极刺激的过程。正确使用强化手段能够很好地激发外部动机,同时有效培养内部动机。强化手段的运用应注意以下几点:奖励有度,不能使运动员感觉被控制;对达到标准的优异表现进行没有规律的强化;促进运动员相互强化。

4.引导运动员建立正确的体育价值观

树立良好的心态,正确看待运动训练,培养和激发自己参与运动训练热情。

(二)注意力的培养

在运动训练中,只有专注于运动训练,才能够更好、更快地投入到运动之中,从而取得更好的运动训练效果。稳定的注意力是在竞技运动过程中运动员所应具备的重要心理竞技能力。

现代竞技体育运动开放性强,运动员的参赛过程受到多种因素的影响,如对手、观众、教练、裁判等。运动员要做到在比赛中不能为外界因素所干扰,就必须善于排除内外消极干扰,集中注意力投入到比赛中去。

对篮球运动员良好注意力的培养具体方法如下。

第一,秒表练习:注视手表秒针的转动,每天练习,直到能持续注视5分钟而不转移注意。

第二,模拟练习:模拟赛场上可能出现的干扰情况,提高运动员的抗干扰能力。

第三,明确比赛任务:明确当前比赛任务,通过语言暗示自己专注于当前的可控因素,减少对不可控因素的注意。

(三)感知觉的改善

运动要求运动者对外界事物做出迅速准确的感知并加以判断,还要求在复杂多变的条件下做出相应的回应,因此需要运动主体综合运用身体各种感觉器官来感知动作形象、动作要领、肌肉用力程度、动作时空关系等,建立正确完整的动作表象。

篮球运动员感知觉的改善应从以下几个方面做起。

第一,发展运动员的各种记忆、想象、操作思维、战术思维和预测能力。

第二,在念动训练中(又称运动表象训练)学会利用肌肉运动表象的能力。

第三,改善知觉过程,尤其是形成对篮球运动具有重要意义的专门化知觉过程——球感。

(四)自信心的提升

篮球运动员自信心的提升可以通过以下方法来实现。

第一,自我暗示:出现自信的信念动摇时,通过默念"自己必须沉着、镇静""自己感觉很好""这个动作自己能完成好"等来稳定情绪。

第二,自我松弛法:通过放松躯体肌肉来放松紧张心理,如排除杂念,意念集中,做深呼吸,自信地微笑,以及从头部开始放松全身肌肉。

第三,建立乐观的思维定式:采取积极的思维来阻断消极的思想意识,从不良情绪中摆脱出来。

第四,通过创设相应(不利的)的情境,让运动员有机会获得成功的体验来提高自信。

第五,发展各种注意能力,主要包括注意的稳定性、注意的转移和分配能力以及在训练和比赛条件下的心理定向能力。

第六，鼓励法：当运动员出现失误、受到挫折、技术水平停滞不前等情况时，耐心帮其分析原因，找出解决问题的办法。对其刻苦努力和良好的表现要给予充分的肯定和鼓励。

（五）思维的强化

思维的强化重点在于改变运动员的既定思维模式，改变运动员思维中不正确的思维方式，促进运动员思维拓展、更具创造性。

篮球运动员的思维强化应建立在运动员学习科学思维方法的基础上，具体操作如下。

第一，教授运动员了解主要的、基本的哲学原理，使运动员懂得各种思维方法。

第二，讨论了解对象、接受水平及消化的能力。相互交流认识、体会，相互促进。

第三，训练演示，抛出问题，让运动员思考，然后回答、讲述，必要的情况下进行情境演练。

（六）情绪的调整

对于情绪的调整通常使用合理情绪训练的方法。这个训练的原理是基于 ABC 理论而来的。具体来看，在 ABC 理论模式中，A 指诱发性事件；B 指个体在遇到诱发事件后产生的信念（看法、解释和评价）；C 指个体的情绪及行为反应。该理论认为，人的情绪是由经历该事件的人的"看法、解释和评价"引起的，通过改变这种"看法、解释和评价"，可以改变情绪与行为反应。

在了解完 ABC 理论的基本知识后，可以引申出合理情绪训练的方法具体操作如下。

第一，找出引发运动员紧张情绪的事件，即找到"A"。

第二，分析运动员对诱发事件的看法，即找到"B"。

第三，研究这些看法与当事人异常情绪"C"之间的关系，由此能够分析出当事人认识到的异常情绪产生的原因。

第四，动摇直至摒弃掉运动员不合理情绪。

第五，不合理情绪消除后，运动员的思维更加合理、积极，最终摆脱困扰。此后，还应继续巩固积极因素，以使稳定情绪可以延续更长的时间。

（七）意志品质的优化

篮球运动员良好的意志品质的培养与优化主要是通过帮助运动员建立正确的体育意识、精神并在具体训练实践中不断强化的。

一方面，发展篮球运动员专项运动所需的各种情绪、意志品质，帮助篮球运动员调整心态，以便于其在面对各种训练和比赛情况时，都能熟练地掌握与运用各种心理自我控制、调节的策略、手段，正常发挥技战术水平。

另一方面，通过反复强化练习与训练。例如，在困难的情况下、艰难的环境中坚持训练，提高运动员在艰苦状态下完成训练和比赛的意志品质。

（八）集体意识的发展

篮球运动员集体意识的发展具体可采用以下方法促进。

第一，确立团体的道德准则：通过建立团队准则，规定队员在团体里的思想和行动。

第二,保持良好的团队情绪:团队的情绪状态是心理气氛的特殊形式。好成绩和胜利能使整个团体都产生一种满足,增强集体信念;失败也同样可以增添力量。但是,这需要分析失败的原因,众志成城、奋力拼搏。

第三,通过说服、疏导及其他方面的工作逐步形成和加强。

第四,在开展运动队的工作时,抓好骨干力量和核心队员的培养。

第五,协调队员之间的关系,重视团队之间的人际沟通,减少团体冲突与竞争。

第三节　篮球运动员智能训练方法设计

一、篮球运动智能构成要素

(一)认知能力

1.认知的概念

实际上,认知与认识两词的意思基本相同,只不过认知的程度更深,可谓是一种对事物更加深层的认识,具体可以指对作用于人的感觉器官的外界事物进行信息加工的过程。

2.认知与运动的关系

认知与运动训练是相互促进的。这主要是因为一旦运动员拥有良好的认知能力,他便可以对外界事物有更加准确的判断,对训练信息的获取也更加敏感,进而可使运动员更加快速和熟练地掌握各种篮球运动技能,并能顺利把握其中的技术重点和战术难点,如此对完成训练任务会有较大的帮助。

另外体现出认知与运动关系的地方在于包括篮球运动在内的运动项目还反作用于运动员的认知提升。这主要是由于运动员在运动过程中必须要对不稳定的事物、多方面的运动信息等做出及时反应、感知和判断,然后根据这些信息调整自己的身心状态,从而更好地完成训练或比赛。这样就使那些长期参与训练的运动员变得灵活、敏锐,充分锻炼人的判断能力、记忆能力和思维能力,由此使他们的认知能力获得提高。

3.篮球运动员的良好认知表现

(1)对抗想象力

篮球运动中运动员的对抗想象力主要是运动员对比赛中双方攻防转换趋势的一种预判。这个能力较强的运动员可以在比赛中提前预判对手的攻防趋势,并就预判结果做出提前准备。

(2)有意记忆程度

记忆是学习技能中较为重要的一项基础技能,这点对于篮球运动技能学习来说也同样重要。良好的记忆能使运动员在更快的时间内将运动技术形成过程过渡到自动化阶段。

(3)攻守思维能力

攻守思维能力会影响篮球运动员在对抗中采取何种应对措施。拥有这种能力可以使运动员在比赛中更容易根据场上形式把握攻防节奏。

(4)战术意识水平

战术意识水平对于篮球运动员来说至关重要。这主要是因为篮球运动的节奏较快,场上形势瞬息万变,如此对于战术运用的要求就很高,而运动员如果能够根据场上的攻守态势自觉选择恰当的战术实施是非常不易的,这就需要依靠战术意识水平。

(5)战术领悟能力

每场比赛的赛前与赛中,教练员都会布置大量的战术,然而执行战术的是运动员,所以就需要运动员拥有良好的领悟战术的能力,以便完美达成各种战术意图。

(二)对抗表现力

篮球对抗性强,球员在比赛中经常要进行各种形式的对抗,而全面对抗的能力如何也就表现出了球员竞技水平的高低。总的来看,篮球运动员的对抗表现力主要表现在以下方面。

1.对制胜规律把握

任何一项体育运动都有其制胜规律,篮球运动也不例外,而要想准确把握篮球运动的制胜规律就需要运动员具备较强的思维能力,达到将比赛局面掌控在自己或本方的控制之内的目的。

2.战术创新能力

篮球运动对球队战术的要求较高,且许多战术的设计极为精妙,体现出了高超的战术美感。然而这些无论是多么精妙的战术,其制订的基础仍旧是几类基本战术。为此,就需要在这些基础之上进行战术创新,使战术变得丰富起来。篮球战术的创新要随着比赛条件与时机的不同而灵活改变。

3.技战术运用能力

技战术最终是要在比赛中运用出来的,而不仅仅是在理论中学习和训练中的演练。比赛中的环境充满了变数,对抗强度也更大,在这种环境下能否将技战术运用出来就需要依靠技战术的实战运用能力了。篮球运动员只有正确运用各种技战术、创造性地运用各种技战术,才能稳定发挥、出奇制胜。

(三)临场反应能力

篮球比赛中的局面是多变的,比赛中会出现很多出乎预料的情况,再细致的计划,再充分的准备都不能将各种问题涵盖其中,而在这种情况下还能稳定住局势,就需要依赖于运动员的临场反应能力。这个能力也是篮球运动员心智能力的重要内容。

篮球运动员的临场反应能力主要包括以下几个方面的内容。

1.先天反应能力

临场反应的能力与运动员的先天反应能力有着直接关系,不过尽管先天反应能力稍弱的运动员也可以通过后天的专业化训练提升反应能力。

2.重点动作记忆能力

这种能力着重表现在能够迅速记住动作中的关键点,如此有利于运动员更好地掌握正确的动作,并能在激烈的对抗中还能将动作稳定做出。

3.对对手行为的预判能力

这种能力的形成往往在技战术养成过程的最后一个阶段,即自动化阶段后才会出现,并且随着运动员参加训练和比赛的经历越发丰富,就越发使这种预判能力得到提升,以期能够先于对手对下一步行为做出反应,占得竞技的先机。

(四)解决攻守能力

攻守能力的提升主要依赖于运动员的观察能力与对场上形势的分析能力。

1.观察能力

观察能力主要包括三个部分,即对对手技战术特点的观察;对对手习惯的跑动路线的观察;对对手内心活动的观察。如果能够在比赛中将上述三点观察准确,则基本能掌握对手的特点与比赛方式,进而获得比赛的主动权。

2.分析能力

所谓的分析能力主要是对篮球比赛规律、对手特点、战术风格等的分析,包括赛前对对手的研究分析,以及赛中根据场上形势的临场分析。充分了解这些内容,有助于技战术的针对性实施。

二、运动智能训练常用方法

在现代篮球的智能训练中常用的方法如下。

(一)基础知识掌握法

第一,重视对篮球运动员基础理论知识的传授,如运动的基本概念和基本原理的讲解,与篮球运动紧密相关的科学原理等,以促进篮球运动员思维能力、知识运用能力的提高。

第二,采用多种教学方法,引导篮球运动员学会运用分析、比较、综合、概括、判断、推理等思维形式来认识和解决问题,发展其综合智力水平。

第三,理论联系实际,教练员使用多种教学或训练手段,使运动员在学习中获得更加直观的知识表象,并且与实际技能相关联,以此提高运动的实战能力与应用能力。

(二)专项理论强化法

第一,对运动员进行与篮球运动相关的其他学科的理论知识和实际技能的培养,这些学科主要包括运动心理学、运动医学、运动生物力学等。以此使运动员通过学习这些相关学科来达到发展运动员思维,提高其专项理论知识储备的能力的目的,进而促进整体运动水平的提高。

第二,培养运动员对篮球场地、比赛所需使用的器材、设备的使用能力,需要培养他们对运动规则以及裁判方法知识的学习,提高运动员在训练和比赛中对这些知识的合理、灵活运用。

第三,重视篮球运动员对训练计划、自我训练监督等知识的掌握,以期能够使运动员在训练中能够给予更多的主观能动性。

(三)实战经验积累法

第一,教练员的作用非常重要,他不仅要在日常的训练中予以技战术方面的指导,另外还需要在比赛过程中做好场外指挥工作。因此,教练员就要善于引导运动员认识运动训练的本质和规律,启发运动员对篮球运动的各种思考,并在实战中鼓励运动员,赛后启发他们对比赛中得失的衡量,以此实现对比赛经验的积累,进而提升篮球运动智能。

第二,教练员要注意培养运动员对训练计划与安排的主观参与感,使运动员意识到训练组织并不仅仅是教练员的工作,自己也是运动训练的参与者与制订者,以此来提高他们的分析、思维、统筹等能力。

第三,在模拟比赛中获得实战经验的训练,使运动员能够更好地将理论与实践联系起来,促进他们的理论指导实践能力以及适应力的提高。

三、运动智能具体训练方法

篮球运动员的智能表现可以在多方面中体现,其中很多因素与心理相关,如记忆、思维等。这些也可以看作是对篮球运动员的智力水平及其发展的重要影响因素,进而就说明了对于篮球运动员的智力因素、非智力因素等都会成为决定运动员的智力水平影响因素。

第五章　篮球运动技术训练

第一节　篮球运动技术理论

一、篮球技术的含义

为了学习好篮球技术,首先就要明确篮球技术的含义。具体来说,运动员所接触到的篮球技术其含义可以从动作方法分析和实际运用两方面来阐述。

①篮球技术动作方法角度上的含义,是指篮球运动员在训练和比赛过程中进行进攻和防守时所采用的专门化的身体动作方法。具体来说就是众多类型的技术如传接球、运球投篮等,此外还包括那些动作与动作之间有经常联系的组合动作等。

②篮球技术动作实际应用角度上的含义,是指在篮球运动实战中合理使用单个动作或组合动作,并达到预期效果的动作方法。从技术动作实际应用的角度上看,此时的技术动作并非像理论上那么理想和规范,这是因为在实战当中运动员几乎都是在对抗中完成技术动作的,这种在受迫下完成的技术动作不仅要经历对抗,同时还要符合人体运动科学的原理,因此更加难以把握。

除上述两点之外,还需要明确的一点是尽管每种技术动作都有着较为规范的完成方式,但落实在实际当中,司职不同位置的球员在训练过程中会根据位置职责偏重于某些技术的训练,如后卫球员更加注重传接球和运球的练习;前锋球员注重投篮和移动练习;中锋球员更加注重篮下进攻脚步和抢篮板球技术的训练等。不同职责的球员对技术练习的侧重现象,也显现出了篮球技术动作的专门性与合理性。

在篮球运动训练或比赛中,球员必须充分发挥主观能动性,在团队篮球的基础上独立完成各种技术动作的运用,并积极地与自己的队友进行配合,以此给予对手最大的威胁。这也是篮球球员在体能、技能、智能、经验以及创新能力等方面的综合表现。

现代篮球比赛就是双方球员技术动作的对抗。球员可以通过篮球技术的使用来集中体现出自己的运动特点、运动素质、特殊技能、运动意识、心理品质以及道德作风等方面的水平。同时,篮球技术是篮球战术的基础,任何战术意图和战术方法的实现,都需要掌握熟练、准确的技术动作和应变能力。而篮球战术的本质实际就是多种篮球技术的针对性组合。所有这些都充分说明了现代篮球技术在篮球运动中的显要地位及其重要作用。

二、篮球技术的特点及分类

（一）篮球技术的特点

1.稳定与变化相结合

每一项篮球技术都有它的动作规范,这种动作规范在练习时一般都具有相对稳定的特点,如投篮动作中左右手的作用和投篮发力顺序。但这仅仅是在初始练习时的状态,由于篮球本身具有高强度的对抗性,因此在双方对阵时,极少出现没有对方干扰的情况,此时就需要将平时学习的相对稳定的技术动作根据不同的环境与对手情况进行相应的变化,并且需要能够及时做出应答动作的开放性技能。要求能够在攻守对抗的情况下以及在各种不同条件下去组合动作,能随机应变、创造性地完成攻守任务。而这也就成为现代篮球运动技术的又一显著特点,即相对稳定与随机应变的结合。

2.争取时空的动态与激烈对抗相结合

篮球运动具有时空争夺性,这点主要体现在对阵的双方都在追求以最快的速度到达对方篮下造成威胁,以及球在脱离任何一方时双方都尽力争夺最有利的获得球的空间位置。篮球竞赛是一个攻守对抗的动态过程,一切现代篮球技术均是在动态和对抗中进行的,快速、准确、实用、多变,充分表明了在争取时空主动上的合理性和创造性,两者的结合则是现代篮球技术的一个显著特征。

3.身体动作与控制支配球相结合

身体动作与控制支配球相结合也是篮球技术特点之一。篮球运动是一项需要全身参与的运动,篮球球员通过手接触球来达到支配球的目的。除了手的参与外,球员身体的其他部位也都要经常参与协调配合,以组成各种专门的动作。最后通过手部的动作控制、支配球的运行和争夺获球,使身体动作与控制支配球融为一体,展现出了现代篮球技术的无穷魅力。

4.规范性与个体差异相结合

在现代篮球技术中,还会表现出规范性与个体差异相结合的特点。在篮球运动技术中,任何动作技术都必须在一定的规范性下进行,这些动作规范都是经过长期的实践积累总结而成的,具有十足的科学合理性,因此,必须依照规律操作。然而,在实际训练中能够发现,并不是每一名球员都能按照动作的标准练习,有些篮球球员因个体的差异性而表现出与规范动作稍有不同的动作特点和风格。

（二）篮球技术的分类

为了使篮球技术训练主体对象能够更加深刻地了解和认识各种篮球技术动作及其所属的单元,就需要对篮球技术进行系统和详细的分类。

目前,对篮球技术的分类依据的是攻守对立统一的规律、人体运动科学的原理和技术动作的任务。

三、篮球技术发展的影响因素

篮球技术的发展实际就是一种实践的过程,在早期记录的篮球比赛的影像中可以看到当时的篮球技术显得非常蠢笨和迟缓,而且动作也并不美观。随着实践的增加,篮球技术也在不断追求革新,除了实效性以外还适当地考虑到了动作的美观和协调,这一长期过程促使了现代篮球技术的改进、完善和创新。对篮球技术的发展起到一定作用的主要有以下几个因素。

①球员对技术的掌握能力对技术发展的影响。篮球球员是现代篮球技术主体的操作者,直接影响着篮球运动技术的质量和发展。

②教练员对技术的讲授能力对技术发展的影响。篮球教练员的组织、言传身教、经验等对现代篮球运动技术的发展同样起着重要的作用。

③科研人员对技术的研究能力对技术发展的影响。科研人员对技术的研究能力也发挥着越来越积极的作用。体育科技的发展对运动技术的革新起到了非常重要的作用,如要进行一项技术革新,在没有应用之前首先需要科研人员对新动作进行电脑制模,分析运动力学原理等数据,只有通过科学的分析后新技术才有可能获得实践机会。

④场地器材条件。场地、器材、设备等条件对篮球技术的发展也会产生一定的影响,如历史上篮球比赛的场地大小出现过多次变化,每一次变化都会给篮球技术带来相应的改变。

⑤竞赛规则对技术发展的影响。任何体育项目的竞赛规则都对这项运动的发展有着重要的导向作用。篮球也不例外,篮球运动规则的一些具体规定,在一定的时间内也直接制约或推动着篮球运动某些技术与战术的发展速度。

⑥篮球运动的产业化和商业化对技术发展的影响。随着篮球竞赛的商业化发展速度的加快,现代篮球技术受到市场价值规律的驱动并产生积极的影响。

第二节 篮球运动一般技术训练

一、传接球技术

传接球指的是在篮球比赛中进攻队员之间有目的地支配球、转移球的方法。传接球的质量好坏对于战术执行质量的高低以及进攻的成功率有着很大的影响,甚至会决定比赛最终的结果。

(一)传接球的技术分析

1.传球技术分析

(1)双手胸前传球

双手手指自然分开,拇指相对成"八"字形,用指根以上部位持球,手心空出。两肘自然弯曲于体侧,把球置于胸腹之间的部位,身体呈基本站立姿势。传球时在后脚蹬地、身体重心前移的同时前臂迅速向传球方向伸出,拇指用力下压,手腕前屈,食指与中指用力拨球将球传出。

(2)单手肩上传球

胸前双手持球,双脚平行而立,传球时(以右手传球为例)左脚向传球方向迈出半步,右手托球,同时将球引到右肩上方,肘部外展,上臂与地面近似平行,手腕向后仰。左肩对着传球方向,身体的重心落在右脚上,右脚蹬地,转体,右前臂迅速向前挥摆,手腕前屈,通过食指、中指拨球将球传出。右脚在球出手之后随着身体的重心前移而向前迈出半步,保持基本的站立姿势。

(3)双手头上传球

双手指尖朝上,从球侧面持球于头顶,肘部稍微弯曲,向传球方向跨步同时手腕后转,球转移到脑后,将球向前抛出,手腕下转发力,做好随球动作。

(4)单手体侧传球

以右手传球为例。双脚开立,膝关节微屈,将球双手持于胸前。传球时右手持球后引,经过体侧向前做弧线摆动,手腕前屈,用食指、中指的力量拨球,将球传出。

2.接球技术分析

(1)双手接球

接球时双眼注视来球,手指自然分开,两拇指相对成"八"字形,两手呈半圆形。来球之前主动伸臂迎球,肩、臂、腕、指保持放松。接球时,指端先接触球,两臂同时随球后引缓冲来球的力量,同时做好衔接下一动作的准备姿势。

(2)单手接球

以右手接球为例。右脚向来球方向迈出,接球时右臂微屈,手掌呈勺形,手指自然分开,迎球的方向伸出,左脚同时迈出。在手指触球之后,手臂顺势向后撤,同时收肩,上体稍微向右后方转动。之后用左手帮助将球握于胸前。跳起用单手接高球时,可采用手指尖触球后顺势卷腕的手法,将球引到胸前成双手持球。

(3)跑动接球

在跑动中,脚尖朝着前进方向,上体侧转面向来球,双臂伸出主动迎接来球。

(4)摆脱接球

无球进攻队员利用脚步动作(如变向跑、转身、停步等)或者同伴的掩护摆脱防守后接同伴传来的球,同时采用相应的停步动作来衔接下一个攻击的动作。

(二)传接球的技术训练

1.传接球技术训练方法

①原地徒手双手持球动作的模仿练习,该练习能够让运动者更好地体会不持球时正确做出双手持球的徒手模仿动作。

②两人为一组,一人原地传球,另一人向左、右、前、后移动做接球练习。两人相距4～6米,多次传接球练习之后相互交换。

③全场三人传接球练习。每传一次球都要通过中间人,在3人传球推进的过程中,应该保持好三角队形,中间人稍后,两边在前。

④迎面上步传接球练习。练习者排成纵队,教师持球距纵队5～7米。排头队员上步接教师传来的球并回传给教师,之后跑回队尾,接着第二名队员进行练习,以此类推。

2.传接球技术训练的注意事项

①练习者在掌握动作规格的同时还应该养成良好的观察能力与判断能力,善于隐蔽自己传球的真实意图,并将假动作等个人战术行动与提高传接球技术进行有机结合。

②训练时应该狠抓传球的手法,先进行传平直球用力手法的训练,再训练传折线球的用力手法,最后训练高吊球(弧线球)的用力手法,并以三种传球路线交替进行训练。对于动作的规范与要领应该严格要求,从而促进练习者形成正确的传球手法,为更多篮球技术的学习与掌握奠定基础。

二、运球技术

运球是指持球运动员在原地或者移动中用手连续按拍使球借助地面反弹起来的动作。运球技术是篮球运动员控制球、支配球,组织全队进攻配合以及突破防守的一种重要手段。

(一)运球的技术分析

1.低运球

低运球时,两腿迅速弯曲,降低身体的重心,上体向前倾,球的落点在体侧,用上体与腿对球进行保护;用手腕与手指短促地按拍球的后上方,将球控制在膝关节的高度,两腿用力向后蹬,快速前进。拍球的部位是在球的后上方或者后侧方。

2.高运球

高运球时,两腿微屈,上体稍微向前倾,两眼平视,以肘关节为轴,前臂自然伸屈,用手腕、手指柔和而有力地按拍球的后上方。将球的落点控制在运球手臂的同侧脚的外侧前方,球的反弹高度在腰与胸之间。

3.运球急停急起

在快速运球中采用两步急停,降低身体的重心,手按拍球的前上方,使球停止运行;急起时,两脚应该用力向后祇,上体急剧前倾并迅速启动,同时按拍球的后上方,人球同步快速前进。

4.运球体前变向

(1)运球体前换手变向运球

运球体前换手变向运球技术能够成功的关键就在于能否利用好体前变向的时间差。以右手持球变向换到左手为例,在变向前首先要压低重心,朝右方做假动作,此时左手在膝盖下方等球,当身体朝右方压低重心准备启动时,膝盖要近乎贴近地面,眼睛也要目视这个方向,以此达到最大限度地迷惑对方的目的,然后当身体启动动作呼之欲出之际右脚突然向左发力,身体重心也随之快速移动到左脚,右手放球于地,球弹起后左手接球并朝左边方向加速甩开防守人。

这种运球变向的方式大多在突破上篮时运用。

(2)运球提前不换手变向运球

以右手持球变向换到左手为例,在变向前首先要压低重心,朝右方做假动作,当身体朝右方压低重心准备启动时,膝盖要近乎贴近地面,此时朝右侧启动,迈出一步并运球一次后第二次运球放球时落地点在身体左侧,右脚向左蹬地,重心落至左脚,完成变向。

这种运球变向的方式大多在突破分球时运用。

5.转身运球

当对手逼近时,持球队员不能用直线运球或者体前变向运球突破时,可使用运球转身技术摆脱防守。以右手运球为例,在变向时,左脚在前为轴,右手左后转身的同时将球拉到身体的后侧方并按拍球落在身体的外侧方,之后变换左手运球,加速前进。

6.胯下运球

以右手运球为例。变向时,左脚在前,右手拍按球的右侧上方,把球从两腿之间运到身体的左侧,之后上右脚,换手运球,加速前进。

7.背后运球

当右手运球从背后换左手时,右脚前跨,右手将球拉到右侧身后,快速转腕按拍球的右后方,使球从背后反弹到左侧的前方,左脚同时向左前方跨步,换左手运球。

(二)运球的技术训练

1.运球技术的训练方法

①原地进行高运球、低运球训练。左右手交替进行原地体前左右手变向运球。右手运球按拍球的右上方使球弹向左侧,左手按拍球使球弹向右侧。反复进行练习。

②原地进行胯下左、右运球训练。运球者右手持球加力使球从胯下自左反弹,左手迎引球后,再加力使球从胯下向右反弹回,依次两手交替运球。反复进行练习。

③原地进行体侧前后推拉运球训练。运球者两腿前后开立,运球手按拍球的后上方使球向前弹出,运球的手快速前移至球的前上方,按拍球使球弹回。反复进行练习。

④对抗运球训练。两人为一组,每人运一球,在保证自己的球不被对方打掉的前提下寻找机会打掉对手的球。另外还可以几个人在固定区域内同时进行训练。

2.运球技术训练的注意事项

①运球训练时应该重点抓好运球基本功的训练,从而有利于运动员提高控制球以及支配球的能力。在运动员初步掌握运球动作之后,应该训练抬头的运球技术,用手感来对球进行控制,并养成运球时目视前方、观察场上情况以及屈膝的习惯。

②训练过程中应该牢抓运球的关键,同时结合多种熟识球性的辅助性训练,练好手上功夫与脚步动作的快速灵活性。还应该特别加强对水平较低队员的运球训练。

③在进行防守训练时,应该从消极防守到积极防守,在不断加强对抗的训练中不断提高队员的场上应变水平。

三、抢球、打球、断球技术

抢球、打球、断球都是具有很强攻击性的篮球防守技术,这是运用积极性防守战术的基础。随着篮球运动的不断发展,抢球、打球、断球技术在篮球运动中的应用也更加广泛。

(一)抢球、打球、断球的技术分析

1.抢球技术分析

(1)拉抢

在拉抢之前,防守队员应该准确抓住对手的持球空隙部位,突然用两手抓住球之后猛拉,进而抢夺球权。

(2)转抢

在防守队员抓住球的同时应该迅速利用手臂后拉以及两手转动的力量,将球从对方手中抢夺过来。抢球过程中,为了加大夺球的力量,防守者可以利用转体的身体动作,让对方无法握球。如果抢球未果,应该尽可能与对手造成"争球"。在转抢时,防守队员还应该做到动作的快速、准确、突然。

2.打球技术分析

(1)打掉对方手中的球

①打持球队员手中的球

在进攻队员接到球的一瞬间,没有对球进行很好的保护或者由于观察场上情况而失去警惕时,防守队员应该迅速上步打球。通常来讲,当进攻队员持球部位较高时,防守队员可采取由下而上的方法打球。打球时,掌心应该向上,手指与指根击球的下部。如果对方的持球较低,应该多采取由上而下的方法打球。打球时,掌心向下,用手指和手掌外侧击球的上部。同时,防守队员应该注意上步要迅速、突然。

②打运球队员手中的球

以右手运球为例。在对方的运球队员向前推进时,防守队员应该用侧后滑步移动,用右手臂堵住运球队员左面,防止他向自己的右侧变向运球,左手臂干扰运球。在球刚从地面上弹起,还没有接触到运球队员的手时,应该及时用手指、手腕和前臂的力量从侧面将球打出,并及时上前抢球。注意干扰对方运球,从而创造出打球的机会,并及时上前抢球。

③打行进间投篮队员手中的球

当进攻队员运球上篮时,防守队员应该随进攻队员进行移动,当防守队员跨出第一步接球时,应该及时靠近,当进攻队员跨出第二步起跳举球时,迅速移动到他的左侧稍前方,用手从他的胸部向下将球打落。在打球时,防守队员的脚步应该伴随投篮队员进行移动,同时保持合适的距离,从而把握好打球的时机与打球的有利位置。

(2)盖帽

盖帽时,防守队员应该注意降低自己身体的重心,快速移动并选择有利的方位,对对手起跳与投篮出手时间进行准确判断,及时起跳;起跳之后迅速伸展自己的身体,高举自己的手臂,当对方球出手时,用手腕动作将球拍出或者打掉。需要注意的是,防守者的手臂与身体应该充分伸展,用前臂、手腕、手指动作打球,动作要短促而有力。

3.断球技术分析

(1)横断球

横断球时,运动员应该屈膝降低自己身体的重心,当球刚由传球队员手中传出的一瞬间突然起动,单脚或者双脚用力蹬地跃出,保持身体的伸展,两臂前伸将球截获。如果距离比较远,可以进行助跑起跳。在进行横断球时,运动员应该注意屈膝降低身体的重心,把握球出手时机要准确,用力蹬地,伸展自己的双臂来迎球。

(2)纵断球

当防守队员从接球队的左侧向前断球时,左脚向左侧前方跨出半步,之后侧身跨右脚绕到接球队员的前方,右脚或者双脚用力蹬地向前跃出,保持身体的伸展,两臂前伸把球截获。在纵断球时,防守队员的微蹬地动作应该迅速而有力,伸展自己的身体并保持平衡。

（3）封断球

在进行封断球时,当持球队员暴露了自己的传球意图或者传球动作较大或较慢时,防守者可以在对方球出手的一瞬间突然进行起动,伸臂封盖或者将球截获。封断过程中,防守者应该注意掌握好断球时机,动作应该迅速而突然。

（二）抢球、打球、断球的技术训练

1.抢球技术训练

（1）2人为一组,相距1.5米,相对站立

一人双手持球于腹前,另一人按抢球的动作要求,突然止步将球抢夺回来。持球者由正常握球开始,不断加大握球的力量,使抢球队员体会和掌握拉抢和转抢的动作方法。在每人抢若干次后,攻守交换继续进行训练。

（2）原地抢球训练

2人为一组,持球队员在原地做投切结合的脚步动作,防守队员学习并体会抢球动作的要领。训练一段时间之后,互换攻守。在抢球过程中,应该保持正确的防守位置,控制自己身体的平衡;抢球的动作应该果断,主要以小臂、手掌、手指短促动作突然抢球。

（3）抢空中球训练

3人为一组,一人持球与其他2人面对站立,相距3～4米,持球队员将球抛向空中,另外2名队员迅速起动、选位、起跳、抢球。

（4）抢地滚球训练

队员在端线两侧面对面站成两列横队。教练在端线中点向场内抛球,左右对应的2个队员快速冲向球,抢到球的队员向对面篮筐进攻,没有抢到球的队员进行防守,轮流进行训练。同时,为了提高练习者的反应能力,可以将两边的队员进行编号,在教练叫到某号时,两边同号的队员应该马上启动抢球,抢到球者进攻,没有抢到的防守。

2.打球技术训练

（1）接球时的打球训练

两人为一组,相距1.5米。持球人做出传球动作后,另一队员迅速上步打球,二人轮流进行练习。

（2）正面打运球队员的球的训练

在半场或者全场一攻一守的训练中,防守队员应该紧跟运球队员。当球刚从地面弹起时突然打球,2人轮流进行攻守训练。

（3）从背后抄打运球队员的球

2人为一组,一人进行持球突破,一人进行防守。在进攻队员持球突破的一瞬间,防守队员利用前转身上步,从运球队员身后,用靠近运球的手由后向前抄打球,之后进行上步抢球。2人轮流进行训练。

（4）抢篮板球下落时的打球训练

2人为一组站于篮下，一人把球抛向篮板，另一人跳起抢篮板球。在获得球下落转身时，投球者立刻上前打球。2人轮流进行训练。

四、抢防守篮板球技术

在抢篮板球技术中，抢防守篮板球的技术能够由守转攻，创造出快速反击的机会，从而更利于获得比赛的胜利。

（一）抢防守篮板球的技术分析

在篮下防守、进攻队员进行投篮时，要根据对方球员移动的情况与位置，运用上步、撤步以及转身等动作将进攻队员挡在身后，同时抢占有利的位置。在篮下抢位挡人时，一般采取后转身挡人的方式，降低身体的重心，两肘外展，从而抢占空间的面积，并保持有利的起跳姿势。

对于处于外围的防守队员抢篮板球，在进攻队员投篮、防守队员面向对手时，应该认真观察对方球员，通过合理的技术动作利用转身阻止对手向篮下的移动，同时抢占有利的位置，这是进攻队员需要做的几个方面。在起跳抢球时，两臂上摆的同时两脚前脚掌用力蹬地，身体与手臂尽可能向球的方向伸展，达到最高点时用单手、双手或者单手点拨球的方法来争抢。

（二）抢防守篮板球的技术训练

1.抢篮板球技术的训练方法

①练习队员分别站成两列，根据口令进行徒手原地双脚起跳，进行单、双手抢篮板球动作模仿训练。

②队员持球向篮板或者墙上抛出后进行上步起跳，用双手或者单手在空中争抢反弹回来的球。

③练习队员分别站成两列并保持面对面，一步间距，2人一组进行训练。根据教师的信号，前排训练者进行前转身、后转身挡住后排训练者，多次训练之后进行交换训练。

④练习队员分别站成两列，每人一球向头上抛球之后起跳，双手或者单手进行空中抢球训练。

⑤抢占位置的训练。2人相距1米，对面站立，进攻队员运用假动作设法摆脱防守占据有利的位置，防守队员通过采取转身将攻方挡住，同时起跳模仿抢篮板球的动作。多次训练之后进行攻守交换。

2.抢篮板球技术训练的注意事项

①在抢篮板球技术训练过程中，练习者应该注意与其他技术相结合。

②抢篮板球的技术训练应该在战术背景下进行，同时应该结合战术进行训练。

③在抢篮板技术训练过程中，练习者应该强调抢篮板球技术的实战训练，加强抢篮板球的对抗训练，抢防守篮板球注重先挡人后抢球，抢进攻篮板球强调先冲抢占据有利位置之后

再进行篮板球的争抢。

五、防守无球队员技术

(一)防无球队员的技术分析

在篮球技术中,防守无球队员的技术主要包括防接球、防切入以及防摆脱。

1.防接球

防守无球队员的首要任务就是防接球。防接球技术主要应该注意两方面的内容:一方面,应该积极采取行动去限制或者减少对方球员接触球,尤其是在有效攻击区内的接球;另一方面,在接球队员处于被动情况时,防守队员应该进行主动跟防、追堵,尽可能破坏对手的接球。

在防接球时,防守者应该使对手与球都处于自己的视线范围之内,做到"人球兼顾",并保持正确的防守姿势,屈膝降低身体的重心,方便随时向任何方向进行起动,特别应该注意起动与移动步法的衔接与平衡的控制,在动态过程中始终保持在对手与球之间偏向对手一侧的断球路线上,同时伸出同侧手臂形成"球—我—他"的钝角三角形的防守选位。

2.防切入

防切入同样是一种防守无球队员的有效方法。防切入是指对进攻队员试图切入或者已经摆脱切入的防守。在防切入过程中,切记不可只看球而不顾人。防守队员应该始终遵守"人球兼顾、防人为主"的原则,让球与人始终控制在自己的视线当中。对方一旦有动作,应该采取凶狠顶挤、抢前等防守方法,让对方不能及时起动或者降低速度。如果对方迎球方向切入,就应该主动堵前防守,背对球方向则防其后,从而达到切断对手接球路线的目的。如果对手切入后没有得到球,就会在很大程度上降低对方进攻的威胁。

3.防摆脱

防摆脱是防守无球进攻队员的一种重要方法,具体是指对无球进攻队员摆脱的限制与封堵。通常来讲,进攻队员在后场的摆脱主要是快下接球攻击,防守队员应该进行主动追防,同时注意传向自己对手的球,尽可能抢在近球侧的路线上堵截。在比赛当中,要完全控制进攻队员无球时的行动是非常困难的,因此抢占有利的防守位置就是防守无球队员的重点。

(二)防无球队员的技术训练

1.防守无球队员的训练方法

(1)强侧、弱侧的防守训练

进攻队员在外围传球,可做摆脱接球动作,但不可穿插、掩护。防守队员应该根据球的位置进行相应的选位,积极防守摆脱接球,多次训练之后进行攻守的互换。防守队员应该根据球的情况适时调整防守的位置,从而做到人球兼顾以及正确的防守姿势。

(2)抢位与防底线突破训练

在防守者进行抢位以及防底线突破训练过程中,当前锋队员在限制区两侧 30°以下位置接球时,防守者应该卡堵其底线突破,抢防底线突破的位置,让对方不能够从底线进行突破。

对方一接球,靠近底线的一只脚在前,并先堵死底线一侧。对方如果从底线进行突破,应快速滑步并结合堵截步将对方堵在底线外。训练过程中要求防守队员做到迅速到位。先卡堵死底线,之后及时结合滑步与堵截步抢位堵底线。训练过程中注意防突破,还应该认真防守对方的下一个变化技术动作。

2.防守无球队员训练的注意事项

①防守队员应该防止对手摆脱接球,同时做到人球兼顾,准确判断并掌握球的队员以及其他进攻队员在场上的变化,从而便于及时采取相应的措施。

②当进攻者积极移动接球时,防守队员应该注意抢占有利的防守位置以及对方的移动路线,防止对方的接球。

③防止对手的摆脱接球,不能够让对手在其有效攻击区与篮下 4~5 米的区域内轻松接到球,还应该主动积极地阻截对手的移动接球。

第三节　篮球运动高难技术训练

一、持球突破技术

持球突破是指持球队员将脚步动作、运球技术等相结合,迅速超越对手的一种攻击性技术。持球突破技术主要包括蹬跨、转体探肩、推按球以及加速等环节。

(一)持球突破的技术分析

1.原地持球同侧步突破

以左脚做中枢脚从防守队员左侧突破为例。两脚左右开立,两膝微屈,降低身体的重心,持球于胸腹之间。进行突破时,上体积极前倾的同时,右脚迅速向右前方跨一大步,上体同时向右转,左肩向下压。左脚内侧用力蹬地,在左脚离地前,用右手推按球于右脚外侧前方,之后左脚迅速跨步抢位,快速运球超过对手。需要注意的是,起动动作应该突然,跨步、运球应该迅速而连贯,中枢脚离地前球要离开手。

2.原地持球交叉步突破

以右脚做中枢脚从防守队员左侧突破为例。两脚左右开立,两膝微屈,降低身体的重心,持球于胸腹之间。进行突破时,左脚向左侧前方迈出一小步,将防守者引向自己左侧的同时,用左脚前掌内侧快速蹬地,向右侧前方跨出一大步,上体稍微向右转,左肩向前下压,身体的重心向右前方移动,将球推引到身体的右侧,用右手推按球于左脚右侧前方,接着右脚蹬地加速超越对手。需要注意的是,蹬跨动作要大而有力,转体探肩应该迅速。

3.转身突破

(1)前转身突破

以左脚做中枢脚为例。突破前的准备动作与后转身突破一致。突破时将身体的重心转移到左脚,右脚前脚掌内侧蹬地,左脚为轴碾地,右脚随着前转身而向球篮跨步时,上体左转并压左肩。右手向右脚侧前方推按球,离手之后左脚蹬地,向前跨出突破对手。需要注意的是,身体的重心在突破过程中应该保持平稳,转身与突破动作之间应该紧密衔接。

(2)后转身突破

以左脚做中枢脚为例。背向球篮站立,双脚平行或者前后开立,两膝弯曲,降低身体的重心,双手持球于腹前。突破时以左脚为轴后转身,右脚向右侧后方跨步,脚尖指向侧后方,上体后转并压右肩。右手向右脚前方推按球,左脚内侧迅速蹬地,向球篮方向跨出,换左手运球快速突破防守。需要注意的是,身体重心在突破过程中应该保持平稳,转身与突破动作的衔接要紧密。

4.行进间突破

在快速移动中看到同伴传来的球时,应该迅速向来球方向伸臂迎球,同时用一只脚(侧向移动时用异侧脚)蹬地,双脚稍微离地腾起,向侧方或者前方跃出接球,形成与防守队员的位置差,两脚先后或者同时落地。落地之后,屈膝以降低身体的重心,保持身体平衡的同时注意护好球。摆脱移动、伸臂迎球和跨跳的衔接应该做到协调连贯;接球急停要稳健;突破起动应该迅速而突然,同时保护好球,根据防守位置运用交叉步或者同侧步突破防守。

(二)持球突破的技术训练

1.持球突破技术的训练方法

①每人一球,进行原地持球交叉步与同侧步突破训练,通过该训练有助于练习者体会突破动作的技术要领以及身体各部位的协调配合。

②接球急停突破练习。两人为一组,无球队员向有球同伴示意接球方向,之后移动接球急停做交叉步或者同侧步突破,轮流进行。

2.持球突破技术训练的注意事项

①训练过程中应该积极培养运动员的良好突破意识,提高其场上的观察判断能力,掌握合理的突破时机,从而不断提高持球突破的能力。

②训练过程中应该注意技术动作的正确规范,让运动员学会两脚都能做中枢脚,以及明确规则对技术动作的要求。

③训练过程中应该培养顽强的场上作风,敢于在贴身紧逼中运用突破技术。同时,还应该有针对性地培养灵活的突破技巧,使练习者逐渐学会利用位置差、时间差、节奏变化以及假动作等方式,更好地发挥突破的作用与威力。

二、投篮技术

投篮技术是指在篮球比赛中进攻队员将球从篮圈上方投入对方球篮所采取的各种专门动作方法的总称。投篮技术是篮球运动发展的核心内容。

(一)投篮的技术分析

1.原地双手胸前投篮

两脚左右或者前后站立,两腿稍微弯曲,前脚掌着地,上体稍微向前倾,眼睛注视瞄准点,双手五指保持自然张开,捏球两侧稍后部位,两拇指相对成"八"字形,用手指与手掌接触球,手心空出,持于胸前,屈肘靠近身体。进行投篮时,两脚蹬地身体伸展,同时两臂向前上方伸出,两拇指向前上方用力推送,手腕稍微外翻,使球从拇指、食指、中指的指尖投出,向后旋转飞行。

2.原地单手肩上投篮

以右手投篮为例。双脚开立,两膝稍微弯曲,将身体的重心落在两脚之间,上体稍微向前倾,右手翻腕托球于右肩前上方,手指自然张开成球状,手心不要贴球,球的重心要落在中指与食指之间,左手帮助扶在球的侧下部,右肘自然下垂,腕关节放松;下肢蹬地的同时,右臂向前上方伸展,手腕向前扣动,手指拨球,将球柔和送出。手腕在出手后应该保持放松,手指自然向下。

3.行进间投篮

(1)行进间单脚起跳单手低手投篮

以右手投篮为例。右脚跨出一大步,双手同时接球,用身体保护球,接着左脚迈出一小步制动的同时用力起跳,然后充分伸展自己的身体,右臂伸直向篮圈方向举球(手心向上),当举球手接近篮圈时,用向上挑腕和以中间三指为主的拨球动作使球通过指端投入篮筐。出手之后,双脚同时落地,两腿弯曲,从而起到缓冲的作用。

(2)行进间单脚起跳单手高手投篮

以右手为例。右脚跨出一大步的同时接球,接着左脚跨一小步并用力蹬地起跳,右脚屈膝上抬,同时举球至头上方,当身体接近最高点时右臂向前上方伸展,手腕前屈,食指、中指用力拨球,通过指端将球投出。

(3)行进间勾手投篮

以右手投篮为例。接球或者停止运球之后,左脚向便于投篮的方位跨出一步并起跳,左肩靠近防守的队员,右腿顺势自然上提,眼睛注视篮圈,左手离球,右手持球向右肩侧上方伸出,举球到头的侧上方时挥前臂,以屈腕、压指动作通过食指、中指把球投进。

4.原地起跳肩上投篮

以右手投篮为例。双手持球于胸腹之间,两脚左右(或前后)开立,两膝稍微弯曲,将身体的重心落于两脚之间,上体保持放松,眼睛注视篮圈。起跳时,两膝适当弯曲(两脚前后开立时也可上一步再做此动作),接着前脚掌蹬地发力,迅速向上摆臂举球并起跳,双手举球于肩上或者头上,左手扶球的左侧。当身体上升到最高点或者接近最高点时,左手离球,右臂向前上方伸展,同时突然发力屈腕,以食指、中指拨球,通过指端将球投出。

5.运球、接球急停跳投

在运球急停或者接球急停投篮时,可采用跳步或者跨步急停的动作方法,双手在停步的同时随起跳持球上举,当身体接近最高点时辅助手离球,投篮臂向前上方伸直,手腕前屈,食指、中指用力拨球将球投出。

(二)投篮的技术训练

1.投篮技术的训练方法

①原地进行徒手模仿投篮技术动作训练,体会动作方法。

②原地徒手进行多种角度的投篮练习,体会瞄准方法。

③原地进行跳投模仿训练。

④原地徒手进行正面的定点投篮训练,投篮的手法要正确。

⑤两人为一组,相距 4～5 米进行对投训练。

2.投篮技术训练的注意事项

①进行投篮训练时,练习者应该掌握正确的投篮技术动作,并在此基础上将投篮与摆脱防守、传球、接球、运球、突破、抢篮板球脚步动作以及假动作等技术进行有机结合,从而培养篮球场上的应变能力。

②在战术背景下进行投篮训练,应该积极培养良好的配合意识,从而提高投篮技术的能力。

③练习者应该重视投篮时的心理训练,从而提升其投篮的命中率。通过比赛以及一些特殊的训练手段,提高自身的抗干扰能力,从而能够在一定的心理压力下达到较高的投篮命中率。

三、抢进攻篮板球技术

抢篮板球技术是指在空中拼抢投篮不中的球的技术动作。抢篮板球技术具体包括抢进攻篮板球与抢防守篮板球两种。

(一)抢进攻篮板球的技术分析

处于篮下或者内线队员抢进攻篮板球,当同伴或者自己投篮时,靠近篮下的队员应该迅速对球反弹的方向进行判断,同时通过假动作绕胯挤到对方的身前,利用跨步或者助跑起跳跳到最高点进行补篮或者直接摘得篮板球。

处于外线位置队员抢篮板球,在同伴进行投篮时,如果进攻队员面向球篮,首先应该观察判断球的反弹方向、速度以及落点,然后突然起动冲向球反弹方向进行补篮或者抢获篮板球。以从防守人身后左侧冲抢为例,当进攻队员面向球篮时,右脚向右侧跨步,向右侧做假动作,之后以左脚为支撑脚,右脚向左跨出一小步,将身体的重心转移到左脚,右脚立即向前跨步绕前,挤靠防守人,跳起抢篮板球或者补篮。

(二)抢进攻篮板球的技术训练

1.抢进攻篮板球技术的训练方法

①原地连续双脚起跳或者前、后转身跨步连续起跳,同时用单手或者双手触篮板或篮圈 10～20 次。练习过程中应该注意动作的连贯性。

②两人为一组,一人向篮板或者篮圈抛球,另一人以面向持球人的基本姿势站立,准备抢球,之后转身跨步(上步)起跳用单手或者双手抢球。

③两人为一组,站位于篮下两侧,轮流跳起在空中用双手将球托过篮圈,碰板传给同伴。需要注意的是,必须在跳到最高点时托球,两人都做完一次为一组,连续托球 15～30 组。

2.抢进攻篮板球技术训练的注意事项

①该训练应该在战术背景下进行,并将抢篮板球技术与战术结合起来进行训练。

②抢篮板球技术与其他技术结合起来进行训练,抢防守篮板球与一传、运球突破技术相结合,抢进攻篮板球与补篮或二次进攻相结合进行训练。

③应该注重抢篮板球技术的实战训练,加强抢篮板球的对抗训练,抢防守篮板球应该先挡人后抢球,抢进攻篮板球应该先冲抢占据有利位置之后再抢球。

四、防守有球队员技术

(一)防有球队员的技术分析

1.防运球

防守对方运动的目的主要是降低对方的运球速度,迫使对方改变其运球的方向,不让进攻队员向篮下运球,防止他在运球过程中进行突破。

一般情况下,为了不让对手运球超越自己,防守者应该与对手保持一臂左右的距离,双臂侧下张,两腿弯曲,在移动过程中始终保持正确的防守姿势,通过认真判断随时准备抢、打球。要想让自身的防守更加具备攻击性,也可采用贴近对手的平步防守,从而扩大防守的范围,增加对手完成动作的难度。在防守过程中,不应该用交叉步进行移动,应该用撤步与滑步,同时还应该抢在运球者的前面半步到一步距离进行阻挡,迫使对方向边线、场角或者双方队员比较拥挤的地方运球。当进攻者通过变速变向、急起急停等方法来摆脱防守时,防守者应该在其变换动作时及时抢前向后移动,占据有利的位置并控制好身体的平衡,快速变换自己的步法进行阻截。

2.防传球

当持球队员离球篮较远时,其主要意图是向中锋传球或者转移球。防守过程中,防守者应该根据对方的位置与视线判断其传球的意图,控制对方进攻性的传球。在进攻队员接球之后,防守队员应该选择正确的位置,保持适当的距离以及调整好身体的重心,眼不离球并保持精神的集中,根据对手的位置、动作以及视线判断其传球的真实意图,挥动手臂进行干扰或者封堵。防守者应该特别防范对手向内线渗透性的传球,尽量迫使对方向外进行转移性传球。如果进攻队员运球成“死球”时,应该马上上前逼近,封住对方的传球出手路线。在对手传球出手之后,应该做到人球兼顾,防止对方的摆脱切入。

3.防突破

防突破的主要目的是防守进攻队员的持球突破,它主要包括防背对球篮突破的持球队员与防面向球篮的持球队员两种类型。

(1)防守背对球篮突破的持球队员

这种防守方法主要用于近篮区背向或者侧向球篮接球的情况,防守者应该保持“你—我—篮”的有利位置,不要靠对手太紧,应该保持适当的距离。对方接球之后是两脚前后站立时,如果后脚能够做中枢脚转身突破,就应该对其转身一侧多加防范,与对方同侧的脚向后撤半步,手臂侧伸,另一手臂封锁住对手一侧;当对方转身变向突破时,防守队员应该随之向后撤,前逼、侧跨步阻截;对手在接球时如果两脚平行站立,就应该根据对手接球位置离篮的远近进行防守,距离比较近时以防投篮为主,而距离较远时应该以防突破为主。

(2)防守面向球篮的持球队员

位置的选择对于防守面向球篮的持球队员来说非常重要。防守者应该根据进攻队员接球的位置、与球篮的距离与角度、来球的方向以及同伴防守位置的情况,堵强放弱,放一边、保一边,让对方改变方向,变换突破的步法,降低起动的速度,从而有利于自己及时抢角度,通过撤步或者滑步让对方无法超越。

4.防投篮

防投篮的根本目的在于防止对方投篮得分,因此防守者应该做到球到人到。一般防守者可以采取斜步防守贴近对手(一臂距离,能伸手打到球),同时举臂挥动,干扰进攻队员投篮的意图,迫使对方改变动作,同时用另一臂伸向侧方,防止对手的运突或者传球。准确判断对手是否要投篮,识别其真假动作,及时起跳伸直手臂进行干扰,封堵其出手角度,改变投篮的飞行弧线,降低其投篮命中率。对手投篮球出手瞬间手臂及时干扰和封盖,防守者的反应应该迅速,这是防守队员防投篮的关键所在。

(二)防有球队员的技术训练

1.防守有球队员的训练方法

(1)防投篮训练

①将队员分为两排,教练带领队员进行防投篮的模仿动作训练。

②2人为一组。一攻一守,持球队员练习投突动作,防守队员练习干扰球与撤滑步动作。

③半场一防一训练。在前锋位置上摆脱防守得球后一打一,防守队员训练在接近比赛情况下的一对一防守能力。

(2)"二防三"防传球训练

五人为一组,进攻队员呈三角形站位相互传球,二人在中间进行防守,一个对持球队员进行防守。另一人一防二。一防二的人应该根据防持球人的防守站位与封球角度来选择一防二的防守策略。需要注意的是,防守队员应该正确选位,同时进行积极的场上移动。

2.防守有球队员训练的注意事项

①防守者应该认真观察、判断持球者的真正意图,同时及时实施对应措施,让自己始终处于主动防守的局面。

②防守队员应该注意防守对方的直接突破。

③在对方传球之后,防守队员应该注意防对方的空切。当对方投篮后,应该挡对方抢篮板球,同时积极防守篮板球。

第四节　篮球运动员特长技术训练

一些出色的篮球球星都有自己标志性的特长技术。这些特长技术往往是球星们接管比赛的关键,并且也是球星自身所独有的篮球风格。

即便是球星特有的特长技术,在日常的训练中也需要充分练习,甚至每名球员都要有练习自己特长技术的内容和时间。运动学理论认为,人形成运动技能就是一种形成复杂的、连锁的、本体感受性的运动条件反射。这个理论说明了篮球运动员的特长技术不是天生自带的,也是需要周而复始、循序渐进的训练获得的。因此,教练员就要重视对球员特长技术的发掘和引导,然后选择恰当的训练方法,最终使运动员特长技术在比赛中达到"融会贯通""运用自如"的程度。只有这样,才能让球员的特长技术在紧张激烈的竞赛中适时运用出来,进而为获得优异运动成绩奠定基础。为此,本节就重点对篮球特长技术训练的理论方法进行研究。

一、强化特长技术训练的意识观念

现代篮球的发展已经进入了很高水平的阶段,这一阶段的篮球竞赛发展一方面非常看重场上五名球员的配合,同时也对核心球员的能力有较高的要求,因为他们往往是决定比赛走向的球员。为了能够承担起带动全队的职责,核心球员除了要有扎实的基本功外,还要练就自身的特长技术,他们是球队的灵魂,比赛中也经常要把他们的特长技术发挥得淋漓尽致,使对手感到绝望。因此,为了练就出色的特长技术,首先就要形成强烈的练习意识,即球员要普遍要求自己练就一项或几项特长技术,实际上这不仅是对球星的要求,甚至每一名球员都要如此要求自己。

目前,篮球运动员培养自身的特长技术的依据是由篮球运动发展规律与发展趋势决定的。教练员在日常的训练当中就需要向球员灌输培养自身特长技术的意识,然后要在这种意识的支配下开展有组织、有计划、有系统的特长技术训练,以便经过长期系统训练,练成能在日后紧张激烈的比赛中制胜的绝活。

二、充分认识运动员的技术状况

篮球运动中每队每一名队员都有他们特定的场上职责,当然这个所谓的职责并不是绝对固定的,如在必要时刻,后卫也要背身单打,而中锋也有可能运球过半场,等等。一般情况下,大前锋主要充当"蓝领"角色,经常要干如抢篮板和战术牵制等"脏活累活";小前锋则活动积极,更多在进攻战术中充当终结进攻的角色。对于小前锋而言,抢篮板、投篮、防守和传球等技术都是他的基本技术,其中以投篮技术最为重要。中锋是一支球队的中流砥柱,可谓是每支球队的"重型武器",中锋除了在战术上起到牵制作用外,还要在篮下背身单打,争抢前后场的篮板球等工作。因此,这两项技术就成为衡量中锋水平的基本技术。而高水平中锋不仅可以做好上述两项工作,还可以给队友进行战术策应,甚至还可以拉到外线投篮得分,成为一种全能型的中锋。

为此,在训练运动员的特长技术前,教练员首先要对运动员的技术能力有较为全面的了解。技术状况反映了运动员的体能和心理能力,是教练员预测运动员特长技术发展潜能,确定发展运动员何种特长技术的基本依据之一。

三、确立运动员特长技术的训练任务和重点

特长技术的练成不是一朝一夕之事,它需要有一个长期的过程和坚定的目标。此外,还需要在训练计划中对特长技术的训练做出合理规划,明确各训练阶段中特长技术练习的任

务与程度。

在基础训练阶段中,对于运动员特长技术训练的主要任务是观察运动员常规技术的学习情况,并且尝试发现这些技术中有哪些技术被运动员掌握得格外好,为日后对特长技术的发掘奠定基础。此外在这个阶段中,除了要观察运动员的技术能力,还要观察他们的心理素质,因为心理素质的好坏很大程度上能够决定某些特长技术的发挥效果。总的来讲,基础训练阶段中的特长技术训练任务主要为尝试性地找出适合运动员发展的体能和心理特点的特长技术。例如,在培养快速突破技术时需要观察球员在对场上每名球员移动预判的能力以及阅读比赛的能力如何;培养三分投手特长技术时需要观察球员的心理素质是否良好;等等。一旦认为运动员具有对某些特长技术的技术和心理能力之后,就可以在该特长技术予以重点培养。

在专项提高训练阶段,对于运动员特长技术训练的主要任务是巩固和提高在基础训练阶段中确立的、初步形成的特长技术。此阶段的训练重点为对特长技术进行强化,并注重特长技术在实战中的运用时机与效果。例如,教练员要求运动员在比赛或教学赛中必须在某一种特定条件下使用特长技术。由此能够让运动员通过多次的、不论是成功还是失败的尝试,来提高运动员使用特长技术的能力。

四、采用恰当方法训练特长技术

在特长技术训练中,正确地选择与运用训练方法和手段,可以起到事半功倍的效果。因此,教练员要努力地钻研训练方法与手段。

比如,形成和发展中锋勾手投篮特长技术,在学习阶段主要采用分解训练法,把勾手投篮技术分解为三个技术环节:接球、转身、投篮。分别练习单个动作,再串联起来形成完整动作。可以采用原地、行进、传接球和移动的各种训练手段进行勾手投篮训练。在技术达到一定熟练的程度下,进一步采取变换训练法,变换训练的条件,增加或降低训练的难度,从而达到提高训练效果的目的。

再比如,训练和发展中锋低位要球和抢篮板的卡位特长技术,在基础阶段主要采用重复训练法,将卡位的基础技术完整地进行重复训练,目的是使中锋运动员卡位技术动作正确定型。当技术动作掌握到一定程度时,运用间歇训练法,给予运动员适宜的训练负荷(卡位的对抗阻力),并将对抗强度小的训练过程作为间歇,以此来提高运动员无论是进攻或是抢篮板的卡位能力。在技术动作达到自动化阶段,采用持续训练法,并加大训练的对抗强度,使运动员能够适应高强度的竞技比赛。

五、实战中检验特长技术训练的效果

运动学的理论揭示了运动员运动技术掌握的过程,这对于特长技术的形成同样适用,其也要经历粗略掌握动作—改进与提高动作—动作的巩固—动作自动化等几个阶段。

在快节奏、高对抗的现代篮球比赛中,特长技术不单单是一个技术动作,还是技战术的一种混合体,它受特长技术运用的意识、运用的机会、运用的条件制约。如此就使得在一般的训练中无法良好检验特长技术的使用程度,唯有在实战中才可以。特长技术训练达到一定程度时,教练员要创设实战的环境和条件,比如采用比赛训练法,使运动员在近似、模拟或真实、严格的比赛条件下训练,检验运动员在实战环境中运用特长技术所达到的程度。

通过实战来检验特长技术训练效果的目的在于检查评定运动员特长技术存在的问题,以便随后进行有针对性的完善。因此,一方面,要在年度训练和多年训练过程中,要有计划、系统地安排具有检查评定性质的实战训练;另一方面,要确立检查评定特长技术的指标和标准,以便对运动员的特长技术训练效果进行系统、全面和科学的评定。

第六章 篮球运动体能素质训练

充沛的体能是篮球运动员发挥技战术的重要保证,是影响篮球运动员运动水平和篮球运动发展进程的重要因素。因此,在深入阐析体能理论知识和篮球运动体能要求的基础上,对篮球运动基础体能素质训练和篮球运动专项体能素质训练进行研究,以期能为篮球运动体能素质训练提供指导和帮助。

第一节 体能概述及篮球运动体能要求

一、体能概述

在英文文献中,体能常被用于表达身体对某种事物的适应能力。

与此同时,从 20 世纪 80 年代中期开始,我国多项竞技运动项目的训练中相继重申"体能"训练的重要性,在此之后"体能"一词以很高的频率相继出现在运动训练及运动训练学、运动生理学和各种体质研究的文献资料里。但从整体上来说,我国不同研究领域、不同著作以及不同学者关于体能含义的界定并未达到一致性要求,此外国际上也提出了关于体能的具体看法。

(一)不同研究领域对体能的认识

第一,训练学中认为,体能是构成运动员竞技能力的一个组成部分,体能训练和技战术训练、心理训练与智力训练一起构成运动训练的整体,体能训练具备提高运动员竞技能力、提高运动员健康水平、改善运动员身体形态、发展运动员一般运动素质和专项运动速度、防治疾病的作用。由此能够得出,体能的含义包括身体能力、人体机能、身体素质和身体适应能力等。

第二,在运动生理学研究中,体能较多是指身体能力、生理机能和运动能力,有氧和无氧能力都属于体能的范围。

第三,在体质研究中,体能着重指身体素质与身体适应能力。

(二)不同著作中针对体能提出的观点

第一,中国出版的《体育词典》中指出,体能是人体各器官系统机能在体育活动中表现出来的能力。

第二,中国出版的《教练员训练指南》指出,体能是指运动员机体在参与运动的过程中反映出的能力,具体是指力量、速度、耐力、柔韧和灵敏。

第三,中国出版的《运动训练学》指出,体能是指运动员机体的基本运动能力,是运动员竞技能力的重要构成部分。

第四,中国出版的《运动训练学》指出,体能(身体竞技能力)是运动员竞技能力总体结构中的最重要结构之一,它是指运动员为提高运动技战术水平和创造优异运动成绩所必需的各种身体运动能力的综合,包括运动员的身体形态、身体机能、身体健康和运动素质。

(三)不同体能概念和内容的认识

第一,体能可分为竞技体能和健康体能。具体来说,竞技体能是指运动体能,特指运动员为追求在竞技比赛中创造优异运动成绩所需的体能;健康体能是为促进健康、预防疾病和增进日常生活工作效率所需的体能,具体包括心肺耐力适能、肌力适能、肌耐力适能、柔韧性适能、适当的体脂肪百分比。

第二,体能分为大体能和小体能。大体能泛指身体能力,它包括身体运动能力、身体适应能力、身体机能状态和各种身体素质;小体能是指运动训练中的体能训练和体能性项目训练。

第三,体能即体力与专项运动能力的统称。体力包括身体素质与潜力,身体素质特指专项身体素质;专项运动能力是指在对抗或与比赛相似的情境下掌握各种技术的能力。

第四,体能是人体通过先天遗传和后天训练所获得的形态结构、功能与调节方面及其在物质能量储存与转移方面所具有的潜在能力,以及与外界环境结合所表现出来的综合能力。

第五,体能包括人的有形体能和无形体能,前者是指身体能力,后者是指心智能力。身体结构、身体机能和智力意志是组成体能的三个部分。立足于社会生活角度来分析,体能是个体主动适应生活的身体能力、工作能力和抵抗疾病的生存适应能力。

第六,体能是指身体健康方面的状态。人体对环境的良好适应包括对基本生存的适应、对日常生活和基本活动的适应、对生产劳动的适应、对竞技运动的适应。对基本生存的适应、对日常生活和基本活动的适应、对生产劳动的适应是体能的最基本状态,对运动训练和运动竞赛的适应是体能的高级适应。

(四)国际上对体能的界定和认识

体能是指有机体在先天遗传的基础上,通过后天训练而获得的在形态结构、功能和调节方面及其在物质能量的贮存与转移方面所具有的潜在能力以及与外界环境相结合所表现出来的综合运动能力。体能大小是由机体形态结构、系统器官的机能水平、能量物质的贮备与基础代谢水平及外界环境等条件决定的,体能的外在表现形式主要是运动素质,在运动时表现为力量、速度、耐力、柔韧和灵敏等各种运动能力。

二、篮球运动体能要求

全面掌握篮球运动的项目特征是大幅度提高篮球运动员体能水平的重要保障。在过去很长一段时间内都将篮球运动界定为单纯的技能类运动项目,这种定位既不符合篮球运动的实际情况,也不利于篮球运动的训练与发展。篮球运动体能的内容要依据篮球运动的项目特点来选择和设计,要为提高篮球运动员竞技能力的主导因素服务。

(一)提高篮球运动体能的意义

提高篮球运动体能旨在发展篮球运动员的机能潜力和与机能潜力有关的体能要素,突出对运动员各器官和机能系统的超负荷适应训练,以达到挖掘篮球运动员机能潜力、提高其整体运动能力、使其形成顽强意志的目的。

(二)篮球运动体能的组成部分

篮球运动体能主要由专项速度、整体力量、运动耐力及心理机能构成,具体如下。

1.专项速度

专项速度是篮球运动体能水平最直接的反映,速度是篮球运动的灵魂,是创造战机、实行攻击的前提与条件。篮球运动的速度具有应变性(变向、变速)、节奏性和突然性的专项特点,起动速度及加速跑的速度是篮球运动专项速度的核心。篮球运动员的专项速度主要包括反应速度、起动速度、动作速度、进攻速度、防守速度、防守反击速度和攻防转换速度。篮球运动员的体能必须符合比赛强对抗、高速度(进攻与防守)的要求,才能保证技战术的发挥。因此,对于身体直接对抗的篮球运动的体能训练,必须以专项速度为目标安排和设计训练。高水平的专项速度既是体能训练效果的综合反映,又是体能训练效果的检查与评定指标。

2.整体力量

对于篮球运动员来说,力量素质是其体能建设的重要保障,是其掌握和增强专项对抗能力、专项速度、专项技术的基础。运动员的力量素质对其在比赛过程中进攻与防守中的反应、跑动、加速与拼抢、防守与攻击的有效性都有决定性影响,所以说运动员的运动技能水平和力量素质存在很大联系。此外,力量素质与篮球运动员完成动作时的爆发力和耐力(速度力量耐力)以及实施攻击的威力性和可靠性紧密相关。

3.运动耐力

运动耐力是指大强度、长时间从事专项活动的能力。决定篮球运动员运动耐力水平的因素是:第一,功能系统的机能能力;第二,在比赛中有效地利用机能潜力的能力;第三,疲劳情况下的心理素质和意志品质。

4.心理机能和意志品质

心理机能和意志品质是指运动员面临难以忍受的疲劳感时,保持稳定心理状态、促使神经系统充分发挥作用、挖掘和动员机能潜力、完成比赛和训练任务的能力。

对篮球运动员心理机能和意志品质提高幅度产生影响的因素是:运动员运动功能系统机能能力的提高;运动员完成比赛任务的愿望、意志和自我调节控制能力。具体来说,篮球运动员机能能力的提高是基础,愿望是动力,意志是条件,自我调节是方法。在篮球比赛日益激烈的当下,很多情况下篮球运动员都需要在落后和逆境中艰苦对抗,此时运动员良好的心理机能和意志品质往往是取胜的关键因素。

(三)篮球运动体能训练的要求

篮球运动的体能训练是为技战术的运用与发挥服务的。体能训练是手段,提高攻防技战术运用能力和效果是目的。因此,篮球运动的体能训练要具有鲜明的专项特点,体能训练只有与专项技战术有机结合,才能真正达到体能训练的目的,加快训练进程。与此同时,篮球运动员应在体能训练中完善和检验技战术,在技战术训练中发展和巩固体能。体能可以弥补运动技能的欠缺,促进运动技术在篮球比赛中充分发挥,良好的体能水平是运动员在现代高速度、高难度、强对抗的篮球比赛中发挥和运用技战术的前提条件。为此,要根据篮球运动的项目特点、运动员的水平和不同训练阶段的任务,合理安排二者的训练比重,将体能训练与技战术训练有效地结合在一起。

第二节　篮球运动基础体能素质训练

一、篮球运动的力量训练

(一)力量的种类

以运动状态下肌肉战胜阻力的表现形式为划分依据,可以将篮球运动员的力量划分成最大力量、速度力量和力量耐力。最大力量是指肌肉克服最大阻力的能力;速度力量是指运动过程中肌肉在尽可能短的时间内发挥强大力量快速克服阻力的能力;力量耐力是指肌肉长时间克服一定阻力而保持准确有效工作的能力。对于篮球运动来说,发展速度力量和爆发力是力量训练的核心,篮球教练员设计和实施最大力量和力量耐力训练时应当紧紧围绕这项目标。

(二)力量的特点

对于篮球运动员来说,全面发展力量素质是保证完成各项技术动作的基础,它要求运动员的上肢、下肢、腹部和背部肌群均衡发展。在48分钟的比赛中,不管是对运动员的奔跑能力、跳跃能力还是对抗能力都有很高的要求,也就是说,对肌肉速度、肌肉力量和肌肉耐力都有很高的要求。

人体要发挥最大力量和最大爆发力,是各运动环节、各工作肌群间的协调配合与共济用力的综合结果。要让运动员跑得快、跳得高、提高对抗强度只是训练腿部肌肉或主动肌是不够的,应对影响躯干力量的腰腹肌和背肌、对抗肌和协同肌进行加强训练,因为这些肌群对篮球运动员的体能与比赛能力都非常重要。

(三)力量训练的要求

篮球运动员要在符合篮球运动特点的前提下进行力量训练。篮球运动员在选择力量训练的练习手段时,要注意肌肉收缩方式和篮球运动相一致。篮球教练员在开展力量训练活动时,应选择与篮球运动技术结构相一致的动作方法,促使篮球运动员的最大力量和快速力量转化为篮球基础力量训练的能力,即跑跳能力和对抗能力。

(四)力量训练的方法

1.一般力量素质训练方法

(1)头手倒立

头手倒立的主要目的是发展颈部肌肉力量。要求运动员在墙壁前,缓慢屈臂成头手倒立,两手主要起维持平衡的作用,两脚轻轻靠放在墙壁上,以头支撑体重,坚持尽可能长的时间。

（2）背桥练习

背桥练习时，以脚和头着地支撑于地面，采用仰卧或俯卧姿势，腰腹部向上挺起，两手置于胸腹部，使身体反弓成"桥"或腹部向下，以额头（或头顶）和脚趾支撑于地面，臀部上提成"桥"。

（3）双人对抗

两人一组，同伴站在运动员身后，将合适的带子或毛巾围在运动员的前额，同伴一手拉住毛巾两端，一手扶在运动员的肩胛部，肘关节伸展。运动员两脚站稳，上体固定，向前向下低头，对抗同伴向后拉毛巾的力量。牵拉头部的带子或毛巾可以围在运动员头的前、后、左、右不同部位，进而使运动员从不同方向完成对抗练习，最终达到全方位训练运动员颈部肌肉的目的。

（4）仰卧撑

俯卧撑训练主要用于发展肱三头肌、三角肌、背阔肌等的力量素质。训练方法为仰卧，两臂伸直，撑在约 50 厘米高的台上，屈臂，背部贴近高台，然后快速推起两臂伸直，连续做 10～15 次。

（5）俯卧撑

俯卧撑主要是发展肱三头肌、胸大肌、三角肌和前锯肌等肌群的力量素质。训练方法为两手间距稍宽于肩，直臂双手俯卧撑地，两腿伸直，两脚并拢，脚趾撑地。两臂力量提高后，可使两脚位于高台上或在背部负重进行练习。

（6）纵跳

纵跳主要用于发展伸膝和屈足肌群力量及弹跳力。具体训练方法为身穿沙背心，带沙护腿，成半蹲姿势。两脚蹬地起跳，两臂上摆，腿充分蹬伸，头向上顶，缓冲落地手继续做。连续练习 10～15 次。也可悬挂或标出高度目标，以两手触摸标志线或物体进行练习。

（7）蛙跳

蛙跳练习的显著作用是能使篮球运动员的下肢爆发力和协调用力得到发展。具体的训练方法是：运动员身穿沙背心，带沙护腿（也可不负重），全蹲，两脚蹬地，腿蹬直向前上方跳起，腾空后挺胸收腹，快速屈腿前摆，以双脚掌落地后不停顿地连续做 6～10 次。

2.最大力量训练方法

通过增大肌肉横断面增加肌肉收缩力量和改善肌肉的协调能力；提高神经系统对肌肉工作的指挥能力，让更多运动单位参加工作，是发展篮球运动员最大力量的两个主要训练途径。在运动训练时，应先进行增加肌肉横断面的力量训练，然后进行肌肉内协调能力的训练。

（1）增加肌肉横断面的最大力量训练

此训练方法必须科学确定负荷强度、练习的次数与组数、练习的持续时间及组间休息的时间。训练中一般采用运动员本身60%～85%的最大极限负重强度，完成一次动作在 4 秒钟左右，做 5～8 组，每组 4～8 次；组间休息时间一般控制在上一组肌肉练习所产生的疲劳感基本消除后。

（2）提高肌肉协调能力的最大力量训练

这种训练方法一般采用运动员本身 85％以上的最大极限负重强度，完成一次动作在 2 秒钟左右，做 5～8 组，每组 1～3 次；组间休息时间控制在 3 分钟左右或更长。

（3）静力性训练和等动训练

通常情况下，静力性训练的强度多为大强度和极限强度，每次动作的持续时间是 5～6 秒钟，练习时间的总和应当控制在 15 分钟之内。等动性训练的运动速度保持不变，肌肉都能在训练过程中发挥出较大力量，训练强度要大，每组练习 4～8 次，做 5～8 组，组间休息时间要充分。

3.速度力量训练方法

（1）负重训练方法

教练员开展负荷训练活动时要保证负荷强度达到适宜性要求。为兼顾力量和速度的双重发展，多采用运动员本身 40％～80％的最大力量强度；每组练习 5～10 次，做 3～6 组，具体组数以不降低速度为宜；较充分的休息时间，一般为 2～3 分钟。

（2）不负重练习方法

不负重训练主要选择发展下肢速度力量的跳深和跳台阶练习，以及发展上肢和躯干速度力量的快速练习。

4.力量耐力训练方法

要想使运动员的力量耐力得到有效发展，不但依赖于运动员肌肉力量的发展，而且依赖于运动员血液循环和呼吸系统机能的提高，有氧代谢能力的增强也是不可或缺的。

发展克服较大阻力的力量耐力，可采用运动员本身最大力量 75％～80％的负荷；而发展克服较小阻力的力量耐力，则最小负荷不能小于运动员本身最大负荷强度的 35％。通常以每组达到极限重复次数来确定练习的组数。如果采用动力性练习，则以完成预定次数、组数为其练习持续时间；如果采用静力性练习，单个动作的练习持续时间则为 10～30 秒。组间休息时间控制在未完全消除疲劳的情况下就可以进行下一组练习。

二、篮球运动的速度训练

（一）速度的种类

将动作过程作为划分依据，可以将篮球运动过程中的速度划分成反应速度、动作速度和移动速度。反应速度就是从外部接受各种刺激到开始动作的时间；动作速度是完成篮球技术动作的速度；移动速度则是篮球运动员在单位时间内的最大位移。

从整体来说，反应速度、动作速度和移动速度之间的联系尤为密切，三者会对运动员技战术的速度和实施产生直接性影响。

（二）速度的特点

篮球的跑与田径的跑有很多不同之处。对于篮球运动员来说，跑动时既要看准同伴，又要观察对手；既有普通的跑步，又有不同形式的滑步；既有向前跑，又有背身跑；既有正向跑，又有侧向跑；等等，各种形式的跑法都对篮球运动的速度训练提出了更高的要求。

篮球运动速度的特点是:第一,连续往返的快速冲刺;第二,身体重心低,反复变速变向;第三,起动速度快,需要较强的加速度能力,长时间变速能力强。因此,篮球运动员在运动状态下不但要具备 ATP-CP 供能能力,而且要具备很强的糖酵解供能能力。

(三)速度训练的要求

篮球运动员速度的起动速度、加速跑速度和速度耐力的训练,是篮球运动速度训练的重要内容。因为篮球场只有 28 米长、15 米宽,换句话说篮球场范围是有限的,所以要清楚地认识到在有限的范围内影响这类速度的主要因素是躯干的固定平衡力量与髋、膝、踝关节的爆发力与上肢的摆动力量。为此,参与速度训练的篮球运动员需要达到以下几项要求。

第一,维持和增强自身对时空的反应判断能力,使自身的反应起动速度得到大幅度提高。

第二,运动员的快速跑动应与技术动作协调。

第三,运动员应着重发展动作的频率。

第四,速度训练应安排在训练前期进行。

(四)速度训练的方法

篮球运动员的速度训练要与其他手段相结合进行,如与发展最大力量、速度力量和完善动作技术(起动、滑步和急停等)结合起来。速度训练要着重增强运动员在比赛场上的起动和快跑能力、无氧供能能力。

1.一般速度素质训练方法

(1)压臂固定

坐在长凳上,保持躯干正直,将一侧手臂侧平举放于球上,将球压住。同伴采用 60%～75% 的力量将球向侧面的各个方面拍,运动员要尽量将球控制住,防止球运动。其目的是发展运动员的肩部和臀部肌群的动作反应速度。

(2)起跑接后蹬跑

采用蹲踞式起跑的方式作为准备姿势,当听到开始的口令后,要迅速起跑接着做后蹬跑 20 米,练习 2～3 组,每组练习 2～3 次。参与这项练习的运动员需要达到起跑迅速、后蹬跑技术正确的双重要求。

(3)捆沙腿高抬腿跑

将沙袋分别绑在两腿上,做慢跑练习,当听到口令后,原地做快速高台腿跑练习,持续 20 秒,也可计数进行。在做这种练习时,高抬腿动作要符合技术要求,大腿要抬到一定的高度。

(4)直膝跳深

首先要准备 20～30 厘米的低跳箱 8～10 个,并依次横向排列。在练习的过程中,运动员直膝从跳箱上跳下,再迅速跳上下一个纸箱,在跳上纸箱的过程中要保持直膝。其目的是提高踝关节的紧张程度,以及踝关节的动作速度,同时提高踝关节的反应力量。运动员练习直膝跳深时,要最大限度地减少接触地面的时间,通过发挥踝关节的作用来以最快的速度完成动作。

2.反应起动速度训练

篮球运动中的反应起动速度主要是结合专项技术动作结构,并与其保持一致的速度练习,训练方法如下。

第一,强化完成专项动作的能力,增加技术动作的信息量,提高人体对技术动作的感知能力,培养运动意识,缩短反应时的潜伏期。

第二,采用起动跑、追逐球、运球起动等练习来缩短各个运动环节耗费的时间,尤其要缩短关键环节的反应时间。

3.动作速度训练

动作速度训练的关键是使运动员关键技术环节的速度得到大幅度提高,具体的训练方法如下。

第一,对单个动作的关键环节和组合动作的衔接动作进行反复的训练,提高衔接动作速度,从而缩短完成动作的时间。经常练习的方式有投篮快出手、传球时手指手腕爆发用力。

第二,提高完成动作的频率可在规定完成的动作次数中缩短完成的时间,或者在规定时间内完成动作的次数,如对墙传球1分钟完成60次。

4.移动速度训练

由于运动员的运动频率和技术动作幅度是制约其移动速度的关键因素,因而提高运动频率和运动幅度是篮球运动移动速度训练的主要方法。在保证一定动作幅度的情况下,可以通过技术改进、提高素质、在一定时间内尽量多地完成各种动作次数,来达到提高运动员动作频率的目的。与此同时,提高运动幅度的训练主要是对技术动作的改进,提高肌肉的伸展性、肌肉的力量素质以及关节的灵活性,充分利用运动员的身体条件,如中线快速三步跨跳上篮。

三、篮球运动的耐力训练

(一)耐力素质的种类

分类依据不同,耐力素质的种类也会有所不同,具体如下。

第一,从运动员供能特征方面来划分,可将耐力素质分为有氧耐力和无氧耐力。

第二,从与篮球运动的关系方面来划分,可以把耐力素质分为一般耐力和专项耐力。

第三,从运动素质的特征来划分,可以把耐力素质划分成力量耐力、速度耐力、最大力量耐力和快速力量耐力等。

(二)耐力素质的特点

篮球运动的耐力素质以糖酵解为主要供能形式,因此,最大乳酸能和机体耐酸能力是篮球运动耐力训练的主要内容,并以有氧供能为辅助训练。有氧供能的训练是糖酵解供能训练的基础。有氧供能能力越强,篮球运动员在比赛和练习中的恢复能力就越强。但是,必须认识到保证篮球运动员在比赛过程中保持长时间快速运动能力的物质要素还是无氧供能和无氧有氧混合供能。

（三）耐力训练要求

要想大幅度提高篮球运动员的耐力素质,则耐力训练必须达到以下几项要求。

第一,提高运动员耐力素质的首要任务是使运动员的有氧耐力水平得到大幅度提高。

第二,耐力训练要突出专项耐力的训练。

第三,耐力训练应有长年计划。

第四,准备阶段前期应注重发展运动员的有氧耐力,赛前阶段应着重发展运动员的无氧耐力。

（四）耐力训练的方法

提高运动员的摄氧、输氧和用氧能力,保持适宜糖原和脂肪在体内的储存量以及提高支撑运动员器官对长时间负荷的肌肉承受能力是发展篮球运动员一般耐力的主要途径。持续匀速负荷训练和变速负荷训练是发展一般耐力经常采用的方法,负荷强度控制在接近无氧代谢的强度,心率控制在 160 次/分左右。

总体代谢特点是发展篮球运动耐力训练时应特别注意的,通常以提高非乳酸性无氧耐力为主,采用强度在 95% 左右、心率可达 180 次/分的练习方法,重复组数在 5～6 组,重复次数应比组数少一些。

1.持续负荷法

持续负荷法心率控制在 160 次/分左右,主要以提高有氧代谢水平为目的,常见的训练方法是匀速跑、变速跑、超越跑、折返跑。如长时间安排快攻、防守步法、趣味性活动,又如折线跑、连续跑动 28 米折返、"8"字围绕、连续碰板 100～200 次。

2.间歇负荷法

有氧和无氧混合代谢是间歇负荷法的供能方式。篮球运动员应采用 50% 左右有氧和 50% 左右无氧的负荷进行,28 次左右/10 秒为心率上限,在没有完全消除疲劳的情况下再进行下一次练习。

间歇负荷法的训练方法有反复进行 400 米跑、100 米快速跑、100 米放松跑,重复进行 40 秒左右的各种连续跑。例如,3 人直线快攻 3 个或 4 个往返为 1 组完成 5～10 组,两点移动快速投篮投中 10 个为 1 组完成 5 组;再如,连续篮下一打一或者一打二进 10 个球。

3.重复负荷法

提高运动员无氧代谢水平是教练员选用重复负荷法的主要目的,负荷为最大心率达 28 次以上/10 秒,组间休息时间为 5 分钟,心率下降至 15 次左右/10 秒时再进行下一次的练习。训练方法有:5～10 组 400 米计时跑和不同强度的重复练习。在篮球训练中常有 3 人直线快攻,可安排 1～5 个往返,然后再安排 5～10 个往返,即每组逐步增加往返次数,然后由最大到最小,强度随重复往返的次数而逐渐降低。还有连续抛接 10 个困难球。

四、篮球运动的灵敏训练

从根本上来说,灵敏素质就是经过视觉感受在大脑皮层神经过程的转换,使已形成的各种准确有效的动作动力定型适应突然变化的运动情况。换句话说,篮球运动员的灵敏素质

包含快速的反应过程和较准确的运动过程。

篮球运动员参与灵敏素质训练的意义是：不仅有助于其掌握和运用复杂的技术和战术，也有助于其赛场上的应变能力得到增强，对运动员篮球运动水平的提高有积极作用。

（一）灵敏素质的种类

以灵敏素质和专项运动之间的关系为划分依据，能够将灵敏素质划分成一般灵敏素质和专项灵敏素质，具体如下。

1. 一般灵敏素质

一般灵敏素质是指人在各种活动中，在突然变换的条件下，迅速、合理、准确地完成各种动作的能力。一般灵敏素质是专项灵敏素质得以发展的基础。

2. 专项灵敏素质

专项灵敏素质是运动员在专项运动中，迅速、准确、协调自如地完成本专项各种技术动作的能力。它是在一般灵敏素质的基础上，多年重复专项技术，提高专项技能的结果。

篮球一般要求躲闪、突然起动、急停、迅速改变身体位置、运球过人、切入、跳起空中投篮、争夺篮板球等方面所表现的灵敏素质。

（二）灵敏素质的特点

灵敏素质是指人体在各种突然变化的条件下，能够迅速、准确、协调、灵活地完成各种动作的能力。灵敏素质在篮球运动中占据着重要的地位，具备良好的灵敏素质不仅有助于更快、更好、更准确、更协调地掌握各种先进的技术和练习手段，还可以有效地防止伤害事故的发生。一般来说，灵活性主要是由力量、速度、爆发力和协调能力等几种素质结合而成的。在篮球比赛中，快速变换方向，突破对手，从一个动作迅速变换为另一个动作等，都需要运动员具有较强的灵敏素质才能完成。

（三）灵敏素质训练的要求

第一，儿童和青少年应当积极参与灵敏素质训练活动，尤其要着重发展和灵敏素质存在关联的某些专项素质，如速度素质、柔韧素质、协调素质、弹跳素质等，从而为自身的全面发展奠定基础。

第二，对于儿童和青少年来说，不建议过早参与专打化训练，原因在于为发展速度而过早参与大量力量训练会对其灵敏素质的发展产生负面影响。

第三，灵敏素质的负荷强度较大，持续时间不宜过长，练习安排应放在每次课精力最充沛的阶段，避免在身体疲劳和大脑不兴奋状态下安排练习。

第四，经常进行篮球专项的脚步动作练习，提高身体重心的转换能力，从而提高神经过程的转换速度，在神经中枢的参与下使手脚协调配合，完成各种高难动作。

第五，篮球运动灵敏素质要求特别重视专项灵敏素质的发展，应使运动员参加各种形式的比赛，了解篮球运动技术、战术的时空特征，从而能在复杂的条件下随机应变。

第六，篮球运动员应自觉增加参与弹跳训练的次数，同时设法增强人体在空中的控制能力。

（四）灵敏训练的方法

第一，运动员根据有效口令完成动作。

第二，运动员根据口令完成相反的动作。

第三，原地、行进间或跑步中听口令做动作，如喊数抱团成组。

第四，听信号的各种姿势起跑。

第五，听信号或看手势急跑、急停、转身、变换方向的练习。

第六，做动作或急跑中听信号完成突停动作。

第七，一对一弓箭步牵手互换面向站立，虚实结合互推互拉使对方失去平衡。

第八，一对一面向站立，双手直臂相触，虚实结合相互推，使对方失去平衡。

第九，各种站立平衡，如俯平衡、搬腿平衡、侧平衡等。

第十，在肋木上横跳、上下跳练习。

第十一，用手扶住体操棒，然后松手转身击掌再扶住体操棒使其不倒。

第十二，向上抛球转体 2 周、3 周再接住球。

第十三，闭目原地连续转 5～8 周，然后闭目沿直线走 10 步，再睁眼看自己走的方向是否准确。

第十四，绕障碍曲线转体跑。

第十五，原地跳转 180°、360°、720°落地站稳。

第十六，一对一背向互挽臂蹲跳进、跳转。

第十七，脚步前后、左右、交叉的快速移动。

第十八，左右侧滑步、跨跳步的移动。

第十九，做不习惯方向的动作。

五、篮球运动的柔韧训练

（一）柔韧素质的分类

柔韧素质包括一般柔韧素质和专项柔韧素质两种。通常情况下，将能适应各项运动的一般身体、技术训练的柔韧素质称为一般柔韧素质，其具体包括人体各个关节的活动幅度和肌肉、韧带的拉伸性和伸展性。专项柔韧素质是指各专项中所特需的柔韧素质，专项柔韧素质是各专项运动员掌握和提高专项技术的必备素质。

（二）柔韧性的特点

对于篮球运动员来说，其手指、手腕、肩、腰、腿及踝等部位都需要具备很好的柔韧性。篮球运动员柔韧性的解剖学特性与一般人并没有多大差别，主要是受到对抗肌为维持姿势而产生的肌紧张、牵拉性的条件反射而引起的肌肉收缩的限制，以及神经过程兴奋与抑制的协调性，对肌肉的收缩与舒张的影响。因此，篮球运动的柔韧性受到肌肉、韧带、肌腱、关节囊的弹性的影响，与其他运动项目相比要稍差，身材较高大的运动员如果缺少柔韧训练就会更差。

（三）柔韧训练的要求

篮球运动对运动员的灵活性和协调性都提出了很高的要求。因为少年儿童的软组织质量为柔韧性锻炼提供了更有利的发展条件,所以在少儿时期开展柔韧训练活动,以此来提高他们韧带和肌腱的弹性、改善他们关节的灵活性和肌肉的伸展性往往能获得理想成效。

作为一名篮球运动员,应坚持不懈地参与柔韧素质训练,但篮球运动员柔韧素质的重要性常常会被运动员和教练员忽视。在运动员力量、耐力以及身体发育的影响下,其柔韧性往往会伴随年龄的增长而减退。由此可见,篮球运动的柔韧性保持和改善是一个长期艰苦的过程,在每次训练中要坚持拉伸练习,并经常进行专门的柔韧练习课。

（四）柔韧素质训练的方法

篮球运动对运动员的灵活性和协调性具有较高的要求,在青少年时期就进行相应的柔韧素质训练会取得事半功倍的效果。运动员参与篮球专项柔韧素质训练时,肌肉牵拉过程中往往会产生疼痛感,同时只有运动员坚持参与系统性训练才能获得预期效果,所以说柔韧素质训练能够从某种程度上培养运动员的意志力。柔韧素质训练的常见方法如下。

1.一般柔韧素质训练方法

（1）团身颈拉伸

身体从仰卧姿势开始举腿团身,头后部和肩部支撑身体重心,双手在膝后将腿抱住。呼气,拉动大腿使之靠近胸部,双膝和小腿前部与地面接触。重复练习。在练习过程中,保持10秒左右结束该动作。

（2）持哑铃颈拉伸

并拢双脚在地面站立,右手紧握哑铃,肩部下沉。左手经过头顶扶在头的右边。呼气,左手将头部拉向左侧,使头的左侧与左肩紧贴。换方向重复练习。在练习过程中,动作要缓慢,保持10秒左右结束该动作。

（3）跪拉胸

运动员在地面做跪立姿势,向前倾斜身体,双臂前臂在高于头部的位置交叉并将双手放在台子上。呼气,头部和胸部尽量向下沉,直到与地面接触。重复练习。在练习过程中,要保持尽量大的动作幅度,保持10秒左右结束该动作。

（4）开门拉胸

打开一扇门,双脚前后分开站立在门框内,向外伸展双臂肘关节使之与肩齐平。双臂前臂向上,掌心与墙相对。呼气,前倾身体并对胸部进行拉伸。重复练习。在练习过程中,要保持尽量大的动作幅度,保持10秒左右结束该动作。也可以继续提高双臂,对胸下部进行拉伸。

（5）座椅胸拉伸

运动员在椅子上坐立,双手交叉于头部后方,椅背的高度与胸的中部齐平。吸气,向后移动双臂,向后仰躯干的上部,将胸部拉伸。在练习过程中,动作要缓慢,保持10秒左右结束该动作。

(6)直臂开门拉胸

打开一扇门,双脚前后分开站立在门框内,向斜上方伸展双臂使双臂顶在门框和墙壁上。双手掌心与墙相对。呼气,前倾身体并对胸部进行拉伸。重复练习。篮球运动员在参与练习的过程中,应尽全力使动作幅度达到最大,保持 10 秒左右结束该动作。

(7)俯卧背弓

运动员在垫上俯卧,膝部弯曲,脚跟移向髋部。吸气,双手将双踝抓住。收缩臀部肌肉,胸部和双膝提起并与垫子分离。重复练习。在练习过程中,要保持尽量大的动作幅度,保持 10 秒左右结束该动作。

(8)跪立背弓

运动员跪立在垫上,脚尖朝向后面。双手置于臀上部,呈背弓姿势,收缩臀部肌肉送髋。呼气,背弓力度加大,向后仰头,张口,双手慢慢向脚跟滑动。重复练习。在练习过程中,要保持尽量大的动作幅度,保持 10 秒左右结束该动作。

(9)上体俯卧撑起

俯卧在垫子上,双手掌心朝向下,手指向前置于髋的两侧。呼气,双臂将上体撑起,向后仰头,呈背弓姿势。重复练习。在练习过程中,要保持尽量大的动作幅度,保持 10 秒左右结束该动作。

(10)坐立拉背

在垫子上坐立,稍微弯曲双膝,躯干与大腿上部紧贴,双手将腿抱住,肘关节置于膝关节下面。呼气,向前倾斜上体,双臂从大腿上把背向前拉,双脚触地。在练习过程中,要保持尽量大的动作幅度,保持 10 秒左右结束该动作。

(11)站立伸背

并拢双脚站立于地面上,向前倾上体直至平行于地面,双手置于栏杆上,比头部位置稍高。伸直四肢,髋部弯曲。呼气,双手将栏杆抓住将上体下压,背部下凹呈背弓姿势。在练习过程中,要保持尽量大的动作幅度,保持 10 秒左右结束该动作。

(12)倒立屈髋

身体开始是仰卧姿势,然后垂直倒立,将身体重心移到头后部、肩部和上臂,双手置于腰间。呼气,并拢双腿,膝部伸直,双脚缓慢下降并触地。重复练习。在练习过程中,动作结束大约保持 10 秒。

(13)体前屈蹲起

并拢双脚,身体向前倾并下蹲,双手手指朝向前面并置于脚两侧触地。躯干与大腿上部紧贴。最大限度地伸展重复练习。在练习过程中,要保持尽量大的动作幅度,保持 10 秒左右结束该动作。

(14)站立体侧屈

双脚左右分开站立,交叉双手举过头顶将手臂向上伸直。呼气,一侧耳朵与肩部紧贴,最大限度地做体侧屈动作。转变方向重复练习。在练习过程中,要保持尽量大的动作幅度,保持 10 秒左右结束该动作。

(15)助力腰腹侧屈

双脚左右分开站立,一只臂自然下垂于体侧,另一只臂在头上部并使肘部弯曲。同伴用一只手将其髋部固定,另一只手将其弯曲的肘部抓住。呼气,同伴帮助其使手臂下垂在身体一侧并屈上体。换方向重复练习。在练习过程中,要保持尽量大的动作幅度,保持 10 秒左右结束该动作。

2.篮球拉伸训练法

(1)动力拉伸法

动力拉伸法是指有节奏地重复同一动作练习,可使软组织逐渐被拉长。

(2)静力拉伸法

静力拉伸法是指用缓慢的动作将软组织拉长到一定程度时停止不动,从而使软组织受到持续拉长的刺激。

3.篮球主动练习和被动练习

就动力拉伸法和静力拉伸法而言,其各自又具有主动练习和被动练习两种形式,具体如下。

(1)主动练习

主动练习是指篮球运动员凭借自身力量拉长软组织的练习。主动练习的训练方法是:第一,为了使韧带与肌肉达到良好的拉伸效果,需要做各种肢体的摆和振动动作,如踢腿、绕环、推墙等;第二,做手腕力量练习,使手背肌群放松,并使手背肌群牵拉,如此有助于运动员的小肌群轻力量得到协调发展。

(2)被动练习

被动练习是篮球运动员借助外力拉长软组织的练习。被动练习的训练方法是:第一,利用器械的重力悬垂,把重物放在直角压腿的膝关节下,使大腿后群肌肉被动拉长;第二,利用身体的重力做单杠、双杠、肋木上正反肩关节的悬垂练习;第三,轻负荷的提拉,下放时对脊柱后群肌有拉张作用;第四,一人平躺在地上挺直,抬举双腿放在另一人肩上,用臂或肩向前下方推压,进行直角压腿练习。

在提高篮球运动员柔韧素质的训练过程中,教练员往往会把主动练习和被动练习结合在一起运用。韧性练习的强度反映在用力大小和负重多少两个方面。用力或负重均应逐渐加大,但不得超过用力或负重量的 50%,长期中等强度拉力所产生的效果优于短期大强度的作用。在实际的练习中,重复次数因年龄、性别、阶段、关节不同而定,原则上女子比男子少,少年比成年少,保持阶段比发展阶段少。每组做 10～12 次练习,持续时间为 6～16 秒,间歇时间的确定,一般依主观感觉而定。采用静力拉伸时,伸展最大限度时的固定时间在 30 秒左右。

第三节　篮球运动专项体能素质训练

篮球运动专项体能素质具体包括篮球专项力量素质、篮球专项速度素质、篮球专项耐力素质、篮球专项灵敏素质、篮球专项柔韧素质以及篮球专项弹跳力素质,提高各个专项素质的训练方法如下。

一、篮球专项力量素质训练方法

（一）篮球专项上肢力量的练习方法

第一,卧推。

第二,负重推举。

第三,两名运动员一组,其中一名侧平举,另一名队员用力压手腕对抗。

第四,弓身负重,伸屈臂提拉杠铃。

第五,负重伸屈臂。

（二）篮球专项下肢力量的练习方法

第一,两名运动员一组,利用体重进行负重半蹲起。

第二,徒手半蹲或背靠墙半蹲。

第三,负重提踵。

第四,深蹲跳。

第五,徒手单腿深蹲起。

（三）篮球专项腰腹力量的练习方法

第一,跳起空中收腹、手打脚、转身、空中传球或空中变化动作上篮。

第二,单、双脚连续左右跳过一定高度。

第三,仰卧举腿,仰卧折体,仰卧挺身。

第四,利用杠铃负重转体、挺身。

（四）篮球专项核心力量的练习方法

第一,俯姿平撑,俯卧,双臂屈肘90°将身体支撑起,双脚并拢伸直用脚尖撑地,用肢体使腹背部固定。

第二,仰姿桥撑,仰卧,双臂屈肘将身体支撑起,伸直、并拢双脚,用脚撑地。

第三,侧姿臂撑,侧卧,单臂屈肘支撑身体,另一只臂屈肘侧举,双脚伸直、并拢,用一只脚外侧撑地。

（五）篮球专项爆发力的练习方法

第一,全场连续多级跳。

第二,全场连续蛙跳。

第三,连续快速跳起摸高。

第四，中场三级跳上篮。

第五，负重投篮。

二、篮球专项速度素质训练方法

（一）不同姿势的起动跑

第一，放松活动时的突然口令起动，全速跑 10～20 米。

第二，后退跑中的突然口令向前起动跑。

第三，起跳落地，立即起动侧身加速快跑。

第四，站立式或移动中，等待口令的突然起动或加速快跑。

第五，听口令折回跑。

（二）各种变速跑

第一，匀速跑途中听口令突然冲刺跑。

第二，10 米、30 米、50 米、100 米冲刺跑。

第三，根据篮球场的"5 线"折回跑。

第四，分组接力冲刺跑。

第五，沿三分线的弧线跑。

第六，移动中听口令的突然转身跑。

第七，冲刺急停循环跑。

三、篮球专项耐力素质训练方法

篮球专项耐力素质训练方法主要包括无氧耐力训练方法、有氧耐力训练方法、混合耐力训练方法，具体如下。

（一）无氧耐力训练方法

第一，连续碰板 100～200 次。

第二，短距离如 30 米、60 米、100 米、反复冲刺跑，随着训练水平的提高，每次跑的间歇时间可逐步缩短。

第三，半蹲式原地快速点地跑 1 分钟，可做 4～5 组。

第四，变距快速折返跑。

第五，全场连续防守滑步。

（二）有氧耐力训练方法

第一，中长跑、越野跑、爬山等均可作为有氧耐力的训练方法。

第二，各种跑、跳、防守脚步动作，投、突、传、运等动作组成的全场综合练习。

第三，两名运动员分别站在球场的两个篮下，听信号后先跳起摸篮板（圈）然后做后退跑。

（三）混合耐力训练方法

第一，连续进行长时间的各种攻守技术练习和全场攻守的比赛。

第二，全队人员沿篮球场边线交替排头追逐跑。

第三，全场 10 圈变速跑。

四、篮球专项灵敏素质训练方法

篮球运动员要想使自身的灵敏素质得到大幅度提升，就必须保证和灵敏素质存在关联的反应速度、柔韧性以及爆发力等都有所增强，此外要有效改善肌肉、关节以及韧带的伸展性与弹性，具体训练方法如下。

（一）无球训练方法

无球的训练方法能够有效训练篮球运动员的步法、技术动作、反应、移动速度等，常见的无球训练方法如下。

第一，模仿练习，两人一组各种运球动作的模仿。

第二，脚步综合性练习，即把各种脚步动作组成综合性练习。被篮球教练员广泛应用的练习方法有：左、右移动，见信号起动；向侧大幅度或小步幅快频率交叉跑；攻击步向前、向后快速移动；不规则的碎步向前、后、左、右跑；两点相距 5 米的"8"字跑，也可以结合滑步进行。

第三，模仿练习，两人一组全场进行各种前后踢腿跑，前后同侧手打同侧脚跑，前后交叉手打脚跑。

第四，徒手一对一，互相用手拍对方的肩或脚，或用脚踩对方的脚。

第五，原地快频率碎步移动接各种变化步法练习。深受篮球教练员欢迎的练习方法是：接两腿交叉还原；接两次跳转 180°还原；还原的同时保持原地快频移动；接快速原地前后弓箭步跳两次还原。

第六，两人一组在圆圈线上进行追逐。

（二）有球训练方法

有球训练方法是针对篮球运动员技术动作灵敏性的训练，目的是从根本上提高运动员的灵敏素质，训练方法具体如下。

第一，双手抛接不同距离的困难球。

第二，在快速奔跑的过程中接地滚球或高抛球上篮。

第三，一对一各种追逐、躲闪练习，另外，运球队员在运球中追打无球队员也是比较常用的，需要注意的是，无球队员可任意跑躲开运球者的追打。

第四，在篮球场内进行足球或自由手球比赛（不限走步）。

五、篮球专项柔韧素质训练方法

第一，两腿前后开立，两脚跟触地做弓箭步向下压腿。

第二，利用器材或队员相互间做压肩、拉肩、转肩背和各种压腿拉腰、背及全身伸展练习。

第三,两臂做不对称大绕环转肩动作,在背后一手从上往下,另一手从下往上,两手在背后做拉伸练习。

第四,两手手指交叉相握,手心向外做压指和压腕动作,向下、前、上、两侧充分伸展手臂。

第五,左右弓箭步练习,手放在脚上,连续左、右弓箭步练习。

第六,两腿交叉直立,上体前屈手摸脚或地面。

第七,在地板上做"跨栏步"拉压腿、胯。

六、篮球专项弹跳力素质训练方法

弹跳素质是篮球运动员的一项重要的身体素质,具有良好的弹跳素质不仅能够增强篮球运动员攻防的范围,对于篮板球的拼抢以及复杂技术动作的掌握等方面均具有重要的意义。因为弹跳素质是综合素质中的一种,所以篮球教练员在组织和安排训练时应有目的地训练运动员的力量、速度以及协调性。

在篮球运动员的体能素质训练中,弹跳素质训练具有十分重要的作用。弹跳素质训练的关键是在综合专项特点的基础上提高运动员的起跳技术。当篮球运动员参与大量接近篮球比赛实际情况的跳跃训练,同时各项起跳技术得到大幅度提高后,才有可能在比赛场上发挥出弹跳的最好效果。

(一)大腿和腹背肌肉爆发力训练

对于篮球运动来说,弹跳力素质训练的重中之重是使运动员腿部和腹背肌群的爆发力得到有效发展,如此有助于篮球运动员在运动过程中由水平位移迅速转向向上的加速度。

(二)提高踝关节弹跳训练

篮球运动对踝关节具有较高的要求,踝关节训练是为了加强踝关节的着地缓冲,并且在瞬间发挥最大的力量能力。在训练时,一般采用大强度、多组数的训练方法,强化人体 ATP-CP 供能系统的功能。

(三)改善协调能力的训练

肌肉力量训练是弹跳素质的基础,而神经系统对肌肉的协调和控制能力则是其重要保证。肌肉的内部协调性和各肌群之间的协调性在一定程度上影响着最大力量和速度力量。

第七章 篮球运动战术训练

第一节 篮球战术简介

一、篮球战术概念

篮球战术是篮球比赛中球员和球员之间有策略、有组织、有意识地协同运用技术进行攻守对抗的布阵行动,是以篮球技术为基础,在一定的战术指导思想和战术意识支配下的集体攻守方法。其目的是通过一定的组织形式,使每个球员有组织、有计划、有目的地协调行动,使分散的个人形成有机联系的整体,以保证充分发挥每个球员的积极作用,争取主动,获得胜利。

篮球战术是在攻守矛盾对立统一、技术发展的创新和规则的不断修改,以及运动员身体条件和体能提高等因素的作用下,在比赛实践中从简单到复杂、由低级到高级逐步发展的。

篮球战术水平由球员技能、战术形式和战术方法等要素组成。球员的个人技能是基础,球员的个人技能水平越高,战术配合质量越好。战术形式是战术策略的外部表现,不同的战术形式必然反映不同的战术内容,体现不同战术形式的特点,战术方法是战术组成的核心,它包括人与球的移动路线、同伴之间的配合、行动的时机与变化等具体内容。

二、篮球战术的特点

(一)篮球战术的一般特点

1.原则性和机动性的统一

任何战术行动都是在对手的制约和反制约、限制和反限制中进行的。因此,一方面,球员必须在统一的思想支配下协调地行动,发挥集体的优势和力量;另一方面,由于比赛形势错综复杂、瞬息万变,既要在行动上有统一的原则和要求,又要允许球员个人有机动灵活的变化,这样才能把握战机,克敌制胜。所谓"阵而后战,兵法之常;运用之妙,存乎一心",正是这一特征的运用要求。

2.目的性和针对性的统一

任何战术组织和运用都具有明确的制胜目的,都要从本队的实际出发,根据球员的身体、技术等条件,正确选择符合本队水平的攻守战术形式和方法;同时,战术的运用又必须采取针锋相对的方法去制约和限制对方,而且还要根据比赛情况的变化及时加以调整,才能争取比赛的主动权,进一步去夺取胜利。所以说,战术的目的性和针对性的统一,是篮球比赛的显著特征之一。

3.个体性和整体性的统一

篮球比赛中的战术通常是以一种集体行动展现的,但实际上,场上每名球员的战术行动,一方面是个体的活动,反映球员个性的技术运用能力和特长,具有明显的个性化特征;另一方面,每名球员的活动又都不是孤立进行的,而是在同伴活动的背景下实施的。比赛战术的实现,不仅依赖于球员个人活动的合理性和创造性的发挥,而且也必须依靠球员之间的协同配合才能实现。因此,任何战术行动都能在个体活动中体现出整体协同的特征,这正是个体性和整体性的统一。要求处理好整体与个体之间的辩证关系,要在注重发挥集体力量的同时,注重球员个人特点和能力的培养。现代篮球比赛中明星球员作用的日益突出,正反映了这一特征。

4.多样性和综合性的统一

篮球战术的特点表现为进攻战术手段的多元机动和防守战术方法的综合运用。由于篮球比赛日趋激烈,促使战术发展和更新,内容与形式不断丰富。为了完成比赛中的战术任务,对付不同形式的攻守战术和适应各种临场情况,必须掌握多样化的战术形式与方法,这样才能争取主动。战术的综合运用表现在两个方面:一方面反映在战术行动上的统一,即进攻与防守的统一(在进攻行动中包含防守的成分,防守行动又蕴含进攻的意图)、配合行动与个人行动的统一、技术与战术的统一;另一方面表现在战术运用上的综合,即用一种进攻战术对付多种防守战术和利用混合防守、综合防守对付不同特点的进攻战术。因此,战术行动的多样性和综合性的统一,是现代篮球战术的基本特征。

(二)不同篮球战术的特点

1.防守战术的特点

现代篮球运动中防守战术最大的特点是"攻击性"与"多变性"。根据对方的特点,不断变换防守战术,使对手难以适应,始终处于被动状态。战术运用中按照"以球为中心",以争夺控制球权为目的,最大限度地利用规则,敢于身体对抗,切断对方联系,破坏对方配合,彻底改变过去"落位、布阵、随球移动,有球紧、无球松"的消极防守理念,改为以攻击性和多变性为防守的指导思想。篮球防守战术有以下四个特点:

①混合运用盯人和联防战术,整合其优点,加强防守的攻击性。

②"以球为主",对持球人大胆紧迫,控制其投球、传球、运球、切球,给同伴创造断球机会。

③近球区以多防少,远球区以少防多。强侧主动夹击,围守、协防,切断对方传球路线;弱侧防守以少防多,控制对手向篮下切入,防止对手在限制区内接球。

④扩大防守范围,防内线与防三分球并重。

2.进攻战术的特点

篮球进攻战术向灵活机动、快速多变、大范围穿插的移动进攻方向发展。篮球进攻战术有以下三个特点:

①打破锋卫界线,位置分工模糊。当代篮球运动要求每个球员技术全面,战术组织比较灵活多变。

②战术形式趋向简单化。当前世界强队在进攻中多采用移动进攻,这种战术的特点是无固定配合路线,战术形式简单,始终保持进攻的层次和连续性,在移动中主动掌握节奏,造成对方防守漏洞,取得良好的进攻机会。

③强调"抢攻"。抢攻是指快攻不成功,阵地进攻尚未形成之前阶段的攻击。抢攻能有效地发展个人攻击特点,容易造成对方措手不及,是当代篮球战术的又一特点。

三、篮球战术体系

篮球运动中相互联系、相互制约的攻守战术构成一个整体,这个整体叫作篮球战术体系。

(一)篮球战术体系的结构

根据篮球运动的对抗特征,通常将篮球战术分为进攻与防守两大系统(20 世纪 90 年代开始,也有人将篮球战术分为进攻、防守与攻守转换三大系统),再根据参与战术行动的区域与人数,可将其分为个人行动、配合行动和整体行动三个层次,从而把战术方法和阵势构成一个完整的体系。

(二)篮球战术体系的内容

根据篮球战术体系的三个层次,我们可以将篮球战术分为以下几方面内容。

1. 个人行动

个人行动包括个人进攻行动和个人防守行动。个人进攻行动如摆脱、切入、助攻、突破、攻篮等;个人防守行动包括防守无球球员和防守有球球员等。

2. 配合行动

配合行动包括进攻基础配合和防守基础配合。进攻基础配合包括传切、掩护、策应和突分配合等;防守基础配合包括挤过、穿过、绕过、交换、关门、夹击、补防等。

3. 整体行动

整体行动包括全队进攻战术和全队防守战术。全队进攻战术有快攻、阵地进攻(进攻人盯人防守、进攻区域联防、进攻紧逼防守等);全队防守战术有防快攻、阵地防守(人盯人防守、区域联防、紧逼防守、综合防守等)。

每一种攻守战术中,由于运用目的、区域、范围、阵势的不同,每种类型还包含许许多多具体的、不同形式的战术配合。

第二节　篮球进攻战术训练

一、进攻基础配合

(一)传切配合

所谓传切,是指进攻球员之间利用传球和切入技术组成的简单配合。图 7—1 是球员④和球员⑤组成的纵切,图 7—2 是球员④和球员⑤组成的横切。

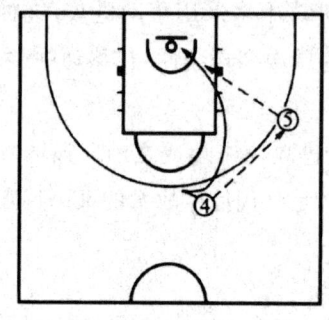 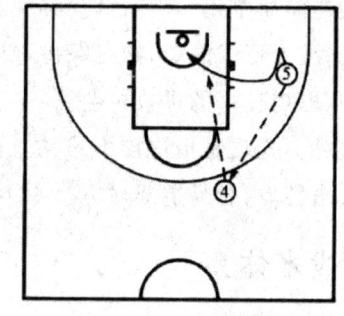

图 7-1　传切配合的纵切　　图 7-2　传切配合的横切

要求:切入球员要掌握好时机,当防守球员失去防守位置时可趁机而入。当防守球员防得较紧时,要注意运用摆脱切入。摆脱切入的方法有变向摆脱、转身摆脱、变换速度摆脱。当同伴做摆脱时,持球人要运用瞄篮、突破或其他假动作,牵制自己的防守对手,并及时地把球传给切入者。

运用:当对方防守扩大或进攻者拉空一边或防守自己的球员失去警觉时,可运用传切。

(二)掩护配合

所谓掩护,是指运动员合理地用自己的身体挡住同伴的防守者的移动路线,使同伴借以摆脱防守,或利用同伴的身体和位置使自己摆脱防守的一种配合方法。

方法:按掩护球员与被掩护球员所站的位置分为前掩护(站在被掩护者的前面)、侧掩护、后掩护;按掩护球员传球后移动的方向或持球球员的方向分为正掩护(给持球球员掩护)和反掩护(与持球球员相反方向的掩护)。

姿势:掩护时两膝微屈,两脚开立,两臂弯曲,两手最好在肩部以上(以免推人犯规),上体稍前倾或自然直立。

距离:当被掩护人能看到掩护者时,其掩护距离可尽量靠近。当被掩护者看不到掩护者或处在他的视野之外时,其掩护的距离为一步。

要求:掩护时身体姿势要正确,距离要适当,动作要合理,以免犯规。掩护的一刹那身体是静止的。要掌握好切入或传球的时机,要根据对方换人防守及时转身挡拆。

运用:当防守者防得较紧,个人不便摆脱时运用。

(三)策应配合

所谓策应,是指处于内线的球员背对篮筐或侧对篮筐接球后,以他作枢纽,与外线球员的空切相结合而形成的一种里应外合的配合方法。策应分为中场策应、外策应和内策应。其中,中场策应是配合策应或叫接应策应,多运用在破全场紧逼时,接应推进球员的球;外策应指在罚球线附近的策应,策应后助攻传球较多,所以也叫助攻策应;内策应是在内中锋位置上的策应。策应后球员多半自己攻击,如转身跳投、突破或背对篮筐突破等。

如图 7-3 所示,球员④上提至罚球线背对篮筐接球员⑤的传球,球员回传球后摆脱空切篮下,接球员④的球上篮。

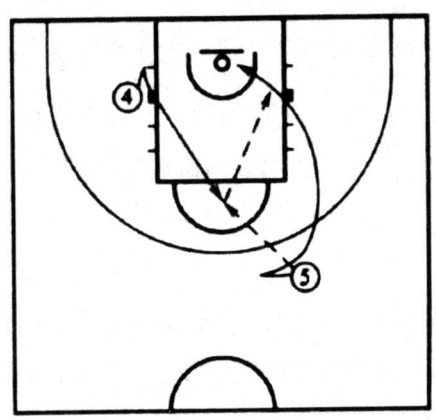

图 7－3　策应配合

姿势：背对篮筐或侧对篮筐接球，两脚开立，两膝弯曲，上体稍前倾，两肘略外展，双手持球于胸前(手大的球员也可一只手抓住球举在头上)。

要求：策应前要注意及时抢占有利的位置，接球时要注意保护球，观察场上情况，以便及时将球传给同伴攻击或自己攻击。运用：进攻半场盯人或联防时，如果对方防守缩小，则多运用策应跳投；如果对方防守扩大，则多运用策应空切。

（四）突分配合

所谓突分，是指持球者突破后利用传球与同伴配合。如图 7－4 所示，球员④突破球员❹的防守欲上篮时，球员❺及时补防，球员④将球分给移向空当处的球员⑤，球员⑤接球后跳投。

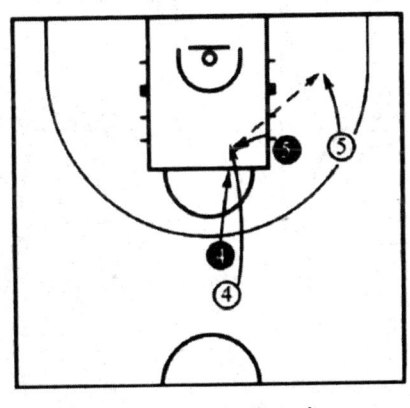

图 7－4　突分配合

要求：突破要快速，既要做好投篮准备，又要观察攻守球员的行动和位置，及时突然地移向空当处接同伴的分球。

运用：无论对方运用何种战术，都可以打突分配合，特别是对方打扩大防守时。这也是小个子球员对付高大球员的有效进攻方法。

二、快攻

快攻是由攻转守时,以最快的速度创造人数上的以多攻少,或趁对方立足未稳,利用熟练的行进间技术快速结束战斗的战术。快攻的组织形式有长传快攻、短传快攻和结合运球突破快攻三种。

(一)长传快攻

长传快攻是球员在后场获球后,立即把球传给迅速摆脱对手进行偷袭的同伴的一种配合。它是由一两个进攻球员自己的奔跑速度和同伴传球的速度超越防守来完成的。

1.抢篮板球后长传快攻

球员⑤抢到篮板球后,迅速观察场上情况,寻找长传快攻机会。球员⑧和球员⑦判断球员⑤可能抢到篮板球时,立即快下,超越防守球员接球员⑤的长传球上篮(图7—5)。

2.掷后场端线长传快攻

当对方投中篮后,离球近的球员⑥立即捡球跨出端线,迅速掷界外球,快速将球长传给快下的球员④或球员⑤投篮(图7—6)。

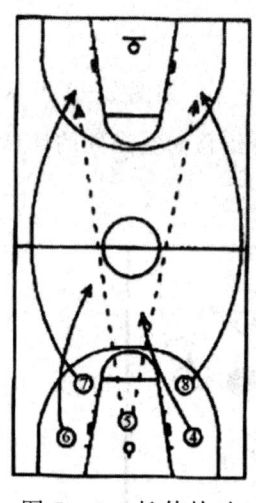 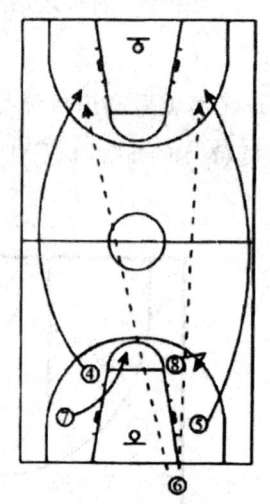

图7—5 长传快攻　　图7—6 掷后场端线长传快攻

3.掷后场边线界外球长传快攻

当对方失误或违例时,球员⑥应立即捡球掷界外球,并迅速把球传给快下的球员⑧或球员⑤投篮(图7—7)。

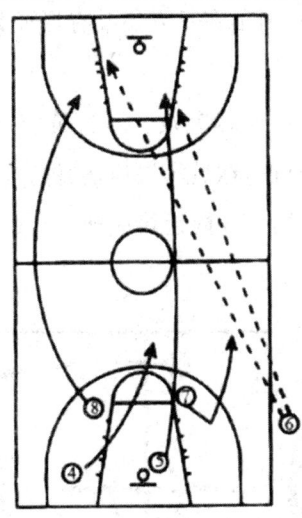

图 7－7　掷后场边线界外球长传快攻

（二）短传快攻

短传快攻是防守球员获球后,立即以快速的短传推进和快速跑动进行投篮的相互配合方法。其特点是灵活多变、层次清楚、成功率高。短传快攻由发动接应、推进和结束三个阶段组成。

发动与接应是非常关键的环节,特别是由守转攻后,队形分散和一传的速度尤为重要。因此,控制球的球员要有发动快攻的意识,能够全面观察场上情况,并迅速、及时、准确地进行第一传,接应球员要迅速摆脱防守,及时选择有利位置,或罚球线附近,或两侧边线附近,或中场两侧边线附近,或本队习惯的接应点等,接应后一定要快速、合理地向前场传球或运球推进。

（三）结合运球突破快攻

这是由守转攻时,持球球员在不便于传球的情况下,及时向前场快速运球突破,摆脱防守,并创造机会的快攻战术形式。这一方法的特点是抓住时机,减少环节,加快进攻速度。

三、进攻半场人盯人防守战术

进攻半场人盯人防守战术是篮球战术中进攻方法种类最多、变化最多的战术。但采用哪一种进攻战术,应根据本队的实际情况与特点,特别是要根据本队中锋的身体条件和技术水平来决定。常采用的战术配合方法有通过中锋进攻法(单、双中锋)、无固定中锋打法、内外线"8"字掩护进攻法、综合进攻法和移动进攻法等。

四、进攻全场紧逼人盯人防守战术

（一）前场进攻

当对方投中篮或罚中球之后,应迅速地由守转攻,快速落位,尤其是接发球球员和掷外界球球员,要更快地进入进攻状态,力争在对方还没有形成紧逼时,将球掷入场内。

（二）中场进攻

当球进入中场时,通常可以采用运球突破、传切、策应、掩护等配合向前场继续推进,如图7—8所示,球员⑦给球员⑤作掩护,球员⑤快速摆脱防守切入前场,左侧的球员⑧也快速向篮下切进,球员⑦完成掩护后斜插中场附近接应球员⑥的传球,然后运球中路突破或传给快下的球员⑧或球员⑤投篮。

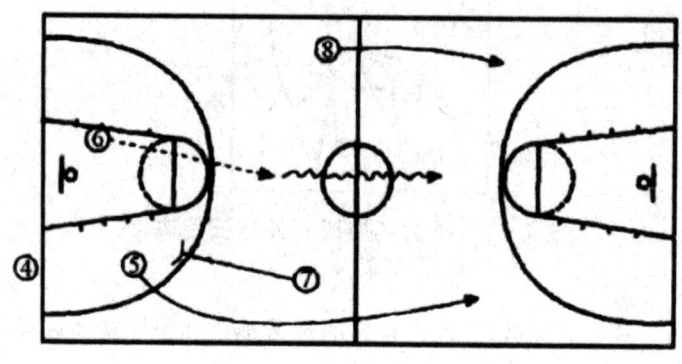

图7—8　中场进攻方法

（三）后场进攻

在全场紧逼人盯人防守中,由于犯规次数相对较多,发界外球的次数增加,组织固定配合,有利于接应发界外球。

五、进攻区域联防

进攻区域联防的关键是以快取胜,不论何时何地获得球权,都应抓住机会,发起快攻,目的是在对方未落位分区布阵前进攻攻击。

六、进攻区域紧逼

进攻区域紧逼可以分为进攻全场区域紧逼、进攻四分之三场区域紧逼和进攻半场区域紧逼。其中,进攻四分之三场区域紧逼与进攻全场区域紧逼要点基本相同。

七、其他进攻战术

（一）进攻对位联防

1. 变阵进攻

从"1—4"进攻队形变为"1—3—1"进攻队形或从"1—3—1"进攻队形变为"2—1—2"进攻队形,通过不断变化的队形扰乱对方防守球员以及防守球员的路线。

2. 反切插空当

反切配合是进攻人盯人的战术,而插空当是破联防的战术,如能把这两种战术融为一体,即能成为攻破对位联防的战术。

3.反掩护插底角

反掩护是破人盯人的战术,插入"1—3—1"队形联防底角是破联防的战术,如能把这两种战术综合运用,即能成为破"1—3—1"队形对位联防的战术。

4."一拉一插"传球给弱侧

"一拉一插"是进攻常规区域联防的战术,传球给弱侧是针对对位联防中基本要求第八点"强侧以多防少,弱侧以少防多"的要求而设计的综合进攻战术。

(二)衔接阶段防守

衔接阶段进攻战术发动的时机有三种:抢到后场篮板球、抢断球、对方中篮后的掷界外球。

如果防守球员的防守队形还没有形成,进攻球员要果断、及时地利用掩护、切入、策应、突分等进攻配合进行衔接阶段进攻,争取获得有利的进攻机会。

第三节　篮球防守战术训练

一、防守基础配合

(一)挤过配合

方法:当掩护球员临近自己的一刹那,防守者积极地向前跨出一步,从两个进攻者之间侧身挤过去,继续防守,如图 7—9 所示,球员⑤给球员④做掩护,球员❹从球员④和球员⑤之间快速挤过去,继续防守球员④。

图 7—9　挤过配合

要求:挤过球员要突然贴近进攻球员,挤过时要提臀,跨步要及时、突然、有力。挤过球员的同伴要及时提醒"挤过",并且主动后撤一步,为同伴挤过提供方便。

运用:破坏掩护以及不使用换人或其他方法时采用挤过配合。

(二)穿过配合

方法：如图7—10所示，球员⑦给球员⑥做掩护，防守掩护的球员❼及时地提醒同伴并主动后撤一步，让球员❻从自己和掩护球员❼之间穿过去，继续防守球员⑥。

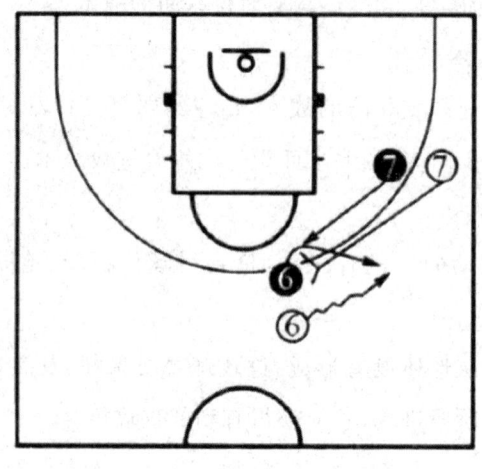

图7—10　穿过配合

要求：防守掩护的球员要及时提醒同伴"穿过"，并主动让路。穿过球员迅速调整防守位置和距离，快速穿过。

运用：自己所防守的对手攻击力不太强或对方无投篮威胁时采用穿过配合。

(三)绕过配合

方法：当对方掩护时，防掩护的球员主动贴近掩护者，让同伴从自己的身后绕过，继续防住自己的对手。如图7—11所示，球员❻从球员⑦和球员❼身后绕过，继续防守球员⑥。

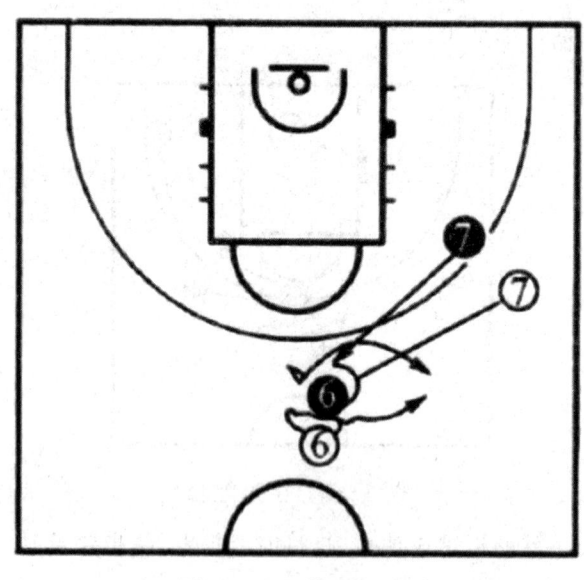

图7—11　绕过配合

要求：防掩护的球员要及时提醒同伴"绕过"，并主动贴近对手。绕过球员要快速调整位置及距离,或后退一步继续防守各自的对手。

运用:当自己防守的对手攻击力不太强但善于突破或不便运用换人战术时,应采用绕过配合。

(四)换人配合

方法:对方掩护时,防守球员之间彼此及时地交换自己所防守的对手。

要求:对方掩护时,防守球员要相互呼应并紧跟自己的对手,当进攻球员摆脱切入时,及时换防。

运用:防守球员在身高、防守技术上差不多时采用换人配合。

(五)"关门"配合

方法:当对方突破时,相邻的两名球员协同防突破,两人及时靠近,像两扇门关起来一样将突破者挡在外边。

要求:防守突破的球员应向侧后方抢步挡住突破球员的路线,而临近的防守同伴应主动、快速、突然地跨步靠近防突破球员,两人"关门"要及时,两腿靠紧,不给突破球员留缝隙。

运用:防守对方持球突破时采用"关门"配合。

(六)夹击配合

方法:两名防守球员积极防守一名进攻球员。

要求:要选择良好的夹击时机和区域,夹击最好的时机是对方运球停止成"死球"或对方低头运球时,夹击区域最好选择在场地的边角或中线附近;夹击要出其不意、果断、积极;夹击时用身体、腿部控制对方,并积极挥动手臂,封其传球。

运用:在紧逼或区域紧逼防守时采用夹击配合。

(七)补防配合

方法:补防是防守球员之间协同防守的配合。当一名防守球员漏人时,另一名防守球员立即补位防守。

要求:补防时要果断、及时,其他防守球员要注意观察持球球员的分球意图,及时防守;全队补防时要大胆出击,迅速轮换。

运用:在半场或全场、在各种防守战术中都可运用。其主要用在防突破球员被突破防线时,也可用在防无球球员超越防守球员时。

二、半场人盯人防守

(一)半场缩小人盯人防守方法

1.强侧、弱侧的防守方法

以球场纵轴线为标准,有球一侧为强侧,无球一侧为弱侧。强侧防守时,防守球员对持球球员要紧逼防守,限制其投篮、突破、传球。对于近球者,防守球员要采用积极的错位防守,不让其接球。弱侧的防守要回撤篮下保护、协防,同时注意抢断高吊球,及时堵截对方的背插和溜底线。

2.掩护进攻的防守方法

当对方进行掩护进攻时,尽量不要换防,尤其是中锋与外围球员之间的掩护更是如此。防止出现大防小、小防大的局面。如果外围无球球员在弱侧区域进行掩护时可采用交换和穿过配合。

3.防中锋进攻的方法

防守中锋进攻的关键是阻止中锋接球。一旦中锋接到球,应及时围夹迫使中锋将球传到外围。

4.防移动进攻的配合方法

移动进攻的特点是在球不断转移的过程中,无球球员利用连续掩护和个人技术摆脱防守,连续切入篮下接球进攻。因此,防守时要做积极移动。选位及时、准确,控制进攻的传球速度,堵截进攻球员的移动路线延缓其进攻速度,为防守选位争取时间。当进攻球员掩护时,酌情采用挤过、穿过、交换等方法,以破坏对方的进攻配合。

(二)半场扩大人盯人防守的方法

由攻转守时,防守球员应首先控制对方的反击速度,迅速退回后场,当持球球员进入前场时,防守球员应立即紧逼防守,减缓其进攻速度,阻止其运球突破,防无球球员应选位,以防止对手接球或切入。

三、全场紧逼人盯人防守

(一)进攻投中或罚球中篮后的紧逼方法

本队投球中篮后与对方掷端线界外球时,这是运用全场紧逼人盯人防守战术的最好时机。

一对一的全场紧逼人盯人防守方法:由攻转守时的一瞬间,其他球员应迅速就地寻找各自对手,邻近发球的防守球员应迅速上前紧逼,封堵发球球员的传球路线,阻挠其传球进场,积极阻截对手的接球路线,迫使对方传球失误或5秒违例。

夹击接应球员的全场紧逼人盯人防守方法:此防守方法常常也运用于对方发后场边线界外球时。

(二)投篮不中对方抢获篮板球后的紧逼人盯人防守方法

当投篮不中对方抢获篮板球后,一般采用就近找人的方法,力求在最短的时间就地盯防各自的对手。其关键是必须及时紧逼抢获篮板球的球员和接应球的球员,破坏其接应点和传球路线。一旦对手运球突破,应快速追防,邻近球员要及时堵截,迫使对方停球,协同配合制造夹击机会,其他球员应根据场上情况迅速调整防守位置,切断对方长传快攻的路线,并随时做好补防、断球的准备。

（三）中场紧逼人盯人防守方法

当前场一线的防守未达到目的时,应迅速展开中场抢夺。在防守中,前场一线防守虽未能守住,但在一线的紧逼过程,却为中场的第二道防线组织防守队形赢得了时间。在中场争夺时,应加强中路的防守,逼迫对方沿边路运球或传球,其主要策略是利用中场线与边线交界的死角,诱使对方带球进入陷阱区,组织夹击防守和轮转防补。

（四）后场紧逼人盯人防守方法

在全场紧逼人盯人防守中,一旦球进入了防守队的后场,即第三道防线,防守球员应按照半场紧逼(扩大)人盯人防守的方法进行后场紧逼人盯人防守。如果在前场与中场即一线和二线防守时,由于交换盯人、轮转补防出现防守球员中内外错配、强弱不均等现象,可寻找适当的时机进行调整,以巩固后场的防守实力。

四、其他防守

（一）扼制型的对位联防

采用扼制型的对位联防时,可以让进攻球员在外围倒手传球,缩小防区,严密防守向内线传球,限制对方强攻篮下。这也可以说是一种缩小对位联防。

（二）封堵型的对位联防

采用封堵型的对位联防时,要封堵进攻球员的传球路线,要求防守球员以防球、夺球为目的,对持球球员要施加紧逼,对无球球员要对位防守,并封堵其接球路线,使接球球员不得不朝外线拉开距离才能获球,迫使对方进攻阵式拉大,封盖对方投 3 分篮,阻止对方外线进攻。这也可以说是一种扩大对位联防。

（三）攻击型的对位联防

采用攻击型的对位联防时,往往带有战术的策略性,在比赛开局时以先发制人,或结局时以后发制人,或针对对方打控制球战术拖延比赛时间时以突然袭击,或诱使对方将球传给技术稍差的球员,设下陷阱,局部进行夹击,转守为攻等。这也可以说是一种诱惑型、紧逼型的攻击性对位联防。

第八章　篮球运动游戏科学化训练

在现代篮球教学中,游戏教学法的使用已经较为普遍了。之所以这种教学方法受到青睐,主要是与其具备的娱乐性、休闲性和教学性等特点有关。因此,为了组织好篮球游戏教学,就需要对其设计和开展理论进行分析,并且还要掌握教学组织与管理的方法。

第一节　篮球游戏的基本理论

一、篮球游戏的概念

篮球游戏,是指以篮球和篮球场为主要道具和场所,有特定目标和任务并在一定规则制约下组织的篮球教学活动形式。

篮球游戏具有形式多样、组织便捷、轻松愉快的特点。此外,它还带有一定的竞争元素,可以分出游戏的胜负,这无疑与篮球运动的竞技本质相吻合。由此可见,篮球游戏教学对发展运动者的全面篮球技能有一定的帮助。不仅如此,它还是培养运动者良好篮球手感以及准备活动或放松活动的好选择。

通常篮球游戏的开展为团队进行,一般不少于两三人。除了能在篮球技能领域有所帮助外,它还能培养参与者的集体主义精神、勇敢顽强的斗志、细致的洞察力以及复杂的篮球意识的养成。这些"软硬件"能力都会对日后运动者篮球能力的提升带来帮助。

二、篮球游戏的特点

篮球游戏实际上是将游戏的方式与篮球运动相关技能相结合而来的。因此,它融合了游戏与运动学练的诸多特点。除此之外,篮球游戏还具有一些专属于它自身的特点。

(一)目的性

篮球游戏在进行过程中会让参与者感到快乐和放松,由此可能会忽视篮球游戏的目的性特点。实际上,篮球的组织是带有十足目的性的,它并非单纯的游戏活动,而是在游戏中包含有训练或教学的成分。由此才使得篮球游戏根据技术的不同而作为划分依据,如投篮类游戏、运球类游戏等。

当然,篮球游戏还有一种目的,那就是充当运动负荷的调节环节,如经常会将篮球游戏作为准备活动和放松活动的内容,以及在进行了大运动量训练后,安排一些篮球游戏以调整球员的体能状态。

(二)趣味性

既然是游戏,就必定带有趣味性的特点。运动者之所以喜欢参与篮球游戏,也是与此特点有很大关系。在篮球游戏中,人们能放松身心、充分感受篮球带来的快乐,对紧张严肃的训练环节是一种非常良好的氛围调节。

游戏的过程千差万别,每次游戏都有不同的情况发生,这种随机和偶然更加使游戏充满乐趣,大大满足了人们情绪、情感上的需求,产生愉快的情绪体验。

（三）灵活性

篮球游戏的灵活性体现在游戏的组织、场地、器材等方面。鉴于这种灵活性,使得篮球游戏在任何情况的篮球教学中都拥有良好的适应性。篮球游戏灵活性的具体表现如下。

第一,既然是游戏,就没有篮球运动规则中那样严苛的规则。但游戏也有游戏的规则,只是游戏规则要更加简明扼要、简单可行,具有十足的可操作性。篮球游戏的规则可根据篮球游戏的目的,对活动的路线做不同限制,能产生不同的游戏效果。

第二,篮球游戏中的动作,可以根据参加者的具体情况和不同要求作相应变化,可以是正常的跑、跳、投;也可以是变异的各种跑、跳、投;可以提出严格的动作规范,也可以淡化动作规范等。

第三,篮球游戏中的场地设置与游戏路线都可以根据不同需要做出变动,如运球跑的路线可以是直线,也可以是绕桩的曲线以及折返等。

（四）竞争性

既然作为游戏,就一定也有胜负之分,这就是篮球游戏的竞争性特点。篮球游戏中的竞争性可以在体能、技能与智力三方面中体现,或是比拼团队的协作能力或应变能力等。除此之外,篮球游戏还可以使弱者有机会成为获胜的一方,这也给实力强的一方提出新的挑战,必须充分创新思维积极思考游戏规则等内容,把握游戏的本质,取得胜利。而这些应变思维正是篮球运动中所需要的。因此,篮球游戏不仅能提高参与者的活动能力,还能培养创造性思维。

三、篮球游戏的训练任务与要求

（一）篮球游戏的训练任务

篮球游戏不仅作为一项游戏在准备活动和放松活动之中出现,它更作为一种训练方式存在。既然作为一种训练方式,就必定有它的训练任务,这些任务主要如下。

第一,培养球员对篮球运动的兴趣以及对篮球魅力的探寻。

第二,培养对篮球运动的正确感知觉。

第三,调动球员的身体状态到运动模式下。

第四,缓解运动性疲劳。

第五,提升球员的感觉器官和机能的敏感性、稳定性与思维能力。

（二）篮球游戏的训练要求

篮球游戏在学校篮球教学和专业篮球训练中已经较为普遍地获得了应用,要想将其开展的效果展现出来,在应用过程中还应注意以下几方面的要求。

1.满足篮球教学训练的需要

在制订篮球游戏教学计划时,要考虑到游戏内容和方式之于球员的适应性。所谓的适应性主要是考虑到球员的年龄、经历的篮球训练年份、身心状态等。与此同时,还不能忽视篮球游戏对篮球训练的辅助作用,使游戏紧密配合篮球教学的任务。一般来说,篮球游戏的设计难度不应超过正规的篮球教学内容,否则容易分散球员的学习注意力,对正式教学内容的教学效果的获得产生负面影响。

2.提高球员思维能力水平

篮球游戏的过程变化莫测,每次游戏都是不一样的。为此,要想获得游戏的胜利就需要在过程中勤于思考、发散思维、提高认识能力。篮球教练在游戏开展的过程中需要引导球员做到这点,激励他们多动脑,给予他们对篮球运动的启发,如此就会使球员在参加游戏的潜移默化过程中逐渐获得阅读比赛和判断局势的能力。

3.加强球员的思想品德教育

篮球运动是一项团队项目,这就决定了每个人在队伍中都要履行自己的职责,为团队的胜利奉献自己的技战术特点,甚至在必要时要做出一定的牺牲。因此,篮球运动对球员的思想品德可以起到很好的教育作用,特别是坚韧不拔、努力争胜、团队至上等品质。

在篮球游戏中,几乎很多情形都与篮球比赛类似,很多游戏也需要团队默契配合才能取胜。由此球员在游戏中就可以逐渐培养彼此之间的了解与默契,加强集体观念。教练在篮球游戏教学中要注重对球员思想意识上的引导,要成为球员的良师益友,平等对待每名球员,首先做好高尚思想品德的榜样。

第二节　篮球游戏的组织与管理方法

一、篮球游戏的组织

(一)导学

导学环节通常是篮球游戏组织的第一环节。其目的在于通过教练的讲解,使球员了解即将开始的篮球游戏的开展目的和预期的效果。在导学环节中,为了更加直观地向球员展示游戏过程和方法,教练员除了语言讲授外,还可以亲自示范,并且为了使讲解更加富有启发性,还可以在游戏开始之前对球员提问,让他们带着有针对性的问题参与游戏。

(二)教练员讲解、示范

教练员对篮球游戏的讲解与示范的主要内容包括游戏的名称、开展方法、游戏规则、奖惩规定等。这一过程中应该注意讲解的语言到位、声音洪亮,对球员提出的问题耐心解答。示范时要注意师生之间的相对位置关系,以确保每名球员都能清晰地看到示范。

(三)游戏活动组织

当球员了解了篮球游戏的具体内容和方法规则之后,进行分组练习,开展游戏,教练员对球员在游戏中的表现做出及时点评,并注意在游戏过程中保障球员的安全。

（四）游戏总结

多角度、多层面地对篮球游戏教学进行总结。为此，教练员需要在游戏过程中特别观察每名球员的表现，获得来自球员的游戏体验反馈信息，以此作为改进篮球游戏的依据。

二、篮球游戏的管理

（一）篮球游戏环境的管理

1. 环境安静，不影响上课

篮球游戏环境的管理包括对篮球场地内部的管理和对场地周围的管理。在篮球场地内组织游戏，要确保无关人员不得在场地逗留和观望，以免分散球员的注意力。

2. 环境优雅，卫生整洁

篮球游戏的教学环境应与正常篮球教学一致，所使用的场地也要保持干净整洁，游戏中使用的特殊器材也应如此。

（二）篮球游戏场地的管理

篮球运动场地的材质常见的有木地板和橡胶垫地。在这两种材质的场地中开展篮球游戏需要注意以下几点。

第一，场地内的固定器材未经特别允许，不得擅自移动。

第二，禁止在场地内进食。

第三，严禁在场内泼水、吸烟、吐痰、便溺。

第四，严禁在场内放置与篮球游戏无关的重物，对于在场内布置游戏场景，应采用抬起的方式移动，禁止拖拉物体。

（三）篮球游戏器材管理

第一，篮球运动器材主要由场地设施和运动器材构成。场地应保持地面平整、整洁，篮球架要确保稳固，球筐与篮板要确保结实，无多余的框量活动。

第二，在教学过程中要培养球员爱护器材的意识，教学训练结束后组织球员收回器材。器材室管理人员要在收纳器材后进行点验，确保与借出内容和数量完全一致后予以记录，对于出现坏损的器材更要做出特别登记。

（四）篮球游戏安全管理

篮球游戏尽管强度较小且具有较多的娱乐性，因此往往容易使参与者忽视对安全方面的管理。但由于参与游戏时球员往往都是在冷身状态下进行的，而此时如果不对安全给予重视，也仍旧会有运动性损伤发生的概率。

第一，在组织篮球游戏教学时要做到周密与严谨。组织方式的严谨可以有效避免球员在游戏过程中发生意外事故。

第二，如不幸发生意外事故，教练应首先做出应急处理，并留意事故发生的相关信息，如事故发生的时间、地点、大体经过、后续处理情况等。

第三，如果出现意外事故，对于伤势较轻者，应进行相应处理后观察情况，并送往医务室进行进一步检查。

第四,如果出现意外事故,对于伤势较重者,应第一时间进行正确的处理,然后立刻送往医院接受进一步治疗,并力争在第一时间通知伤者家属及上报上级部门。

第三节　常见篮球游戏的组织方法

一、传接球类游戏

传接球是篮球运动的重要进攻技术。全面熟练地掌握传接球技术,才能把全队联成一个整体,充分发挥集体的力量,进而争得比赛的主动权。

传接球技术是与篮球运动同时出现的最早技术之一,经过一百多年的发展,其动作方式、种类之多可列篮球运动技术之首,大体上可包括五大类四十多种。但无论是哪一种方式,传球的动作过程都是由传球动作方法、球的飞行路线、球的落点三者组成;接球则是由准备接球、接球、接球后的动作三个环节组成。传接球的技术运用效果的好坏,主要表现在激烈对抗中能否及时、快速、隐蔽地传球到位,能否及时摆脱防守接到球并保护好球,然后迅速衔接下一进攻动作。要做到这一点,关键在于传球时前臂、手腕、手指的力量和动作的技巧,接球时上步卡位,伸手迎球动作和接球后迅速保护球,及时衔接下一进攻动作的强烈意识。此外,还涉及视野的扩大,意图的隐蔽以及能否与运球、突破、投篮等其他技术动作紧密结合等不可忽视的因素。

传接球技术掌握及其运用的水平高低,不仅直接影响球队的战术质量和比赛胜负,更重要的是反映了球队队员的球场作风、篮球意识、整体观念以及协作精神,而这正是构成众多教练员在进行教学训练时,明确要求球队队员不断提高传接球技术及其运用质量,做到"能传决不运"的重要原则,而这也同样是组织传接球游戏所要达到的根本目的。

(一)"两人传两球"游戏

第一,"两人传两球"游戏的目的。使球员熟练各种传接球技术,提高手对球的控制能力。

第二,"两人传两球"游戏的场地器材。篮球场1个或平整的空地1块,每人1个篮球。

第三,"两人传两球"游戏的方法。球员两人一组,各手持一个篮球相对而立,两人同时依规定的传球方式把球传给对方,双方在传球出手的同时即准备接住对方的来球,直至规定的时间,计算各组连续传球的次数,次数多者为胜。

第四,"两人传两球"游戏的规则。一是传接球次数计算是从其中一个开始,以"一传一接"为一次。二是传接球失误时,前所计的次数不算,重新开始重头再计。

第五,"两人传两球"游戏的建议。可根据球员的传接球掌握情况决定传球方式,包括四点:①一人传双手头上传球,另一人传双手胸前传球。②两人都用双手胸前传球。③一人用双手胸前传球,另一人用双手反弹传球。④两人都用单手体侧传球,或单手低手传球,或原地推拨传球,或单手体侧传球。

（二）"两人传三球"游戏

第一，"两人传三球"游戏的目的。提高球员的快速反应和手对球的控制能力。

第二，"两人传三球"游戏的场地器材。篮球场1个，每两人3个篮球。

第三，"两人传三球"游戏的方法。把球员分为两人一组，相距4～5米，面对面站立。两人用三个球做原地的单手体侧传接球，要让球不停运转直到规定时间到，累加其传球次数，次数多的组为胜。

第四，"两人传三球"游戏的规则。一是计算传球次数以开始手持两球的队员传球次数为准。二是三个球要始终保持运转，不能有明显停顿。三是传球失误时从失误处继续累加下去。

第五，"两人传三球"游戏的建议。一是此游戏适用于有一定技术水平的队友进行；传接球技术动作尚未规范时不宜采用。二是可根据球的数量，几个组同时开始或一个一个组进行。

（三）"三人传四球"游戏

第一，"三人传四球"游戏的目的。强化传球出手速度，并要有余光观察的能力。

第二，"三人传四球"游戏的场地器材。篮球场1个，篮球若干个。

第三，"三人传四球"游戏的方法。队员按三人一组组成三角形分散站于场内，彼此相距5米，一人拿两个球，另两人各拿一球。游戏开始，按逆时针方向拿两球的人先传出一球，并立即传出第二个球。同时，第二和第三个人分别传出手中球，三人都要传球——出手立即接同伴的传球并迅速再传球出手。如此使四个球在三人手中不停传接，在规定时间内传接失误少者为胜。

第四，"三人传四球"游戏的规则。按竞赛规则进行。

（四）"对墙传球"游戏

第一，"对墙传球"游戏的目的。提高传球的速度和准确性。

第二，"对墙传球"游戏的场地器材。平整的墙面，篮球若干个。

第三，"对墙传球"游戏的方法。在离墙4米左右画一标志线，队员呈连横排站立在标志线后，前排持球。墙上画出一边长为30厘米的正方形，游戏开始，每人用事先规定的传球方法连续对墙传球，每人传球20～30次，如传在方块内算得1分。在规定的传球次数中看谁传在方块的球最多，多的为胜，站在后排的队员担任裁判，数出传准的次数。做完后，前后排交换，游戏继续开始。

第四，"对墙传球"游戏的规则。脚不许踩标志线。

第五，"对墙传球"游戏的建议。传球的距离可根据实际情况而调整，传球方式可改变。

（五）"传球脱险"游戏

第一，"传球脱险"游戏的目的。培养灵敏素质，提高传球速度。

第二，"传球脱险"游戏的场地器材。篮球若干个。

第三，"传球脱险"游戏的方法。把全班球员按8～10人进行分组，每组手拉手面向里围成一个圆圈，并选一人站在圈外。游戏开始，圆圈上人互相做传球练习。圈外人则随球移动,看准时机,在某一人接到球但还未传出之前,用手击他肩膀,击倒后两人交换位置,游戏继续进行,圈上人应尽量快速地将球传出去,使球在手中停留的时间极短,以防被圈外人击倒。

第四,"传球脱险"游戏的规则。一是传球失误、球脱手落地均为犯规,应与圈外人交换;二是圈外人必须击倒球正在手中者才算有效,在球已出手或尚未接到球时击拍无效。

第五,"传球脱险"游戏的建议。可增加圈外人数,也可增加篮球数。

(六)"转身传球"游戏

第一,"转身传球"游戏的目的。培养灵敏素质,提高传球能力和脚步移动的协调性。

第二,"转身传球"游戏的场地器材。在场地上画长 20～30 米,宽 5～8 米的长方形若干个。

第三,"转身传球"游戏的方法。游戏者每三人一组,一块长方形场地。游戏开始,甲乙两人先在两端掷地滚球,丙在场内接球。先由甲掷,丙跑上接球后,转身传给乙,并就地做好接球准备,乙接球后又掷出地滚球,丙跑上接球传给甲,连续做 10～20 次后,轮换练习。

第四,"转身传球"游戏的规则。一是掷出的地滚球可在长方形内任意位置。二是接球人应跑上接地滚球,转身传出的球要准确,若传球失误则受罚。

第五,"转身传球"游戏的建议。根据对象和天气状况掌握运动量。

(七)"坐地传接球比赛"游戏

第一,"坐地传接球比赛"游戏的目的。帮助球员熟练双手传接球技术,发展其上肢力量。

第二,"坐地传接球比赛"游戏的场地器材。篮球场 1 个或平整的空地 1 块,两人 1 个篮球。

第三,"坐地传接球比赛"游戏的方法。球员两人一组手持一球,相对伸直腿坐于地上,两人的双脚脚掌相抵。游戏开始,两人以规定传接球方式坐在地上连续对传,直到传完规定的次数,先传完的组为胜。

第四,"坐地传接球比赛"游戏的规则。一是次数的计算以其中一人"一传一接"为一次计。二是传接球失误,重新开始,以前所传次数累计。三是在整个传球过程中,两人必须始终伸直腿坐地上,否则犯规,判其重新坐好后再从头计算次数,在此前的次数取消。

第五,"坐地传接球比赛"游戏的建议。一是可改为仰卧起坐传球比赛。二是可改为先计算个人成绩,再计算全队成绩的方法。三是可改为在规定时间内计算各组累加次数的方法,累加次数多的组为胜。四是可以双手传、接球方式(如双手胸前传球、双手头上传球等)为规定方式。

(八)"交叉步对传比多"游戏

第一,"交叉步对传比多"游戏的目的。球员在快速移动中熟练双手胸前传接球技术,提高移动中传接球时的手脚协调性。

第二,"交叉步对传比多"游戏的场地器材。篮球场 1 个,两人 1 个篮球。

第三,"交叉步对传比多"游戏的方法。两脚左右开立与肩同宽,向右交叉时,左脚经提前跨步落右脚的右侧,同时右脚向右迈一步成原姿势站立;向左交叉步的动作相同,方向相反。游戏开始,甲、乙两人约定甲持球原地不动,乙先做交叉步移动;乙向右做交叉一步移动时,在他的右脚落地的同时,甲传出的球到乙的手中,在原地把球传回给甲,同时做向左的交叉步移动,在他的左脚落地的同时,甲传出的球到乙的手中,乙再次把球传回给甲。如此循环下去,在规定的时间内比赛交叉步传接球次数的多少,多者为胜。传球方法以双手胸前传接球的方式为宜。

第四,"交叉步对传比多"游戏的规则。一是必须按规定步法和传接球方法进行比赛,否则无效。二是计算次数以移动者的一传一接为一次计算。三是传接球失误,从失误处重新再计算。

第五,"交叉步对传比多"游戏的建议。一是可改为规定传接球次数,先完成的为胜。二是可改为以先计算全队中个人(或组)胜负次数,胜者得 1 分,然后把个人(或组)的得分累加,得分多的队名次列前。

二、运球类游戏

在篮球技术中,运球是最基本的技术之一,也是篮球比赛中运用时间最长的技术。因此要想打好篮球,必须很好地掌握篮球的基本技术。然而在实际教学中如果按部就班地进行运球技术教学,有的球员就会因为运球的枯燥而降低对篮球的兴趣。而有的球员则因运球没学好就急着想打比赛,导致了活动效果很差。在教学中适当使用运球游戏进行教学,可以使球员产生浓厚的兴趣,从而获得更好的教学效果。

运用游戏形式进行运球和持球突破技术的教学训练,其目的是让球员在游戏中掌握运球和突破的基本技术,培养其勇猛、顽强、果断的作风,提高其运用运球和突破技术的意识,使他们学会判断和掌握运球或突破时机,扩大视野,在提高个人实力的同时,提高球队的整体实力。

(一)"对抗出局"游戏

第一,"对抗出局"的游戏的目的。提高球员对抗时的运球能力。

第二,"对抗出局"的场地器材。依人数的多少在场地内画几个与中圈等大的圆,篮球若干个。

第三,"对抗出局"的方法。依队员的对抗能力分为每两人一组,在一圆圈内各运一球,游戏开始,在控制好自己的球的情况下,两队员用肩膀互相挤推,力争把对方挤出圆圈,在规定的时间内,将对方挤出圆圈次数多的同学为胜,另一人受罚。

第四,"对抗出局"的规则。一是只能用肩膀挤推,不能用手。二是对抗过程中,若队员运球失控,判出圆圈一次。

第五,"对抗出局"的建议。分组时,要按能力均等的原则。

(二)"运球绕人"游戏

第一,"运球绕人"游戏的目的。提高运球跑动能力,活跃课堂气氛。

第二,"运球绕人"游戏的场地器材。一个半场,篮球若干个。

第三,"运球绕人"游戏的方法。将球员分为人数相等的两组,两组间隔约 5 米面向站立,其中一组持球。游戏开始,持球同学运球跑向自己对面的同学,绕过该同学后运球回到自己原来的位置,将球传给对面的同学,绕过该同学后运球回到自己原来的位置,将球传给对面的同学,游戏重新开始,每一轮比赛最后回到原位置的同学判输,几轮比赛后被判的同学集体受罚。

第四,"运球绕人"游戏的规则。启动时不能向前抛球,运球不能走跑。

(三)"运球攻守"游戏

第一,"运球攻守"游戏的目的。培养球员抬头运球习惯,培养灵敏素质。

第二,"运球攻守"游戏的场地器材。篮球场 1 个,篮球若干个,粉笔。

第三,"运球攻守"游戏的方法。把队员分成人数相等的 3~4 组,各组首尾相接站成半个球场大小的圆,面对圆心。游戏开始,各组排头 2 名或 3 名球员在圈内各一手持球,一手拿粉笔头,听教练员哨音在圈内任一点开始运球,每个球员力争在运球的同时在另一球员背部画一痕迹。游戏者只攻不守。背部出现痕迹者退出游戏。第一退出者得 1 分,第二退出者得 2 分,以此类推,只剩一人时游戏结束,该球员为优胜者,得分最高。一轮结束计算各组得分后按次序进行下一轮。每人进行一次后,累计各组部分,按总分多少排出各组名次。

第四,"运球攻守"游戏的规则。运球不得出圈,只准在运球的同时进攻,画在背部有效。

第五,"运球攻守"游戏的建议。此游戏能提高球员变向、变速运球及用手感控制削球的能力,可在半场内进行。

(四)"穿越丛林"游戏

第一,"穿越丛林"游戏的目的。巩固球员已学的各种运球突破技术,提高在快速运球中的控球能力。

第二,"穿越丛林"游戏的场地器材。篮球场 1 个,篮球若干个。

第三,"穿越丛林"游戏的方法。把球员分为人数相等的几组,每组 5 人左右为宜,前后间隔约 1.5 米,每组排头持球面向本组队员。游戏开始,各组持球队员用跳步急停后交叉步突破的方式依次突破本组队员,到队尾后用地滚球方式把球传到排头,自己与前一位同学间隔 1.5 米站立,以此类推,各组同学轮一遍,先做完的组为胜。

第四,"穿越丛林"游戏的规则。突破时走步的同学判为重做。

第五,"穿越丛林"游戏的建议。突破方式可改为急停后同侧步突破、运球后转身突破、提前变向突破等。

(五)"持球突破投篮"游戏

第一,"持球突破投篮"游戏的目的。提高球员突破和投篮动作的衔接能力。

第二,"持球突破投篮"游戏的场地器材。篮球场 1 个,篮球 2 个,标志杆 2 个。

第三,"持球突破投篮"游戏的方法。在两个半球 45°的 3 分线上各放一个标志杆,标志杆前 1 米处画一横线,把球员分为人数相等的两组成纵队站于标志杆后,各组排头持球。游戏开始,排头做交叉步突破至横线跳起投篮,投中后(不中要补中)自己抢篮板球传给本组第二位同学,以此类推,先做完的组为胜。

第四,"持球突破投篮"游戏的规则。必须使用规定的突破动作。

(六)"运球相互拍打"游戏

第一,"运球相互拍打"游戏的目的。帮助球员熟悉球性,提高控制支配和保护球能力。

第二,"运球相互拍打"游戏的场地器材。篮球场 1 个,每人 1 个篮球。

第三,"运球相互拍打"游戏的方法。全体球员人手一球分散于半场(或 3 分线以内)内,自己运球并随时伸手拍打周围同伴的球,同时注意保护好自己的球不被别的同伴拍打。凡拍打到同伴球的球员得一分,持续 3~5 分钟后统计个人得分,分数多者获胜。

第四,"运球相互拍打"游戏的规则。一是只准在规定区域内相互拍打,否则算自动退出比赛。二是拍打到同伴的球一次得 1 分,被同伴拍打到一次失 1 分;统计时把得分减去失分即为个人得分。

第五,"运球相互拍打"游戏的建议。一是可进行几个 3~5 分钟,以提高游戏难度。二是可在计算个人得分同时计算全队得分,全队得分高者获胜。三是可用每局淘汰最后 3 或 5 个得分最低的队员的方法,以增加游戏的竞争性。

(七)"救球"游戏

第一,"救球"游戏的目的。发展球员手指、手腕按球的能力。

第二,"救球"游戏的场地器材。篮球场 1 个,每人 1 个篮球。

第三,"救球"游戏的方法。把球员分成人数相等的两队成横排相对而立,每人面前放一个篮球。游戏开始,两排球员同时下蹲用最快速度把放在地上的"死"球拍"活"成原地高球姿势站立,在规定时间内站起来的人数多的队为胜。

第四,"救球"游戏的规则。一是只能用手、手腕的力量快速拍按球,使球变"活",不得把球拿起来。二是同队队员间已把球拍"活"的队员不得去帮未把球拍"活"的同伴把球拍"活"。三是不得以任何方式干扰对方拍"活"球。四是违反上述规定者为犯规,凡犯规者罚其把球连续拍"活"三次后才计成绩。

第五,"救球"游戏的建议。如果参加游戏的人数多或无法做到每人一个篮球,可把参加游戏的人分成若干个小组,每个组的人数与现有的球数相同,采用淘汰的方法进行对抗。

(八)"运球追逐"游戏

第一,"运球追逐"游戏的目的。提高球员行进间运球技术,发展其运球的手、脚、眼的协调能力。

第二,"运球追逐"游戏的场地器材。篮球场 1 个,每人 1 个篮球。

第三,"运球追逐"游戏的方法。球员甲、乙两人一组各运一球分散于球场内任意跑动,规定教练员吹一声长哨为甲追乙,两声短哨为乙追甲。游戏开始,随着教练员哨声的变换,甲、乙两人在场内反复进行追逐与反追逐。追到对方并用手轻拍对方后背得 1 分,在规定时间内得分多者为胜。

第四,"运球追逐规则"游戏的规则。一是只有运着球追到对方并拍到对方背后才得分,若追到对方时运球失误,或拍到对方身体其他部位无效。二是双方在运球时要随时注意躲闪其他人的运球,以免发生碰撞,当发生碰撞被对方击拍到,则算有效。

第五,"运球追逐"游戏的建议。一是也可改为个人得分基础上计算全队得分,得分高的队为胜。二是如参加的人数多,可分为几队轮流进行。

三、投篮类游戏

投篮是篮球运动最重要的基本技术,是最主要的得分手段,是决定篮球比赛胜负的关键因素。投篮与防投篮构成了篮球比赛中攻防矛盾的焦点。因此正确掌握和熟练运用投篮技术,不断提高投篮命中率,对于夺取比赛胜利具有重要的意义。

投篮是与篮球运动同时出现的技术,它始终随着现代篮球运动的发展而发展。当前投篮技术的发展趋势和特点具体表现:投篮难度、命中率越来越高;投篮的攻击性、突然性、技巧性越来越强;投篮的动作方式及其变化越来越多;投篮的动作越来越趋向早(举球早)、高(出球点高)、快(出手快和突然)。因此投篮时要做到快、高、准、变就成为现代篮球比赛对投篮队员最基本的要求。

投篮的方式种类很多,但无论任何方式的投篮,其动作结构都包括准备、出手、结束三个阶段;包括持球动作、出手动作、瞄篮方法、球的飞行弧线、球的旋转五个要素;无论是结构还是要素,投篮出手都是影响投篮命中率的关键环节。为此,在投篮的教学训练中,严格要求队员规范地完成投篮动作的全过程,学会合理地控制、支配、调整动作各环节的力量、方向、速度、角度,以保证投篮出手的连贯性、协调性和整体用力性。组织投篮游戏的出发点和归宿也不外如此。

(一)"罚球比赛"游戏

第一,"罚球比赛"游戏的目的。提高球员原地投篮技术动作的质量和命中率。

第二,"罚球比赛"游戏的场地器材。篮球场1个,篮球2个。

第三,"罚球比赛"游戏的方法。把球员分成人数相等的两队,两队面向球篮成纵队站立于罚球线后,排头各手持一个篮球。游戏开始,各队从排头开始依次罚球(可规定或不规定投篮方式),无论投中与否都由投篮队员自己去抢篮板球传给下一个队员,如此循环下去,直到以下几种情况结束。

一是全队每人投篮出手一次,累计投中个数,投中个数多的队为胜。

二是规定时间到,累计投中个数,投中个数多的队为胜。

三是完成规定的投中个数,先完成的队为胜。

第四,"罚球比赛"游戏的规则。按篮球比赛的罚球规则执行。

(二)"阻力投篮"游戏

第一,"阻力投篮"游戏的目的。提高球员快速移动能力和投篮能力。

第二,"阻力投篮"游戏的场地器材。篮架1副,弹性绳1根,篮球若干个。

第三,"阻力投篮"游戏的方法。把球员按两人一组分成若干组,第一组一名队员身上用弹性绳绑好,另一端固定,另一队员站在规定的区域内准备传球。开始的信号发出后,投篮的队员快速向前跑动,按同伴的传球投篮,每投一次,必须迅速后退,用手触固定点,然后再向前跑动接同伴的传球投篮,以此类推,直至规定的时间到,记录进球数,各组做完后,以投进球多的组为胜。

第四,"阻力投篮"游戏的规则。一是每人投篮时间为30秒,两人共1分钟。二是投篮姿势不限。

第五,"阻力投篮"游戏的建议。可限制接球区域和投篮姿势。

(三)"攻守投篮"游戏

第一,"攻守投篮"游戏的目的。提高球员的灵敏性和应变能力,培养对抗意识和配合意识。

第二,"攻守投篮"游戏场地器材。篮球场1块,篮球2个。

第三,"攻守投篮"游戏的方法。将球员分为人数相等的两队,每队6~8人。双方各有一名队员手持球站在本方半场的端线外准备发球。游戏开始,当教练员鸣哨后,各自发球开始比赛,两队同时在场上传球、运球、突破。力求将球投入对方篮内得分;同时又要设法阻截和防止对方将球投进本方篮内,并积极抢断对方的球,组织反攻,力争将其攻入对方篮内,规定时间内,以进球多者为胜。

第四,"攻守投篮"游戏的规则。比赛中出现犯规、违例、传球出界等情况时,均判对方在犯规违例方的半场发界外球。

第五,"攻守投篮"游戏的建议。本游戏运动量较大,时间不宜过长。

(四)"跑投三十分"游戏

第一,"跑投三十分"游戏的目的。提高球员快速投篮的能力。

第二,"跑投三十分"游戏的场地器材。篮球场1个,篮球4个。

第三,"跑投三十分"游戏的方法。把球员分为人数相等的四队,每两队用一副篮筐,各队在规定地点站好,排头各持1球。游戏开始,各队从排头起做原地跳投1次,罚球1次,都是自投自抢,无论投中与否,都把球传给下一个队员,其他队员依次按同样方法进行,按跳投投中得2分,罚球投中得1分的分值累计,直到投满30分,已完成的快慢排列名次。

第四,"跑投三十分"游戏的规则。一是严格限制投篮距离,跳投时的起跳点不能越过规定范围。二是不得故意干扰对方投篮。

第五,"跑投三十分"游戏的建议。一是根据队员的水平,对投篮动作提出不同的要求或规定。二是如果人数太多,可多分几队,用淘汰赛或擂台赛的方法抢投30分。

(五)"上篮连中比快"游戏

第一,"上篮连中比快"游戏的目的。提高球员快速运球上篮技术运用能力。

第二,"上篮连中比快"游戏的场地器材。篮球场1个,两人1个篮球。

第三,"上篮连中比快"游戏的方法。把球员分为甲、乙两人一组的若干组,每组1个篮球。比赛开始,各组的甲首先上场,在两个球篮间快速运球上篮,如甲能按规定连中4球则算完成一组,可由本组的乙再上场以同样方法进行,若甲未能按规定完成一组,由乙上场以同样方法进行,直到甲、乙两人完成规定的组数;先完成的组为胜。

第四,"上篮连中比快"游戏的规则。一是只能是"上篮",否则投中无效。二是凡出现走步、两次运球等违例现象,违例者已投中的次数取消并罚其重做。

第五,"上篮连中比快"游戏的建议。一是此游戏适用于人数少的队训练时用,但若参加人数多,可 3～4 人一组或分成若干队进行对抗。二是不一定要求上篮时连中,可要求每人投中若干个或两个累加投中若干个则可。三是为防止球员追求上篮命中率而减慢上篮速度,此游戏可改为单位时间内,累计上篮命中次数判定胜负。

(六)"1＋1"投篮游戏

第一,"1＋1"投篮游戏的目的。规范球员投篮动作,提高球员罚球或原地投篮的命中率。

第二,"1＋1"投篮游戏的场地器材。篮球场 1 个,篮球 2 个。

第三,"1＋1"投篮游戏的方法。把球员分为人数相等的两队,各成纵队站于罚球线(或指定的投篮点)后,排头各手持一球。游戏开始,从排头起依次进行"1＋1"投篮,即先投第一球,若投中则可投第二球;若第一球未投中,则把球传给本队下一个人,自己站到队尾,如此直到全队做完,累计所投中的球数多的队为胜。

第四,"1＋1"投篮游戏的规则。一是必须在规定的投篮点投篮,否则投中无效。二是必须以规定的投篮方式投篮,否则投中无效。三是球在投篮队员手中停留不得超过 5 秒,否则投中无效。四是每人只有一次"1＋1"的机会。

第五,"1＋1"投篮游戏的建议。一是可改为规定投中个数的方法,先达到规定投中个数的队为胜。二是可改为限定时间比赛的方法,在规定时间内投中次数多的队为胜。三是可根据情况规定或不规定投篮方式,如原地单手肩上投篮、原地双手胸前投篮、原地双手头上投篮、原地跳投、运球或接球急停跳等。

(七)"抢胜三球"游戏

第一,"抢胜三球"游戏的目的。锻炼球员心理素质,训练球员在比分接近的情况下提高投篮命中率。

第二,"抢胜三球"游戏的场地器材。篮球场 1 个,篮球 2 个。

第三,"抢胜三球"游戏的方法。把球员分为人数相等的两队在规定地点进行投篮比赛,比赛的顺序是甲 1、乙 1,甲 2、乙 2 交替进行,直到一方净胜 3 球为止。

第四,"抢胜三球"游戏的规则。一是队员必须按预定次序进行比赛,中途不得更改。二是比赛开始先做的一队如果先胜三球,后做的一队仍有一次投篮机会。

第五,"抢胜三球"游戏的建议。一是为活跃气氛,在队员投中后,本队队员最好能高声呼出胜过对方的次数,如"赢一个""赢两个"等,落后的队可以高呼"还差一个"等。二是投篮点和投篮方式可根据需要来确定。

(八)"抢投得分"游戏

第一,"抢投得分"游戏的目的。磨炼球员的投篮基本功,提高对抗中快速出手能力和命中率。

第二,"抢投得分"游戏的场地器材。篮球场 1 个,每两人 1 个篮球。

第三,"抢投得分"游戏的方法。划定一个"投篮区"作为队员对抗的基本范围。把队员分为人数相等的甲、乙两队。游戏开始,双方各出一人进行对抗,两人均自投自抢进行防守。

例如,甲方的甲1与乙方的乙1对抗,甲1持球并把球传给乙1同时上前封盖乙1的投篮,而乙1在接到甲1传来的球且尚未来得及投篮出手,并以同样方法去抢篮板球和把球传给甲1并对甲1进行防守。每人一次进攻机会。如此反复循环直至规定时间到,命中次数多的一方得1分;以后各组均按同样方法进行,直至双方全部轮完1次,以得分多的队为胜。

第四,"抢投得分"游戏的规则。一是投篮双方均不得超越投篮区的限制线,否则投中无效。二是双方接球后即出手,不得以运球或突破避开对方防守,否则投中无效。三是双方投篮后即冲抢篮板球并在获球的地方把球传给对方,不得走到对方面前交球接防守,否则算对方直接得1分。

第五,"抢投得分"游戏的建议。一是可在两个半场内同时进行4～6组的对抗。二是可根据情况规定或不规定投篮方式,延长或缩短投篮距离。

四、脚步动作类游戏

脚步动作游戏是通过各种突然、快速的脚步动作,达到进攻时能摆脱防守,防守时能跟住对手,以争得时间和空间主动权,进而有效地完成攻防任务的一种技术。它是篮球各项技术的基础,也是比赛中运用最多的一项技术。它对于掌握和提高其他技术、培养和发展球员的速度、力量、灵敏、反应、协调等基本素质以及培养克服困难的意志品质和勇猛顽强的作风,起着积极的作用。

移动技术包括走、跑、跳、停、转、滑、撤等20多种基本脚步动作方式。各种移动动作方式在比赛中的作用不尽相同。但无论是哪一种方式,其动作结构都主要以腰、膝、踝关节为轴的各种运动动作组成,上肢加以协调配合,而且都是通过脚掌不同部位的蹬地、碾地或抵地用力,配以脚、腿、腰、胯的协调用力来实现身体重心的转移和控制的。现代篮球比赛要求队员在比赛中运用各种脚步动作时,要做到突然、快速和多变。因此队员进行移动技术教学训练,不仅要发展队员的判断、反应能力,提高身体训练水平,更重要的是培养队员变换身体重心和控制身体平衡的能力。

鉴于移动技术本身的动作简单,对教学训练条件的要求不高,但练起来又较枯燥的特点,以游戏的方式进行移动技术教学训练,就成为篮球教学训练中的常用的教学手段。从教学的角度来说,移动技术教学训练中很重要的两点:一是要与篮球的专项身体数值训练紧密结合;二是要与篮球的对抗技术,如运球与防运球、突破与防突破、传球与防传球、投篮与防投篮、接球与防接球等紧密结合。但从移动游戏的素材选择角度来说,则更着重于移动的单一技术动作和专项身体素质训练紧密结合。因此组织移动游戏的目的主要是掌握各种移动技术动作方法,学会在球场上正确的蹬地用力、转移身体重心、保持身体平衡的基本方法;掌握移动技术运用方法以及不同技术动作间的相互衔接要点,提高脚步移动的速度、速率、突然性和灵活性;在模拟比赛实战的情况下,提高移动技术与其他技术的快速转换能力。

(一)"不倒翁"游戏

第一,"不倒翁"游戏的目的。锻炼球员的反应能力,提高球员的启动速度。

第二,"不倒翁"游戏的场地器材。篮球场1个,标枪或竹竿1根。

　　第三,"不倒翁"游戏的方法。球员围成一个圆圈向圆心站立,报数并记住自己的号码。教练员在圈中央用手扶竖立在地面上的竹竿。然后让球员绕圆慢跑,教练员随意叫某一号码,同时将竹竿放开跑进圆圈。被叫到号的球员应立即跑到中间扶住将要倒下的竹竿,并使其竖直,然后呼叫另一号,游戏继续,未来得及扶住竹竿者受罚。

　　第四,"不倒翁"游戏的规则。扶竿同学放手时不能有意加快杆的倾倒速度,放手后也要注意躲避下一位扶竿者的跑动路线。

　　第五,"不倒翁"游戏的建议。游戏人数以15人左右为宜,人数太多可分组进行,太少则要增加跑动半径。

　　(二)"摸球追拍"游戏

　　第一,"摸球追拍"游戏的目的。训练启动、急停技术,提高速度素质。

　　第二,"摸球追拍"游戏的场地器材。在场地上画一个等边三角形,在三个顶角放三只立柱,在三角形中心点放一篮球。

　　第三,"摸球追拍"游戏的方法。分成人数相等的三个组,站在立柱后成纵队,面向中心点。游戏以三人一组进行,听到信号后,每组第一人按规定的跑动路线进行摸球,即甲组到中间摸一下球,随后绕过乙组立柱再到中心摸球,再绕过丙组立柱到中心摸球,最后回到甲组。在游戏进行过程中,三人中后一人追前一人,如追拍到前一人得一分,在追拍过程中,还要随时注意信号,如听哨声后做急停并要沿轨迹相反方向跑,如此以回到原位为第一轮结束,累积每组得分,以得分多的组为胜。

　　第四,"摸球追拍"游戏的规则。一是追拍必须按规定路线行进。二是摸球时不得使球滚动,发生移动必须放还原处。

　　(三)"关门"游戏

　　第一,"关门"游戏的目的。提高滑步及关门防守技术,培养球员协同配合的精神。

　　第二,"关门"游戏的场地器材。篮球场1个,在场地上画几个与中圈等大的圆,篮球若干个。

　　第三,"关门"游戏的方法。在每个圆心上放一篮球(要使篮球固定不动),每组分4人防守和3人进攻站于圈内外。游戏开始,攻方利用身体虚晃、转身、急停及各种脚步动作设法进入圆圈触摸球,而防守则通过快速的移动及相邻两人的关门配合不让对方进入圆内,以2分钟内攻方能否进入圆圈触摸球判断胜负,然后交换位置游戏重新开始。

　　第四,"关门"游戏的规则。一是防守只能依靠快速移动,用身体来防守对方进攻,不能用手臂阻止对手。二是进攻方不能有推人动作。

　　第五,"关门"游戏的建议。进攻和防守的人数可适当增加或减少,但防守区至少比进攻多一人。

　　(四)"团体赛跑"游戏

　　第一,"团体赛跑"游戏的目的。训练腿部力量,提高速度素质。

　　第二,"团体赛跑"游戏的场地器材。场上放几行等距离的立柱,将人数分成相应均等的几组,在端线外面对场内纵队站立(后一人抱住前一人腰)。

第三,"团体赛跑"游戏的方法。游戏开始,每组从端线出发,绕过所有立柱到另一端线,游戏以一组排尾先过端线为胜。

第四,"团体赛跑"游戏的规则。一是队伍不得松散,要集体通过端线。二是必须按图示路线跑动,不得触及标志杆。三是击掌时,下一位同学不准抢跑。

第五,"团体赛跑"游戏的建议。一是可通过增加标志杆的数量来增加跑动难度,改变标志杆的位置来改变跑动路线。二是标志杆可由见习生来顶替。

(五)"大渔网"游戏

第一,"大渔网"游戏的目的。训练灵敏反应和脚步动作的灵活性,培养协同一致的配合能力。

第二,"大渔网"游戏的场地器材。在篮球场上进行,先指定两名队员担任"渔网",其他人在场内可以任意跑动。

第三,"大渔网"游戏的方法。游戏开始,担任"渔网"的第二名队员手拉手在场内跑动并设法用手触及其他人,被触到者加入"渔网"队伍,如此"渔网"逐渐扩大,直至场上剩下最后一名,游戏结束。

第四,"大渔网"游戏的规则。一是"渔网"不得松散,如松手触到人不算。二是不得离开球场跑动,被迫出界按触到论。

(六)"急起急停"游戏

第一,"急起急停"游戏的目的。练习急停技术,提高快速启动能力。

第二,"急起急停"游戏的场地器材。篮球场1个。

第三,"急起急停"游戏的方法。球员成一列横队站于端线后,以教练员哨声为信号向对面端线跑动。教练员鸣哨,球员启动跑,教练员再次鸣哨,球员急停,如此进行。在最后一次鸣哨跑动后,先到达端线的球员为胜。

第四,"急起急停"游戏的规则。听到急停哨声应立即停止跑动,否则视为犯规。

第五,"急起急停"游戏的建议。一是为练习急停技术,可要求球员在第一轮游戏中采用跨步急停,第二轮游戏采用跳步急停。二是若与篮球运动规律相结合,启动信号应改为教练员的手势或口令,急停信号用哨声。

(七)"摸高快跑"游戏

第一,"摸高快跑"游戏的目的。提高球员的弹跳力,练习急停和转身的技术动作。

第二,"摸高快跑"游戏的场地器材。篮球场1个。

第三,"摸高快跑"游戏的方法。把球员分为人数相等的两队,各成纵队站于端线外。游戏开始,两队排头迅速起跑至中线用手摸中线后返回,在篮板下急停跳起摸篮筐两次,再拍击本组第二位同学的手,自己站队尾。能摸到篮板的球员要连续起跳三次再接力;摸不到篮板的球员在篮下尽力纵跳四次后再接力,先轮完的队为胜。

第四,"摸高快跑"游戏的规则。一是接力时,击掌后才能跑动,否则退回原处重新开始。二是触篮筐时不能手抓,否则重罚。

第五,"摸高快跑"游戏的建议。一是起跳前的跑动距离和方式可改变。二是起跳方式可改为单脚、双脚或单、双脚交替,触摸方式可改为单手触摸和双手触摸。

(八)"贴膏药"游戏

第一,"贴膏药"游戏的目的。发展球员的反应、躲闪、奔跑、急停和转身能力。

第二,"贴膏药"游戏的场地器材。篮球场1个或平整的空地1块。

第三,"贴膏药"游戏的方法。球员两人成一组,每组间隔两臂左右,围成一个圆圈站立;先由A,B两人开始,A指定为追人者,B则指定为被追者。被追者B可利用圆圈上的"人墙"做障碍,追逐着奔跑周旋,当即将被追人者A触摸到或不想再"奔逃"时,可跑到圆圈上某一组的左或右侧并紧贴其站立,临时组成3人并排的一组;此3人并排的最外侧(例如,若被追着B贴于该组左侧时,其最外侧为右侧,反之亦然)的队员应立即代替原被追者B成为新的被追者;原追人者A则换追这个新的被追者;若被追者在达到安全位置前被追人者触摸到,则两人角色互换,被追者反追追人者。如此反复进行。

第四,"贴膏药"游戏的规则。一是被追者和追人者均可在圈内外任意跑动,但不可能跑出规定的球场范围。二是被追者只有在其肩部紧靠某组左或右侧人的肩部后才为安全,否则算被追人者追到。三是被追者不得在某组的身后停留超过3秒;而追人者则不得在某组的两人间强行触及位于该组后面的被追者。

第五,"贴膏药"游戏的建议。一是此游戏可变化为两人前后站立,前贴后跑或后贴前跑。二是为提高练习密度,可同时由两或三对相互追逐者开始。三是大家熟悉游戏方法后,游戏改为运球"贴膏药"。

第九章　篮球运动常见损伤与科学保健

篮球运动是一项强调对抗的大球运动,在比赛中学生之间的身体碰撞较多,因此也更易出现运动性伤病的风险。另外,篮球运动对学生的体能要求较高,进而就需要学生在篮球运动前后做好营养的补充,以及疲劳的恢复工作,如此才能更加顺利地参与到篮球运动中。

第一节　篮球运动的合理营养补充

一、篮球运动的科学营养

(一)营养概述

营养是一种系统全面的生理过程,这个过程从人体摄取外界食物开始,经过消化、吸收和代谢,最后利用食物中对身体健康有益的物质来维持生命活动。

营养素是指人类为维持生命活动而摄取的外界食物中的养分。营养素是人类维持生命活动、促进健康发展的最根本物质。如果未均衡吸收营养素,就会对人体健康水平与活动能力造成不良影响。人体需要补充的营养素有六大类,分别是水、糖类、脂肪、蛋白质、矿物质和维生素。

1. 水

水是人类维持生存的重要营养素,人类离开水将无法生存。人体内含量最多的成分就是水,水约占成人体重的 2/3。如果人体内缺水,就会影响正常的生理功能。水的营养功能主要体现在以下几个方面。

第一,水能够使腺体分泌保持正常。

第二,水参与人体正常的代谢过程。

第三,水能够调整并维持正常的体温。

人体所需水的主要来源是饮料和食物。通常,成人每天需要补充的水分是 2000~2500 毫升,学生在篮球运动中补充水分的量具体要以年龄、气候和运动强度等情况为依据。

2. 糖类

糖类还被称为"碳水化合物",碳、氢、氧是糖类的主要构成成分。根据糖类分子结构的差异性划分,可以将糖类分为单糖、双糖和多糖三大类。单糖包含半乳糖和葡萄糖;双糖包含蔗糖、麦芽糖和乳糖;多糖包含纤维素、淀粉、糖原和果胶。糖类的营养功能主要体现在以下几个方面。

第一,糖类提供机体所需的能量,维持机体正常的生理活动。

第二,糖类有利于有效吸收和利用蛋白质。

第三,糖类能够构成细胞和神经,具有重要的作用。

米、面、谷类、土豆、水果、甜食、牛奶、糖果、蔗糖、蜂蜜等日常主食、蔬果、饮料和甜品中含有大量的糖类,这些糖成分能够满足人体正常的生理功能需要。

3. 脂肪

组成脂肪的几种主要元素是碳、氢和氧,作为人体重要的组成成分,脂肪在人体内具有举足轻重的作用。脂肪的营养功能主要表现在以下几个方面。

第一,脂肪是构成人体组织细胞的重要成分。

第二,脂肪包围在人体器官周围充当脂肪垫,主要用来保护人体器官和神经,以免器官和神经受外伤。

第三,脂肪能够维持人体体温,并可以有效保护人体的内脏器官。

猪油、羊油、牛油、奶油及蛋黄等动物性食物是脂肪的主要来源。除此之外,大豆、芝麻、花生等植物性食物中也含有较多的脂肪。

4. 蛋白质

蛋白质是一切生命的基础,是构成细胞的主要成分。蛋白质的主要构成元素有氧、碳、氢和氮。根据食物蛋白质的营养价值划分,蛋白质可分为三大类,即完全蛋白质、不完全蛋白质和半完全蛋白质。蛋白质的营养功能主要表现为以下几个方面。

第一,蛋白质是构成和修补机体组织的重要物质,保证机体正常的生长发育。

第二,糖类和脂肪不能完全提供机体需要的能量时,蛋白质能够补充一定的热量。

第三,蛋白质可以构成抗体,抗体具有免疫作用,能够增强机体抵抗细菌和病毒的能力。

蛋类、豆制品、鱼、小麦、肉类、坚果、乳制品等食物是蛋白质的主要来源。一般来说,动物性蛋白质要比植物性蛋白质更优质。学生的锻炼强度和年龄等因素影响蛋白质的摄入量。

5. 矿物质

矿物质也被称为"无机盐",主要包括两大类,一类是含量较多的常量元素,包括钙、钠、磷、镁、氯、钾、硫等;另一类是含量较少的微量元素,包括铁、锌、碘、铜、硒、镍、钼、氟、钴、铬、锰、硅、锡、钒等。矿物质的营养功能主要表现在以下几个方面。

第一,矿物质是构成机体组织的重要成分。

第二,矿物质能够保持机体内的酸碱平衡。

第三,矿物质有利于合成与利用机体内的其他营养物质。

奶和奶制品是矿物质中的钙的主要来源;动物内脏(特别是肝脏)、血液、鱼、肉类是铁的主要来源;动物性食物是锌的主要来源。

6. 维生素

维生素也称"维他命",维生素是维持机体健康所必需的营养素。维生素主要分为两大类,一类是脂溶性维生素,包括维生素 A、维生素 D、维生素 E、维生素 K 等;另一类是水溶性维生素,包括维生素 C 族、维生素 B 族。维生素的营养功能主要表现在以下几方面。

第一,维生素 A 的功能主要是健齿、健骨、润肤、助消化等。

第二,维生素 B1 能够有效促进能量代谢及糖代谢生成 ATP。

第三,维生素 C 具有抗氧化、缓解疲劳、缓解肌肉酸疼等作用。

动物的肝脏、深绿色或深黄色的蔬菜、红色或黄色水果、蛋黄等是维生素 A 的主要来源;米、面、核桃、花生、芝麻和豆类等粗粮是维生素 B1 的主要来源;水果、叶菜类、谷类等是维生素 C 的主要来源。

(二)篮球运动的营养需求

1. 水

一般情况下,当人体出现口渴时,就已经丢失了 3% 的水,这时机体处于轻度脱水的状态。机体脱水容易造成运动能力下降,所以要提前进行补水。学生进行篮球运动主要分为以下三个阶段补水。

(1)课程前补水

学生要根据课程情况、气候和自身的情况进行运动前补水,这是很有必要的。课前补水可以防止运动过程中发生脱水现象。一般认为学生在进行篮球运动前 2 小时饮用 0.4~0.6 升的含电解质和糖的饮料,或篮球运动前补 0.4~0.7 升的水较为适宜。补水要遵循少量多次原则。

(2)课程中补水

学生在篮球运动中的补水量要根据出汗量来确定,通常运动中的补水总量不超过 0.8 升/秒。总补水量不超过总失水量的 50%~70%,如果学生篮球运动时间不超过 1 小时,只需要补充纯水。

(3)课程后补水

很多学生在篮球运动中补水不足,因此在课程后的补水就显得很重要。课程后适宜补充含糖的饮料或水,有利于恢复血容量。课程后不能大量补水,补充大量水分会使出汗量和排尿量增加,从而加速丢失人体的电解质,对肾脏和肝脏造成重大负担,造成胃扩张,对呼吸不利。

2. 能量

学生进行篮球运动要消耗大量能量,因此,学生每日不仅要摄入满足正常生理发育的能量,而且要补充篮球运动中消耗的能量。篮球运动的负荷越大,就会消耗越多的能量,摄取的膳食能量也应随之增加。

身体素质训练是篮球运动必备的。通常学生在进行身体素质训练中的耐力练习时消耗的能量较多,因此需要供给较多能量。学生进行中等强度的耐力运动超过 30 分钟,肌糖原消耗接近耗竭,但氧供应仍然充足,这时机体开始大量利用脂肪分解供能。因此,学生进行篮球运动中的有氧耐力训练时,应吸收含有充足糖和脂肪的食物。

学生在进行篮球运动期间,饮食中脂肪的供给要适量。过多食用脂肪会影响人体吸收蛋白质和铁等营养素,而且脂肪不易消化,会在胃内停留过长时间,从而影响运动。学生参加篮球运动时,膳食中脂肪含量在 25%～30% 较为适宜。

糖是学生在篮球运动中时的主要能量来源,学生的耐力与体内肌糖原水平是正相关关系。肌糖原水平低,学生在篮球运动中易疲劳。因此,学生要注意补充糖。

补糖的特点因篮球运动性质不同而不同。若学生进行短时间、低强度的篮球运动,则不需要补糖;若进行超过 80 分钟、大强度的篮球运动,则需要补糖。运动前补糖的时间主要集中在 15 分钟前,两小时或两小时前;运动中补糖可以提高血糖水平,延缓运动中出现疲劳;运动后补糖可以促进糖原的恢复。

3. 蛋白质

学生在篮球运动中需要补充的蛋白质量与下列因素有关。

第一,篮球运动的状态。学生在大运动量的篮球运动初期,由于细胞损伤增加,因此要增加蛋白质补充量。

第二,篮球运动的类型、强度、频率。长时间剧烈的篮球运动非常考验耐力,会加强蛋白质代谢,从而要增加蛋白质补充量。

第三,热能短缺和糖原储备不足时,将增加蛋白质的补充量。

第四,学生如果要减轻体重和控制体重,需要适当补充蛋白质营养密度高的食物。

学生在进行篮球运动过程中,要注意保持蛋白质营养的"正平衡"状态,同时蛋白质的补充量要根据体育训练的不同类型而有所变化。学生进行力量训练时,蛋白质供给量是每日总能量的 15%～18%,力量训练时蛋白质的供给有利于强壮骨骼肌和增加肌肉力量。进行其他形式的练习时,蛋白质供给量一般是每日总能量的 14%～16%。

4. 维生素

维生素的主要作用是维持和调节机体正常代谢。人体内无法合成或者不能充分合成大部分维生素,因此体内的维生素无法满足人体需要,因而需要通过食物摄取。学生如果在日常饮食中缺乏维生素的补充,就会影响身体健康水平,出现维生素缺乏症。因此参加篮球运动课程的学生要保证饮食中维生素的充分供应,以提高自身的运动能力。

二、膳食平衡

(一)膳食平衡的原则

膳食平衡是指膳食中所包含的各种营养素和热量要比例适当、种类齐全,能够满足机体的各种运动所需的营养。如果运动者膳食补充不平衡,则会影响机体正常生理功能的发挥,严重者会引发相应的营养缺乏或是营养不足症状。膳食平衡原则应做到以下三点。

1. 全面性

全面性原则要求,在膳食方面各种营养素的摄取应全面。人体需要的营养素众多,包括蛋白质、脂类、碳水化合物、维生素、无机盐、水、纤维素等。这些营养素都对人体具有独特的作用,如果有所欠缺,则会影响人体的某项生理功能。因此,运动者的日常饮食一定要全面,避免食物的单一化和长期固定化。

2.平衡性

平衡性是指各种营养素的供给应与人体之间形成相对的平衡,供应量既不能过剩也不能短缺。篮球运动训练的负荷量相对较大,因此应注重高能量食物的补充;对于女性而言,要更加注重铁的补充。在不同的季节和不同的训练强度下,应适当调整饮食。营养摄入过少,不能满足需要,可发生营养不良性疾病;摄入过多,既是浪费又对机体产生负担,产生营养过剩性疾病。

3.适当性

适当性原则是指各营养素之间的搭配要适当。饮食之间进行合理搭配能够更好地促进人体营养素的吸收和利用。在日常饮食中,要注重蛋白质、脂肪和碳水化合物之间的搭配,荤素比例适当。膳食的适当性原则还要注重主副食品的搭配,并慎重服用营养保健品。

(二)膳食平衡的具体要求

1.各种营养素和热量摄入的平衡

营养专家认为,人们从膳食中摄取的各种营养素在一定时期内应保持在一定的标准范围内。中国营养学会制定了相应的营养素每日供给量标准,运动者应该根据其调整食物的搭配和供应。

糖类、蛋白质、脂肪均能给机体提供热量,故称为热量营养素。糖类、蛋白质、脂肪三者摄入量的合适比例为 $6.5 : 1 : 0.7$。另外,运动者不仅要注重三大能源物质的供应,还要注重维生素、矿物质的补充。

2.酸碱平衡

人体的各部分都会有相应的酸碱度,一般情况下人体的各部分的 PH 值保持在相应的位置,如果饮食搭配不当,酸碱不平衡,会导致人体的酸碱失衡。篮球运动训练的负荷量相对较大,在运动之后人体可能会产生相应的酸性代谢物质,因此,在饮食中应该注重碱性食物的搭配。常见的酸性食品和碱性食品如下。

(1)酸性食品

动物类:鸡肉、鲤鱼、猪肉、牛肉、鳗鱼、蛋黄等。

植物类:大米、面粉、花生等。

(2)碱性食品

蔬菜类:海带、菠菜、萝卜、南瓜、黄瓜、四季豆、藕等。

水果类:西瓜、香蕉、苹果、草莓等。

3.氨基酸平衡

世界卫生组织提出了人体所需的八种必需氨基酸的构成比例,见表 9—1。当食物中所含的氨基酸的比例与表中的比例越接近,其越能够更好地被人体所吸收利用,其营养价值也相对越高。但是多数食品其氨基酸的构成具有一定的不平衡性,这在一定程度上影响了人体的摄取。

表9—1　人体必需的八种氨基酸

氨基酸	蛋白质(毫克/克)
异亮氨酸	40
亮氨酸	70
赖氨酸	55
蛋氨酸＋胱氨酸	35
苏氨酸	40
色氨酸	10
缬氨酸	50
苯丙氨酸＋酪氨酸	60

三、学生参加篮球运动的合理膳食营养

(一)膳食的合理构成

中国营养学会根据平衡膳食的原则,提出的膳食构成如下。第一,膳食应注重多样性,以谷类为主。谷类和薯类、动物性食物、豆类及其制品、蔬菜水果和纯热能量食物所含的营养成分不完全相同,因此,要注重食物的多样化。谷类食物的表皮中含有大量的维生素和矿物质,因此,为了防止这些食物表层营养物质的流失,要避免碾磨得过于精细。

第二,每天吃奶类、豆类或其制品。奶类和豆类食品除了含有较高的蛋白质和维生素之外,还含有丰富的钙含,具有较高的利用效率。

第三,多吃蔬菜、水果和薯类。人体的各种维生素和矿物质的主要来源是蔬菜、水果和薯类,这些食物对心血管的健康以及人体的抗病能力的增强都具有重要的作用。

第四,经常吃适量的鱼、禽、蛋、瘦肉,少吃肥肉和荤油。鱼、禽、蛋、瘦肉等动物性食物是人体优质蛋白、脂肪、脂溶性维生素、B族维生素和矿物质的主要来源。但需要注意的是,肉类食物不宜摄入过多,否则可能造成人体的肥胖。

第五,吃清淡少盐的膳食。一般认为,每人每天的食盐摄入量不宜超过6克,这对于心血管功能的正常活动具有重要作用。吃了太咸、太油腻的食物会增加心血管疾病的发病率。

第六,食量与运动量的平衡,保持适宜体重。在篮球运动之后,人体对能量的需求会相对增加,如果能量供应不足,会造成人体的消瘦和抵抗力的下降;反之,则会造成人体的肥胖。因此,应保持食量和能量消耗的平衡。

(二)"4＋1营养金字塔"

为了保证人们日常营养摄入的合理性,营养专家提出了"4＋1营养金字塔"食物指南。

第一层即底层是最重要的粮谷类食物,它在人们的日常饮食中所占的比重最大。一般成年人的每日粮豆类食物摄取量为400～500克,粮食与豆类之比为10∶1。

第二层是蔬菜和水果,在金字塔中占据相当的地位。每日蔬菜和水果摄入量为300～400克,蔬菜与水果之比为8∶1。

第三层是奶和奶制品,以补充优质蛋白和钙,每日摄取量为200～300克。

第四层为动物性食品,主要提供蛋白质、脂肪、B族维生素和矿物质。禽、肉、鱼、蛋等动

物性食品每日摄入量为 100～200 克。

第五层塔尖是膳食中放入少量的盐和糖类。

第一、二层的碳水化合物食物应提供人体所需能量（热量）的 65％；第三、四层食物中的脂肪应提供人体所需能量的 25％，这两层中的蛋白质应提供人体所需的剩余能量，约占人体总能量的 10％。

四、学生参加篮球运动的膳食建议

（一）培养科学的饮食习惯

1.合理安排一日三餐

（1）时间安排

人的日常三餐应保持固定，这样对于肠道的消化和吸收有利。一般两餐之间的间隔时间在 5 小时左右。每次吃饭的时间也应合理安排，既不能太快也不能太慢。

（2）热能安排

一般早餐占全天总热量的 30％左右，午餐占全天总热量的 40％～45％，晚餐占全天总热量的 25％～30％。

2.培养良好的个人饮食素养

第一，每天热量结构建议碳水化合物占总热量的 60％～70％，蛋白质占总热量的 10％～15％，脂肪占总热量的 20％～25％。

第二，用餐环境保持安静、清洁，不吃街头无食品卫生许可证摊贩的食品；购买食品时应注意保质期。

第三，在饮食上还要注意营养卫生，少吃太咸、太油腻的食物，不多吃油炸和烟熏的食物。

第四，增强自身对于营养和保健知识的认识和了解，讲究合理的膳食结构，掌握好搭配和比例。慎重服用保健类和营养类药物。

3.合理加餐

篮球运动对于人体的能量消耗较多，因此，可考虑适当加餐。加餐的食物摄入量不宜过多，而且要以碳水化合物为主。加餐应保证不影响正常的三餐饮食。

（二）素食餐饮要适当

素食的热量和脂肪的含量相对较低，有助于避免现代病。但是素食同样具有其弊端。对于篮球运动者而言，不应做纯素食主义者，应保证机体各种营养摄入的均衡。纯素食的主要弊病表现在以下几方面。

1.纯素食容易导致营养不良

蛋白质是人体细胞和组织的重要成分，人体各部分的组成都需要蛋白质的参与。脂肪不仅能够为人体提供热量，还对大脑发育具有重要的影响。对于经常从事大运动量的运动者来说，单纯的素食并不能很好地提供人体运动所需的营养。

2.纯素食导致微量元素和维生素缺乏

人体的各种微量元素很多来源于果蔬类食物,但是人体中的铁、锌、钙等元素主要来源于动物性食品,如铁元素主要来源于肉类和蛋类食物,钙元素则主要来源于奶类食物。素食者为了保持营养摄入的均衡,会食用多种类的食品,并且需要精心准备,但是日常生活中忙碌的人们很难做到。

五、篮球运动前后的饮食注意事项

在篮球运动前后,应注意以下几方面的饮食问题。

(一)避免空腹时的大量运动

在空腹的情况下,人体的血糖含量会相对降低,在运动过程中可能会产生头昏、四肢乏力等症状,严重者甚至会产生昏厥。空腹运动训练也可能会产生腹痛,还会抑制消化液的分泌,降低消化功能,容易发生意外。

(二)饭后不大量运动

在饭后,人体的消化器官需要大量的血液供给,这时候进行运动训练会导致消化系统的血液流量减少,从而影响人体对食物的消化和吸收。如果在饭后进行大量的运动,会影响肠胃的蠕动,产生胃痉挛、呕吐等症状。因此,运动者应在饭后过一段时间再进行运动训练,一般可在饭后 1.5~2 小时后进行。

(三)运动中不大量饮水

在篮球运动中,由于运动量巨大,人体的出汗量也会较多,会引起人体的缺水。在补水时应注意控制饮水的量,采取少饮多次的方法来补水。可饮用功能性饮料,补充人体流失的矿物质。

如果饮水量过多,会使胃部膨胀,妨碍膈肌活动,影响正常呼吸,并对肠胃、心脏有害。在运动中大量饮水,会使得人体的盐分丧失增多,从而导致人体出现四肢无力、抽筋等现象。在训练过程中,口腔和咽喉黏膜的水分蒸发或尘埃刺激、空气干燥以及唾液分泌减少等原因也可能导致口渴,在这种情况下可用水漱口的方法来消除饥渴感。

(四)运动前不吃油腻或过咸食物

油腻食物不容易消化,肠胃需要更多的血液来帮助消化,肝脏也会分泌大量的胆汁去应付。这会造成腹胀,并且影响运动器官的血液供应。

在运动训练之前,食用过咸的食物会造成口干舌燥,如果大量饮水会影响运动的效果。

第二节 篮球运动的疲劳与消除

一、运动性疲劳的概念

运动性疲劳是"机体生理过程不能持续其机能在一特定水平或各器官不能维持预定的运动强度"的现象。

二、运动性疲劳的外周机制

外周疲劳发生于神经肌肉接点至骨骼肌收缩蛋白。

不同强度、时间、运动形式所产生的疲劳机制是不同的,因此提出了许多有关运动性疲劳产生机制的学说,如"能源衰竭学说""离子代谢紊乱学说""自由基致损伤学说""保护性抑制学说""突变学说"等,分别就某一方面对疲劳进行阐释。

(一)能源衰竭学说

能源衰竭学说认为运动过程中体内能源物质大量消耗而得不到及时补充是产生疲劳的主要原因。运动性疲劳与能源物质消耗过多密切相关,且运动强度、时间不同,消耗的能源物质不同。具体如下。

第一,在短时间大强度的运动中,机体的主要能源 ATP 和 CP 在肌肉中含量很低,仅能供应 10 秒以内的大强度运动。

第二,在中等强度的运动中,机体主要靠糖酵解和有氧氧化混合供能,由于人体肌肉中糖原含量仅 $200\sim400$ 克,以酵解方式供能仅能维持 1 分钟。

第三,在长时间运动中,机体主要以糖和脂肪的有氧氧化功能为主,肌糖原的耗竭会随着练习强度的增加而增加,人体工作能力的下降往往伴有血糖浓度的降低,补充糖有助于工作能力的提高。

(二)离子代谢紊乱学说

运动时,离子代谢紊乱可以导致运动性骨骼肌疲劳的产生,影响运动性疲劳的主要离子有 Ca^{2+}、K^+ 和 Mg^{2+}。

1.Ca^{2+} 与运动性疲劳

Ca^{2+} 代谢异常是引起肌肉结构和肌肉机能变化,从而导致运动性疲劳产生的重要因素之一。运动中 Ca^{2+} 的增加对运动性疲劳的产生主要表现在以下两个方面。

第一,Ca^{2+} 的过度增加可以激活磷脂酶(PLA2)中性蛋白水解酶、溶酶体酶等,造成骨骼肌的结构和功能破坏,从而导致运动性疲劳。

第二,细胞 Ca^{2+} 增加时,主动摄入 Ca^{2+} 的线粒体会抑制其自身氧化磷酸化,使氧化磷酸化脱偶联,减少 ATP 的生成,造成运动能力下降。

运动产生的 Ca^{2+} 的积累可能减弱甚至阻止 T 管活动,阻碍肌丝滑行的完成;运动衰竭时,心肌与腓肠肌的肌球蛋白 Ca^{2+}-ATP 泵活性会明显降低,Ca^{2+} 失衡;在长时间的运动中,运送到肌浆网状组织中的 Ca^{2+} 会减少,不能满足运动需要,使机体产生疲劳;长时间运动所引起的能量下降是因为 Ca^{2+} 不均衡导致的。

2.K^+ 与运动性疲劳

一方面,细胞内 K^+ 的流失会因运动中细胞持续兴奋而不断增多。力竭时,细胞内、外 K^+ 浓度比会由 40 下降到 20,影响正常动作电位的形成,从而导致肌张力降低,产生疲劳。

另一方面,钾含量的下降可能减少体内葡萄糖的利用,抑制胰岛素分泌,减少骨骼肌糖原贮备,从而导致运动能力下降,引发疲劳。

3. Mg^{2+} 与运动性疲劳

镁在糖、脂肪、蛋白质等的代谢中发挥着至关重要的作用,是机体内许多关键酶的辅助因子。

细胞内 Mg^{2+} 可以参与细胞 Ca^{2+} 浓度的调节,抑制线粒体摄取 Ca^{2+}。运动中,细胞 Mg^{2+} 含量的下降对运动性疲劳的影响表现在以下两个方面。

第一,使许多关键酶活性降低,导致细胞代谢障碍,引发疲劳。

第二,引起 Ca^{2+} 代谢紊乱,降低运动能力,导致机体疲劳。

(三)自由基致损伤学说

自由基是指游离在外层轨道带有不成对电子的离子、原子、分子等物质,如氧自由基 (O_2)、羟自由基(OH)、过氧化氢(H_2O_2)、单线态氧(O)等。

自由基在人体的存在是利弊参半的。在生理浓度的条件下,自由基在生物体内是有利的,如使纤维细胞增殖,调节血管舒张,杀菌等;另外,自由基可以与不饱和脂肪酸发生脂质过氧化反应生成过氧化物(LOOH),过氧化物对细胞具有毒性作用。自由基过多会导致核酸受损、蛋白质交联或多肽断裂,使代谢酶因交联聚合而失去活性。

氧自由基与运动的关系最为密切。正常情况下,人体内氧自由基的产生和清除是平衡的。但是,一旦产生氧自由基过多或抗氧化系统出现故障,其代谢就会出现失衡。

运动前,给机体补充适当的抗氧化剂能够有效地降低运动后的脂质过氧化程度,延缓疲劳的出现。

(四)保护性抑制学说

体力的疲劳和脑力的疲劳均是大脑皮质保护性抑制发展的结果。运动时,神经细胞长期处于兴奋状态,导致“消耗”增多,当消耗到一定程度时,为了避免细胞的进一步消耗,机体就会产生保护性抑制,即出现运动性疲劳。

当手指拉起重物达到疲劳时,用电刺激屈指肌,手指又能拉起重物。疲劳的产生并不是肌肉本身的疲劳,而是中枢抑制的结果。

γ-氨基丁酸是中枢抑制性介质,大脑中 γ-氨基丁酸的水平可以反映抑制的程度。长时间运动后,大脑中 γ-氨基丁酸含量会显著增加,代表大脑中保护性抑制的发展。

(五)突变学说

肌肉疲劳的突变理论改变了以往用单一指标研究运动性疲劳的缺陷,从能量代谢、肌肉力量、兴奋性或活动性等方面综合分析了疲劳产生的原因。

“突变理论”把疲劳的产生和细胞内能量消耗、肌肉力量下降和兴奋性或活动性丧失三者之间的关系连接起来,描述了疲劳发生的途径主要如下。

第一,在运动性疲劳中,机体只是单纯的能量消耗而不存在兴奋性丧失。例如,运动性疲劳出现后,机体的 ATP 水平会下降,即使继续运动下去,不会出现肌肉中的 ATP 下降至零的现象。

第二,疲劳可能是能量消耗和单纯兴奋性丧失两个方面的综合表现。

第三,综合能量消耗和兴奋性的平衡丧失,但没有突变。

第四，能量消耗和兴奋性丧失的衰变存在一个急剧下降的突变峰，即兴奋性突然崩溃，目的在于避免能量贮备进一步下降而产生灾难性变化，并伴随输出功率或力量的突然衰退，这是"疲劳突变"理论的核心。

从疲劳控制链的角度来看，一个（或几个）环节的中断都会相应地引起某种运动性疲劳，但并不是所有形式的运动性疲劳都一定伴随着疲劳控制链中一个（或几个）环节的中断。目前，用"疲劳突变"来解释疲劳虽然建立在大量实验结果的基础上，但是它还只处于纯理论阶段。

三、篮球运动产生疲劳的恢复措施

运动疲劳是体内多种因素综合变化的结果，要想使其恢复的速度和效果都更为理想，就要求采用多种科学手段，否则往往达不到预期的效果。篮球课程运动疲劳恢复的措施有很多，其中，最主要的主要有以下几大类，即运动性疗法、传统康复治疗、睡眠、物理疗法、温水浴及冷热水交替浴、心理放松疗法。

（一）运动性疗法

运动疗法是以运动学和神经生理学为基础，利用人体肌肉关节的运动，以达到防治疾病、促进身心功能恢复和发展的方法。它是康复医疗的重要措施之一，要想达到较为理想的恢复效果，就要以运动员的实际情况为主要依据，以运动处方的形式，有针对性地选择适合的运动方法，从而能够确定适当的运动量。具体来说，运动性疗法的具体措施主要有以下两种主要形式。

1. 积极性休息

用变换活动部位和调整运动强度的方式来消除疲劳的方法，也就是积极性休息。在休息期中来自左手肌肉收缩时的传入冲动，会加深支配右手的神经中枢的抑制过程，并使右手血流量增加。与安静休息相比较，活动性休息可使乳酸的消除快1倍。积极性休息是运动疲劳恢复的重要措施之一，运用也较为广泛，其恢复效果也较为理想。

2. 整理活动

整理活动是指在正式练习后所做的一些加速机体功能恢复的较轻松的身体练习，是消除疲劳、促进体力恢复的好方法，应给予足够重视。如果一个人跑到终点后站立不动，血液会大量集中在下肢扩张的血管内，使静脉回心血量减少，因而心排血量下降，致使血压降低而造成暂时性脑贫血，会引起一系列不适感觉，甚至出现"重力性休克"。而在剧烈运动后进行整理活动的主要意义在于，不仅能够使心血管系统、呼吸系统仍保持在较高水平，而且对于乳酸的排除也有非常积极的促进作用。

一般整理活动应包括慢跑、深呼吸、体操、肌肉放松练习、静力牵伸练习等内容。肌肉静力牵伸练习对缓解运动后的肌肉紧张、放松肌肉、预防延迟性肌肉酸痛、消除肌肉疲劳、保持和改善肌肉质量都有良好的作用。总的来说，整理活动具有及时放松肌肉，避免由于局部循环障碍而影响代谢过程，因而延长恢复过程的重要作用。但是，为了能够保证理想的恢复效果，在做整理活动时需要注意，量不要大，尽量缓和、放松，使身体逐渐恢复到安静状态。

(二)传统康复治疗

传统康复治疗技术主要包括针灸、拔罐、推拿按摩、中药熏蒸等非药物疗法,这种治疗方法主要是通过调整人体的阴阳平衡、调节脏腑功能、疏通经络、调和气血、升降气机,达到消除疲劳、祛除致病因素、修复损伤、增强抗病能力和强壮脏腑功能等目的。

(三)睡眠

睡眠是最好的消除运动疲劳,恢复机能的治疗方法。人在睡眠时感觉减退、意识逐渐消失,机体与环境的主动联系大大减弱,失去了对环境变化的精确适应能力,全身肌肉处于放松状态。通过睡眠使精神和体力得到恢复,通常情况下,成年人每天需要睡眠 7～9 小时,儿童少年大约需要 10 小时。对于存在运动疲劳的运动员,睡眠时间可能需要更多一些,但并不是越多越好,应根据他们的疲劳程度确定适当的睡眠时间。

(四)物理疗法

应用天然的或人工的物理因子,如光、电、声、磁、热、冷等作用于人体,引起局部或全身的生理效应,从而起到康复和提高机能的治疗方法,就是所谓的物理疗法。物理疗法的形式有很多种,比如常见的电疗、光疗、水疗、冷疗、蜡疗、超声波疗、热疗、磁疗以及生物反馈等治疗。

蜡疗的运用范围较为广泛,以此为例,来介绍物理疗法。蜡疗的主要特点是:热容量大,导热性小,几乎无对流现象。石蜡有很高的蓄热性能,在冷却过程中可释放大量热能。石蜡用于治疗的作用主要表现为两个方面:一个是温热作用,皮肤能耐受 60℃～70℃ 的石蜡而不被烫伤;另一个则是机械压迫作用,对肌腱挛缩有软化、松解作用。因此,蜡疗的主要作用为:防止淋巴液渗出,减少水肿,促进渗出液吸收,扩张毛细血管和增加血管弹性。

(五)温水浴及冷热水交替浴

消除肌肉疲劳的一种最简单的方法,就是沐浴。通过沐浴,能够对血管扩张产生刺激,对血液循环和新陈代谢起到积极的促进作用,使代谢产物排出的速度加快,神经肌肉的营养得到进一步的改善。温水浴水温以 42℃ 左右为宜,时间为 10～15 分钟,每天 1～2 次。训练结束后 30 分钟可进行温水浴。但是,在应用温水浴时需要注意,为了保证理想的消除疲劳的效果,不能入浴时间过长、次数过频,水的温度也不能过高,否则就会起到相反的作用,加重疲劳。

冷热水浴可交替性地刺激血管的收缩和舒张,更有效地促进血液循环。进行冷热水浴时,热水温度 40℃,冷水温度 15℃,冷水浴时间为 1 分钟,热水浴时间为 3 分钟,交替 3 次。

(六)心理放松疗法

应用心理学的理论、原则和技术,对康复对象的各种心理、精神、情绪和行为障碍或严重的情绪困扰进行矫治的特殊治疗手段,就是所谓的心理放松疗法。行为疗法和合理情绪疗法是常见的两种心理放松疗法,这两种疗法各具特点,作用也有一定的区别。行为疗法又称行为矫正疗法,是 20 世纪 50 年代迅速发展起来的一种重要的心理学的理论和治疗技术,它按照一定的程序,采取正负强化的奖惩方式,对个体进行反复训练,以消除或矫正适应不良行为的一种心理疗法；而合理情绪疗法是以认知理论为基础，结合行为疗法的某些技术，以矫正人们认知系统中非理性的信念，促进心理障碍得以消除的心理疗法。

在训练和比赛之后，采用心理调整放松，能够达到较好的消除疲劳的效果，具体表现为：使神经精神的紧张程度有所降低，心理的压抑状态得到一定程度的缓解，神经系统的恢复速度也有所加快，这样就能够更好地促进身体其他器官、系统机能的恢复。对身体起作用的心理放松手段很多，其中，暗示性睡眠、休息、肌肉放松、心理调整训练，各种消遣和娱乐活动性活动等，是最主要的几种手段。

音乐疗法是心理放松疗法中应用较为广泛的方法之一。从生理角度看，音乐作为一种声音刺激，可通过机体的反射作用迅速产生一系列生理和心理反应。音乐的性质不同、表现形式不同，其对人体的作用也就有一定的差别，具体来说，主要表现在以下几个方面。

节奏快而有力的音乐的主要作用是增强心脏功能，改善血液循环；节奏鲜明的音乐的主要作用是使人的精神振奋，心跳加快，心肌张力增加；节奏缓慢、单调重复的音乐的主要作用是使人松弛，并有催眠镇静的作用；旋律优美的音乐的主要作用是使人们的心情愉快、平静，有助于消除体操运动员的情绪紧张及焦虑。除此之外，音乐的作用还表现为改善注意力，增强记忆力，提高人们对环境的适应力。

第三节　篮球运动性伤病的防治

篮球运动的对抗性特点使得这项运动往往具有更高的伤病风险。不过尽管如此，在开展篮球运动时也应尽全力避免伤病情况的发生。为此，掌握一些篮球运动性伤病的发生原因和应急处理办法就显得格外重要。这不论是对教师还是对学生，都能为他们顺利参加运动提供帮助。

一、篮球训练处方的概述和发展

运动处方是针对每个体育锻炼者的具体情况制订的一种处方式的体育锻炼计划。运动处方是当代体育科学发展中的新生事物，具有科学性、实用性、针对性强的特点。

（一）体育锻炼处方的概念

体育锻炼处方是指根据每个准备从事体育锻炼的个体的身心状况而制订的一种定量化的周期性体育锻炼计划。因为给健康者制定的健身方案很像医生开的处方，所以世界各国普遍把处方这个词援引到体育领域。我国通常称体育锻炼处方为运动处方或健身运动处方。

根据21世纪初运动处方在国内外发展的情况，可以将运动处方理解为：由康复医师、康复治疗师以及体育教师、社会体育健身指导员、私人健身教练等，根据患者或体育健身者的年龄、性别、健康状况、身体素质，以及心血管、运动器官的功能状况，结合主、客观条件，用处方的形式制订对患者或体育健身者适合的运动内容、运动强度、运动时间及频率，并指出运动中的注意事项,以达到科学地、有计划地进行康复治疗或预防健身的目的。

按照运动处方进行科学的锻炼,既安全可靠,又有计划性,在有效的运动处方的指导下进行锻炼可以达到下述目的:第一,增进身体健康。它包括两个方面,一是预防疾病,特别是"文明病";二是改善身体状态,提高对环境的适应能力。第二,提高身体机能,可以指导锻炼,使肌肉力量、耐力、爆发力,身体的灵敏性、技巧性、平衡性、柔韧性等素质和运动能力加强。第三,治疗疾病。把运动当作康复疗法的一种手段,严格地按处方进行,可以大大提高运动中的安全感,尽可能少地出现意外危险。

(二)体育锻炼处方的分类

随着运动处方应用范围的不断扩大,运动处方分类的方法也在不断改进,用不同的方法,可将运动处方分为不同的种类。此外,在国外还有以提高学生身体素质为目的的竞技训练运动处方。在运动疗法领域内,使用辅助用具、穿戴假肢、步态训练、操纵轮椅的训练等,也都有相应的运动处方。

1.根据运动处方对象分类

(1)康复治疗性运动处方

用于某些疾病或外伤的治疗和康复,它使医疗体育更加定量化、个别对待化。

这类运动处方的目的是,通过运动疗法帮助患者提高身体机能,缓解症状,减轻或消除功能障碍,恢复肢体功能,尽量提高患者的生活自理和工作能力。康复治疗性运动处方主要用于综合医院的康复科、康复医疗机构,也用于社区康复工作中。

(2)预防健身性运动处方

预防健身性运动处方的对象是全民健身运动的参加者,主要用于健身防病。如人过中年,身体就开始衰退,像动脉硬化就慢慢开始了。为了预防动脉硬化,运动处方规定了中等强度的耐力跑,使脂肪和胆固醇等物质不易沉积,从而达到预防动脉硬化的作用。运动处方的主要目的是,指导人们采取适当的体育活动,科学地进行锻炼,以便更有效、更科学地提高健康水平、增强体质、预防某些疾病的发生、防止过早衰老等。预防健身性运动处方主要由体育教师、社会体育健身指导员、私人健身教练等人来制订。

2.根据运动处方锻炼作用分类

(1)全身耐力运动处方

全身耐力运动处方以提高心肺功能为主要目标。按照运动处方进行系统锻炼,可以缩短患者住院时间,更快地恢复工作能力。除用于急性心肌梗死患者的康复之外,在国外已经广泛用于心血管系统慢性疾病(如冠心病、高血压)、代谢疾病(糖尿病、肥胖病)、长期卧床引起心肺功能下降等疾病的预防、治疗和康复。

在全民健身计划实行的过程中,全身耐力运动处方被用于科学地指导健身,以提高锻炼者的耐力素质、维持合理的身体成分、消除亚健康状态的症状。

(2)力量运动处方

力量运动处方的主要作用是提高肌肉的力量耐力。在康复医学中,通过运动疗法,即患者主动的肌力锻炼,使"废用性"萎缩肌肉的力量得到提高,肌肉横断面和体积加大,起到改善肢体运动功能的作用。在全民健身运动中,力量运动处方用于指导健身者科学地进行增强肌力的训练,以达到提高力量素质,减缓中年以后肌肉萎缩的速度,预防骨质疏松等作用。

（3）柔韧性运动处方

柔韧性运动处方的作用是提高身体的柔软性素质。在康复医学中,通过各种主动、被动运动等,使因伤病而受累关节活动幅度尽量保持、增加或恢复到正常的范围。在全民健身运动中,柔韧性运动处方用于指导健身者采用科学的手段和方法,提高身体的柔韧性素质,预防随年龄增长而导致的关节活动幅度下降。

3.根据所锻炼的器官系统分类

（1）心脏体疗锻炼运动处方

它以提高心肺功能为主,主要用于冠心病、高血压、糖尿病、肥胖症等内脏器官疾病的防治和康复。

（2）运动器官体疗锻炼运动处方

它以改善肢体功能为主,用于各种原因引起的运动器官功能障碍,以及畸形的矫正等。

(三)体育锻炼处方的主要内容

根据处方对象的个人情况,明确了处方的目的,完成了相应的功能评定之后,就可以开始制订运动处方了。一个完整的运动处方应包括运动目的、运动项目、运动量和注意事项等内容。

1.运动目的

根据个体不同的身体情况确定运动目标即为运动目的。运动目的具有主观和客观的双重性。主观性表现为对运动的意向、愿望和兴趣,它是以情绪为核心的主观意愿需要。而客观性则更多的是由于健康状况、疾病程度等身体客观状况产生的需求,把运动作为满足机体健康需要的一种手段。运动目的主要有以下方面:一是促进生长发育;二是防治某些疾病,保持健康,延缓衰老;三是增强体质,提高工作效率;四是丰富文化娱乐生活,调节心理状态,提高生活质量;五是学习、掌握运动技能和方法,提高竞技水平。

2.运动量

运动量的大小,取决于多种因素。以持续运动为主的耐力处方与力量处方、柔韧性处方的运动负荷有所区别。运动负荷的大小决定因素,综合起来有以下几个方面。

（1）运动强度

运动强度是运动处方的核心部分,它反映了机体运动时用力的大小和机体紧张度,是运动处方中决定学生运动能力的最主要的因素。运动强度既影响到机体的承受能力,又直接关系到运动锻炼的效果。制定出适合锻炼者特点的量化的强度指标,是制定运动的处方。

运动强度对运动效果与安全有直接的影响,掌握适宜的运动强度是执行运动处方的主要内容之一。运动强度可用最大吸氧量、心率、功率等表示。要在处方中设下运动强度,最常见的做法就是利用主观运动强度评分表及心率作参考。

第一,主观运动强度评分表。此方法适用于计算心率有困难者,或因服药而令运动后的心率有所改变的病人。其做法是请参与者在进行体能活动时,基于自身对所花气力的感觉作出吃力程度的评估。

第二，心率。在进行有氧运动时，心率与氧气消耗量的增加有密切关系，因此，心率可用来评估运动强度。同时，制定运动处方的运动强度时应考虑以下因素：①个人的体适能水平。体能不佳及生活非常静态的人，运动强度较低；体能良好的人，运动强度较高。②药物。能改变心率的药物。若改变用药的剂量及时间，则须对起始心率范围多加注意。③心血管及肌肉骨节创伤的风险。高强度，受伤风险高；低强度，受伤风险低。④个人对运动的喜好以及实践运动计划的目标。

(2)运动时间

运动时间指每次运动持续的时间，是组成运动量的重要因素。在持续的周期性运动中，运动时间乘以运动强度就是运动量。因此，运动时间依负荷强度而发生变化。运动时间过短，对机体不能产生作用，达不到应有的效果；运动时间过长，又可能超过机体的负担能力，造成疲劳积累而损害身体。因此，应根据运动目的及负荷强度来设定必要的运动时间。

耐力性运动每次运动的持续时间可在 20～60 分钟之间，其中达到适宜心率的时间在 5 分钟以上。在同样的运动量中，年轻的和体质好的人应选择强度大、持续时间短的练习；体弱的人应选择强度小而持续时间较长的练习。

(3)运动次数

即每周运动的次数。运动间隔时间过长或过短都会影响运动处方的效果。若以 70％～85％的最大心率进行运动，最佳的运动次数是每周三天。若以较低运动强度进行运动者，则需要每周进行多于三天的运动，以达到运动目的。

(4)运动进度

运动进度取决于个人能力、耐力、健康状况、年龄、喜好及目标。运动进度分三个阶段，分别为起始期、改进期及维持期。

(5)运动频率

指每日及每周锻炼次数。一般每日只需锻炼一次，每周锻炼 3～4 次。有足够的休息时间，可使机体得到"超量恢复"，收到更好的锻炼效果。运动的效果是在每次运动对人体产生的良性作用的逐渐积累中显示出来的，是一个由量变到质变的过程，所以应经常锻炼，或根据不同的运动目的，实施一定周期的运动计划。因此不能凭一时的兴趣"三天打鱼，两天晒网"，也不能急于求成使运动频率过高。

(6)运动处方的格式

运动处方可根据不同的需要采用不同的格式，但在处方中，必须指出禁止参加的运动项目、锻炼的自我监督指标及出现异常情况时停止运动的准则等。在制定和执行处方时，都必须严格遵守循序渐进、个别对待的原则，加强医务监督，充分考虑安全。

3.注意事项及微调整

(1)注意事项

为保证安全，根据处方对象的具体情况，提出锻炼时应当注意的事项：

第一，在以治疗和康复为目的的运动处方中，应指出禁忌参加的运动项目和某些易发生危险的动作。

第二,应指出运动中的自我观察指标及出现指标异常时停止运动的标准。

第三,每次锻炼前后都要充分做好准备活动和整理活动。

第四,掌握和了解一些必要的体育卫生知识,如运动后不要立即坐下或躺下,以免引起休克或其他不适感觉;不能立即吃生冷食物;不能马上进行冷水浴等。

(2)微调整

由于不同年龄、不同性别、不同体质的人群身体状况各不相同,所以不可能预先开好适应不同时间及各种场合下的运动处方。其一,接受运动处方的人应按当时制定的运动处方进行锻炼。其二,在使用运动处方锻炼的过程中,可以根据自己的情况,对处方中不适合的地方加以调整,逐步使处方更适合自身现状。一般制定的运动处方不会一次到位,需要在锻炼的过程中不断地进行调整,最终找到最适合本人的运动处方。

(四)篮球体育锻炼处方的发展

随着社会的发展和物质文明的进步,人们的生活环境日益优化,但生存环境却日益恶化,体质、体能日益退化,对各种疾病(尤其是感染性疾病、传染性疾病和慢性疾病)的免疫力和抵抗力日益减弱。因此,通过科学的体育锻炼增强体质、体能,增强自身对各种环境变化和疾病的抵抗力,也已成为人类社会发展的必然趋势。

事实上,唯一正确的增进健康、增强体质的方法就是运动锻炼以及合理的饮食营养和生活制度,三者缺一不可。

体育锻炼必须讲究科学。但若锻炼强度过大、频度过高、持续时间过长,非但不能增强体质,反而会使身体抵抗能力下降,对各种感染性疾病的易感率升高。因此,体育锻炼开始向科学、安全、有效、个性化方向发展。而运动处方正是按照运动参加者的具体情况和运动爱好,制定合适的运动项目、运动强度、运动时间和运动频率。按照运动处方进行锻炼,既可以确保安全,又有科学性和针对性,从而可以取得最佳的健身效果。

当代健身运动涉及的范围很广,不仅是锻炼骨骼、肌肉以及心血管系统,还要健脑、明目、聪耳、固齿。健身运动处方是利用科学理论和方法来合理有效地指导健身者增强体质,具有针对性和非随意性的特点。要想通过体育运动来健身,就必须按照有科学根据的运动处方来进行,并不是漫不经心地随意运动。健身运动处方很像医生给病人开的药方,一是针对不同的个案选配不同的运动项目;二是给各个运动项目科学定量,要求选用简便可行、实效性高的运动项目,根据每个健身者的特点确定适合自己的运动量和负荷量。

二、运动处方的应用及应注意的问题

运用健身运动处方从事身体锻炼者的目的方法因人而异,有的人是为了强壮,有的人是为了娱乐消遣,还有的人是为了减少皮下脂肪。事实上,运动的效果都表现在生理和心理方面。

在运用处方时,应首先对自己的健康状况进行医学诊断和体力方面的评价,然后,在此基础上选择适合自身状况的运动处方,在6～10周内获得理想的健身效果。

（一）健身运动处方

健身运动处方是指导健康人进行运动锻炼，以提高体适能，促进健康，预防运动缺乏病为目的。近年来，健身运动处方的应用呈现强度和缓、身心全面、质量精细的特点。通过锻炼解除心理压力，精神与身体和谐发展，提高对当代生活的适应能力等。

（二）应用运动处方应注意的问题

1.疲劳的判定

根据运动处方进行锻炼时，由于主观和客观的原因，在锻炼进程中很可能因选择处方的运动负荷、锻炼方法、外环境的变化、工作和生活强度较大等产生肌体疲劳。此时，如不给予高度的重视，健身的效果不仅不明显，甚至还会给肌体带来伤害。

疲劳是肌体或某一部分由于长时间工作或反复受到刺激而出现的应答能力或机能的减退。导致疲劳的原因是多方面的，但它导致工作能力和身体机能下降也是暂时的。在运动锻炼中一旦产生疲劳，即刻采取科学的对策，疲劳是可以消除的。

当识别肌体疲劳后，就可对症下药地消除疲劳。消除疲劳的方法有两种。

（1）保证充足的睡眠和休息时间

因为睡眠时，副交感神经的活动可达顶点，而副交感神经活动能促使能源物质的合成，即同化作用显优势进行。因此，睡眠对消除疲劳具有最大的效果。

（2）积极性休息

作为积极性休息所选用的锻炼活动，强度要小，时间要短。这样，大脑皮层中神经细胞产生的兴奋才能集中，对疲劳神经细胞方可产生负诱导作用，并使疲劳神经细胞加深抑制，促进恢复。同时，改变肢体活动的部位，变换锻炼的内容和方法也是非常重要的。

但是，无论选用哪种恢复机能的方式，都要给肌体补充消除疲劳的营养物质，体质才能通过疲劳而增强。因为锻炼时消耗的营养物质只能依靠饮食中的营养物质来补充。所以安排好膳食结构有助于疲劳的消除。总之，只有充分认识疲劳，同时采用合理消除疲劳的方法，健身锻炼才能做到安全，体质才能逐步增强。

2.健身锻炼中的常识

在实施运动处方锻炼时，首先要对自己所选用的处方内容、运动场所和运动用具等有充分的了解，并且对运动场所和运动用具的安全性做全面的检查，将伤害和事故的发生消灭在萌芽状态。在选择锻炼负荷量时，必须根据自己的身体状况选择适宜的运动负荷量。

无论采用何种健身的方式，都应包括准备活动、伸展柔韧性运动、有氧代谢运动和整理活动这四大内容。只有在做好准备活动后进行健身锻炼，最后配以整理活动，健身锻炼才能取得效果。

第一，准备活动的顺序通常是先慢慢地活动手、臂、腿和脚。因为这种活动对心脏的刺激不大。同时，准备活动中要根据气候条件和年龄、身体状况适当地增减衣服，以保证肌体不至于感到寒冷，又不妨碍做动作。

第二，在健身锻炼之后，肌体的工作状态处于一个较高的水平，如果此时停止运动或坐下或躺下休息，会使体温急剧下降，从而导致眩晕、恶心、出冷汗。所以，在健身锻炼后要及时对肌体进行整理活动,使身体代谢的速度缓慢下来,使肌体逐步处于稳定状态。

第三,健身锻炼出汗之后,不能立马去洗澡,应在运动后至少 10 分钟再冲澡。

第四,在按照健身运动处方进行健身锻炼过程中,如果遇到下列症状,必须停止锻炼:胸痛伴随运动的进行而加剧;胸内绞痛,呼吸严重困难;恶心、头晕、头痛;肌体感到十分疲劳;四肢肌肉剧痛、两腿无力,行动困难;足、膝、腿等关节疼痛;脉搏显著加快;脸色苍白,出冷汗,嘴唇发紫;跑的姿势或动作不稳,不正常,运动的速度突然缓慢。

第五,从事健身运动锻炼,切忌性急。要在轻松愉快的心情下进行健身运动锻炼,健身的效果才会更充分地体现。

第六,要高度重视健身锻炼后的身体恢复阶段。为了使身体通过锻炼而受益,必须注意锻炼后身体的恢复过程。首先要改善饮食结构,根据健身过程中负荷量的大小,不同年龄对营养物质的需求,有计划地科学地选配食品,以保证身体对营养需求的平衡。其次是对肌体的调节,因为调节肌体的工作和休息状态能够解除疲劳,促进物质吸收和储备能量。另外,如有条件,可在锻炼后采取一些理疗,这些方法是行之有效的。

3.冷、热环境下的锻炼

健身锻炼要根据春生、夏长、秋收、冬藏的自然特点进行。将健身运动与自然力锻炼结合起来,健身效果会更好。

(1)热环境下运动

在热环境下运动,收缩压和舒张压都降低,这是因为在高温下,身体末梢血管舒张,皮肤血液量大,安静血压容易形成比较低的状态。

(2)冷环境下运动

适应寒冷环境,在可能的情况下,要抑制颤抖的出现。因运动而出汗后,体温会下降,增加了患支气管炎的危险性;另外身体柔韧性丧失,动作敏捷性差,要充分注意这方面的问题。

(3)对运动环境的选择

运动环境的选择,首先要考虑的是安全问题,既要避免到人群喧闹、噪音较大、交通拥挤的地方去运动,也不要到自己不熟悉、人迹罕至的偏僻地方去运动。其次,根据运动项目的不同特点,选择合适的环境,对运动者的运动情绪、运动开展、运动效果等方面,都有很重要的意义。

运动的环境选择和安全,还要根据不同季节的气候条件变化而变化。夏天天气炎热,阳光中的紫外线特别强烈,要避免长时间在户外阳光直射到的地方运动,以免引起中暑;冬季早晨有雾,能见度差,且雾中带有有害物质,给运动者带来不利因素,所以要避免在大雾天气中运动。

三、篮球运动损伤的防治方法

(一)肩部常见损伤

篮球运动中的运球、投篮、争抢篮板球等技术动作在很大程度上都需要依靠肩部来完成。再加上篮球运动始终是在对抗条件下完成的,因此极易发生肩部损伤,其中以肩袖的损伤最为多见。

原因:肩袖损伤又称"肩袖损伤性肌腱炎",发病机制与肩关节外展、内旋或过伸,肱骨大结节长期超常范围急剧转动、劳损、牵拉、摩擦有关。

症状:患者常感肩痛,尤其是上臂外展60°～120°区间。肩部活动受限,肌肉萎缩,肱骨大结节处有压痛。

处理:急性发作期间,应暂停训练,肩关节制动,上臂外展30°固定,以减小有关肌肉张力而减轻疼痛症状。

康复训练:如肩关节的回旋、旋转运动和肩外展90°位负重静力练习等,以改善局部血液循环,增强肩部外展肌群,尤其是三角肌的力量,防止肌肉萎缩。康复训练要以肩部不产生疼痛为原则。积极治愈肩部的微小损伤、强化肩部外展肌群的力量训练(如前臂侧平举抗阻练习等)和注重力量训练后的放松练习是预防肩袖损伤的三个关键环节。

(二)肘部常见损伤

1.肘关节内侧软组织损伤

原因:篮球运动中肘关节内侧软组织损伤,多因双方队员空中(单臂)同时争球时,一方队员用力较猛,造成前臂力量较弱的对方队员的肘关节被动外翻和过伸,或因摔倒时前臂保护性外展、外旋支撑而致伤。

症状:伤患最为多见的是内侧韧带撕裂伤,严重受伤时往往合并其他组织的损伤,如尺侧关节囊撕裂、肘脱位等。受伤后肘关节尺侧疼痛、肿胀,关节功能障碍,肘内侧有明显的压痛点。

预防:关键在于加强前臂屈、伸肌群的力量练习,可经常使用弹簧拉力器发展前臂肌群力量和腕、肘关节的控制能力。另外,在运动前应进行3～5分钟的前臂屈肌群静力性牵拉练习。

处理:现场用氯乙烷喷湿局部后压迫包扎,前臂旋前、肘屈90°位,用托板或三角巾固定于胸前,冰袋敷局部。

康复训练:受伤一周后,配合临床治疗,逐步开始康复训练。主要目的在于防止关节粘连和逐步增强前臂肌力。练习中,一方面必须采取保护措施,如使用护肘、粘膏支持带等;另一方面避免重复受伤机制的动作,阻抗负荷也应逐步增加。

2.肘关节脱位

原因:肘关节脱位多因队员倒地时前臂保护性外展、外旋、后支撑所致,其中后脱位最常见。

症状:伤后局部疼痛,关节畸形,功能障碍。

预防:强化倒地时正确的保护性技术动作是预防肘关节脱位的最重要环节。身体向后倒地时,前臂应外展、稍内旋(禁忌外旋)、肘关节微屈(禁忌过伸)、后支撑,膝关节微屈,在身体着地的瞬间用力向后蹬,以分解倒地时的垂直作用力,避免肘关节脱位和尾椎骨受伤。

处理:现场急救可进行氯乙烷局部麻醉降温,绷带包扎,依肘受伤后的肢体位(角度)托板固定,用三角巾挂于胸前,冰袋继续敷局部。

康复训练:整复后第二天即可开始握拳、转肩的康复练习,以促进前臂的血液循环,有利于消肿。固定后,坚持进行肘关节的伸屈和前臂旋转运动,防止和松懈损伤后的关节粘连。肘伸屈训练时,动作的幅度必须适可而止,逐渐加大,直至恢复到原有的角度,切忌大力扳拉,以防发生骨化性肌炎,这是康复训练的关键环节。

(三)腰部常见损伤

1.急性腰扭伤

腰部急性损伤包括肌肉、韧带损伤及关节扭伤等,90%发生于腰骶部和骶髂关节。

原因:较多发生在提起重物等动作时。具体损伤过程为在弯腰展髋、伸膝的提重发力时,骶棘肌的力量不足以支撑动作的完成,或者重物的重量在预想之外,如此引起骶髂部肌肉、筋膜或韧带撕裂。另外,运动动作超越脊柱活动范围也是急性腰扭伤等多种腰部损伤的缘由。

症状:伤后脊柱发生生理性变形,如弯曲度改变或出现侧弯;弯腰时腰部出现疼痛且屈度减小或相应部位肌肉痉挛。在行走时,受伤一侧不敢发力,影响正常行走活动,即便是在坐位时伤处仍然无法动弹。这种在受伤局部往往有着明显的压痛点。

预防:除采用一般预防措施外,应加强腰腿和腹部肌力的训练,强化腰部伸屈扭转复合动作的合理性和协调性训练。近期曾有受伤史的队员在训练和比赛时,以及未受伤队员在进行腰部力量训练时,建议使用护腰带,以加强保护措施。

处理:受伤后应尽量让患者平卧休息,冷敷患处。不建议盲目使用手法治疗。

康复训练:康复训练主要以逐渐增加腰、腹肌力量练习为主。训练初期应由徒手练习占据较多时间,要求循序渐进,缓慢加量。练习结束后应特别注意放松腰部肌肉,如经常性的自我腰部按摩。

2.腰肌劳损

原因:患者在患有急性腰扭伤后并未根治,并且腰部的活动量和负荷量仍旧未减,久而久之形成了腰部肌肉、筋膜、韧带等组织的慢性损伤。

症状:患者经常出现腰部酸、胀、痛等症状,特别是在进行完高强度、大运动量训练后酸痛感更为突出,这种不适感甚至还会放射至腰部周边部位,影响队员的正常训练,甚至对生活也会产生一定影响。腰肌劳损在腰部有明显的压痛点,同时在直抬腿试验中呈阳性。

康复训练:腰肌劳损的康复方法主要有两种。

第一,在日常训练中增加腰部、腹部的力量素质训练,以使新增的肌肉纤维代偿伤患局部肌力的不足,力量训练的动作可以为"拱桥架势"和负重仰卧举腿等,在实践中,这几种动作有显著效果。不过需要注意的是,在训练中要严格注意对队员腰腹部情况的监控,要求训练中不要出现疼痛和肌肉痉挛,结束训练后要做好相应的放松活动。

第二,安排训练主要应改善血液循环,通常可采用如仰卧抱膝、膝胸卧展等动作,效果良好。训练中要注意,松解动作到位后应保持一段时间,通常为3~5分钟。训练要本着循序渐进,逐渐加量的原则进行,以防止局部出血或再度拉伤而影响疗效。另外,在该损伤发作期间应暂停队员训练,以不致使损伤加重。

预防：强化腰、腹肌群力量训练，避免短时间内进行重复腰腹部动作的练习。除采用常规预防措施外，还要培养运动员经常性地进行自我腰部按摩的意识和能力，这对预防腰肌劳损也十分有益。

（四）膝部常见损伤

由于篮球运动中的诸多技术需要依靠急转急停等动作来完成，这就给运动员的膝关节带来了巨大运动负荷。因此，篮球运动员的膝部损伤约占身体各部伤病总数的40%，主要伤病有膝关节韧带损伤、髌骨劳损以及膝内侧副韧带损伤等。膝部伤病的发病机制与现代篮球运动技、战术特点对运动员身体素质的特殊要求、膝关节的自身解剖结构和生理功能，以及在身体运动中所发挥的重要作用等因素密切相关。

1. 膝关节韧带损伤

在膝部常见损伤中，膝关节韧带损伤的发生概率较高。

原因：篮球运动的技术对人体膝关节的负荷能力有较高要求，如在篮球运球转身技术中中枢脚及小腿固定，大腿随躯干突然内收内旋，膝关节于是受到了扭转力或来自膝外侧的向内侧的冲撞力，导致伤情发生。这些情况均极易造成膝关节韧带损伤。而运球后转身动作由于外侧副韧带发生损伤的概率要远比内侧副韧带要低，所以受伤的原因与膝内翻有关系。

症状：当出现膝关节韧带损伤后表现为膝内侧突发性剧烈疼痛，韧带伤处的压痛点明显，同时出现半腱肌、半膜肌的痉挛症状。

预防：内侧副韧带损伤的发病率远比外侧副韧带高，且内侧副韧带的严重损伤常合并内侧半月板的撕裂伤，故为预防的重点。除采用一般常规预防措施外，还需注意以下几点。

第一，改进后转身技术动作。对于技术水平不高的运动员，克服后转身技术动作中的"拖脚"现象，是预防内侧副韧带损伤的关键环节之一。严格要求队员在完成后转身动作时，作为中枢脚的跟部应微离地面，脚的受力点一定要落在前脚掌，切忌出现"拖脚"动作，这样可以有效地化解膝关节处的扭转力，避免膝外翻受伤机制的形成。

第二，强化准备活动中的静力性牵拉练习。在进行其他动力性练习的基础上，预防内侧副韧带损伤可采用膝外翻静力牵拉练习（脚尖向外，分腿，膝内扣，半蹲位）3~5分钟，预防外侧副韧带损伤可借用"盘腿"练习。

第三，对于曾受过伤的运动员，一方面在做准备活动时不可重复（或过度用力）受伤机制动作；另一方面在训练和比赛前，还应使用弹力绷带在膝部做八字形（内侧交叉）加固包扎，并在鞋跟（或鞋垫）内适当楔形垫高，以有效防止膝关节外展外旋时再度受伤。

处理：弹力绷带做八字形（内侧交叉）压迫包扎，继续用冰袋冷敷。经此处理后可酌情继续上场比赛。韧带完全断裂者则病情症状明显加重。在完成上面几种处理方式后，再利用棉花夹板固定并及时送往医院做更进一步的处理。

康复训练：康复训练的时间为伤后3天，此阶段并不能完全停止局部治疗。在康复训练时要注意保持股四头肌和股二头肌的肌力，防止肌肉发生萎缩。这种类型的肌肉萎缩将导致膝关节"不稳感"现象的出现；在康复过程中，膝关节的伸屈抗阻练习也是必需的，从而防止出现粘连现象导致关节的活动度下降；进行康复训练应当优先做无阻抗静力性收缩和伸屈膝练习,其次才是抗阻动力性伸屈膝练习。

2.髌骨劳损

髌骨劳损是髌骨由于关节软骨面和髌骨因缘股四头肌张腱膜的附着部分出现了慢性损伤。具体可以被称为"髌骨软骨病"以及"髌骨张腱末端病"。这两种疾病视由于损伤的不同也许会单独发生,也可能一并发生。因此两种损伤的原理及症状大体相似,故将其统称为"髌骨劳损"。

原因:髌骨劳损之所以会出现是由于膝关节在长期负担过度的情况下,或经历了反复的微细损伤,最终导致劳损的出现,但因一次直接外伤(髌骨部冲撞或牵扯)也可能发生。前者往往是由于不合理的训练安排,如滑步防守与进攻、急停与起跳上篮的局部训练过多所致,不注意发展局部肌肉力量等。

症状:髌骨劳损发生后,会使人出现膝软与膝痛感。在早期,髌骨劳损只出现在大运动量训练之后,然而不适感会随着休息逐渐消失。一般膝痛常在活动开始以后减轻,运动结束后又加重,休息后又会减轻。膝痛或膝软与技术动作有较大的关联,其主要表现出来的是在出现半蹲动作时产生痛感,如日常生活中上下台阶的动作等半蹲状态动作,均会出现疼痛腿软无法发力,甚至在坐下前因不能吃力而发生跌倒等现象。严重时走路和静坐时也痛。不少病例关节酸痛程度,还与气候变化有关。

第一,髌骨压迫痛,患者膝伸直,股四头肌放松,脑后垫一小枕或检查者一手托垫,一手掌放于髌骨上,向垂直方向压迫或两侧方、上下错动按压,髌骨下出现痛者即为阳性。

第二,髌骨周缘指压痛,患者伸膝并放松股四头肌,检查者一手将髌骨两侧方或下方推起,用另一手摸压髌骨周边,痛感明显的即可判定为阳性。

第三,髌骨边缘有增厚现象或出现条索状物、髌骨尖延长、股四头肌萎缩、髌骨长角以及关节积液等也可判定为髌骨劳损。

处理:目前无特效疗法,建议发病后尽量采取练治结合的方法缓解治疗。另外,对髌骨劳损的处理方法还可以采用以下几种方式。

(1)按摩疗法

在膝关节附近通过广泛一般的按摩,也就是长时间揉捏和推揉股四头肌,其后,用单手或双手拇指对痛点以刮的形式进行按摩,或用手掌对髌骨进行按压。

(2)短波理疗

中药渗透药外敷或关节腔内注射药物,不过注意这种方式不宜经常性使用。

(3)单手拇指刮法

按摩者一只手对伤者的髌骨进行固定,显露出髌骨的疼痛部位,另一只手用拇指屈曲沿髌骨疼痛部位的长轴进行用力刮动,刮动要均匀,重复大约40次,刮髌时如伤者有痛感属正常现象。

(4)髌骨按压法

适当加压后固定不动,待酸痛减轻或消失后,慢慢抬手去压,如此重复3～5次。

在接受上述几种按摩方式之后,患者可以做不负重屈伸膝关节练习20～30次,走动2～

4 分钟,每日按摩 1～2 次。

3.膝内侧副韧带损伤

原因:在篮球运动中,由于场地、技术(如跳起投篮、抢篮板球后落地姿势不佳,或在运球突破时,遭防守队员阻挡,使膝关节出现强迫"外翻",造成膝内侧副韧带损伤)、关节稳定性、身体机能状况不佳、准备活动不足、对抗能力与自我保护能力差等原因,会导致小腿突然内收内旋,或小腿与足固定、大腿突然外展外旋,造成膝关节内翻,引起外侧副韧带损伤。

症状:伤后出现痉挛性疼痛。膝内侧压痛、肿胀、皮下瘀血、小腿外展或膝伸时疼痛与功能障碍。关节内积血是严重的联合损伤的信号,意味着关节内韧带损伤,半月板可能撕裂。侧扳试验呈阳性。

处理:现场立即冷敷、加压包扎、制动,减少出血、止痛,以避免并发症。伤后 24 小时左右可视伤情采取中药外敷或内服、按摩、理疗、康复训练等手段,促进淋巴和血液循环,加速渗出液和积血的吸收。膝内侧副韧带不完全断裂的早期治疗,主要是防止创伤部继续出血,并适当固定。膝内侧副韧带完全断裂最好的治疗方法是手术缝合。

(五)足踝部常见损伤

1.踝关节韧带损伤

原因:踝关节韧带损伤以踝关节外侧韧带(新鲜)损伤较为突出。在篮球运动中运动员的踝部会受到多种形式的冲击。通常踝关节韧带损伤经常发生与运动员跳起落地时踩在别人的脚上等原因造成踝关节内旋、足疏屈内翻位受力作用的机制有关。

症状:损伤后踝关节外侧疼痛,局部肿胀,皮下瘀血,有明确的压痛点,不能立即行走。不过鉴于踝关节以及周边韧带的结构较为复杂,因此在受伤后未确切诊断之前不建议盲目使用手法治疗。

处理:踝关节韧带损伤的处理主要有以下几种常见方式。

(1)冰袋冷敷

冰袋冷敷是踝关节损伤后的最佳应急处理办法,若无条件则可用凉水降温。但是这种方法只能起到缓解的作用,并不能完全依此治疗。

(2)抬高患肢

抬高患肢也是缓解踝关节损伤的有效方法。被抬高的患肢可促进静脉回流,防止局部肿胀。

(3)患肢制动

将受伤足固定于稍外翻、踇伸位,以此达到减轻局部韧带张力和防止进一步出血的目的。

预防:在日常训练中有意识增加踝周和跨踝肌肉、韧带的力量训练。有踝关节韧带损伤史的人在练习中还可以进行一些特定的专门练习,如踝外旋、足外展外翻、踇伸的抗阻练习等。在训练和比赛前做好充分的准备活动,如做足内翻、足外翻静力性牵拉练习各 3～5 分钟。

康复训练:踝关节韧带损伤的康复训练可以分期完成,具体可分为早期练习、中期练习和后期练习。

第一,早期练习内容包括在热水浸泡中和仰卧抬高患肢的条件下,进行踝伸屈练习。以此达到消除皮下瘀血和肿胀、防止局部粘连的作用。另外还可在不产生疼痛的前提下安排一些踇肌、腓肠肌等的被动牵拉练习。

第二,中期练习应加入一些如动感单车、足滚圆木练习等以锻炼和恢复足、踝部肌肉运动精细调节功能为主的训练。

第三,后期练习应以增强踝周肌肉、韧带力量和足伸屈肌群的力量为主,如安排起踵练习、踝屈抗阻练习等。

另外,如果在踝部康复训练后出现不同程度的肿胀,均属于正常现象。解决方法为训练后应平卧并抬高患肢。

2.踝关节扭伤

原因:踝关节扭伤多由于场地不平,或跳起落地时踩在别人脚上,或在空中受碰撞而落地不稳等。

症状:伤后踝关节外侧疼痛,迅速肿胀,并逐渐延及踝关节前部,局部明显压痛。压痛多在外踝下方,或踝尖部或外踝;内翻痛。

处理:急救时可以压迫痛点止血,抬高伤肢,然后用较大的棉花块或海绵垫加压包扎。24小时以后根据伤情可选用新伤药外敷、理疗、针灸、按摩药物痛点注射及支持带固定等。

(六)其他部位损伤

1.手指挫伤

原因:在篮球运动中球员接球时手的动作不正确或断球时手指过于紧张伸直等均会受到手指挫伤。

症状:受伤手指及周边范围有明显肿胀且伴有强烈疼痛,这种痛感会因为压迫而增大,手指功能障碍。

处理:手指挫伤的快速处理方法为用冷水冲淋。通常休息一段时间后疼痛可减轻,几天后痛感消除,能做屈伸动作。

2.大腿后部屈肌拉伤

原因:当肌肉在跳起上篮、跳起拦截或蹬跨移动等动作中主动收缩或被动拉长超出其所能承担的能力时便会出现大腿肌肉拉伤。造成这种情况的原因可能为准备活动不充分、用力过猛、体能耗竭、不规范的技术动作、气温过低等。该肌群训练不足,肌肉弹性、伸展性差,肌力弱是发生损伤的内在因素。

症状:

第一,有明显受伤动作和受伤过程。

第二,局部疼痛,伴有肌肉紧张、僵硬,肿胀处可伴有瘀血。

第三,患者做肌肉主动收缩和被动牵伸动作时,局部有明显压痛,受伤肢体有功能障碍。

第四,发生肌肉断裂者,在肌肉断裂部可触摸到凹陷或出现一端异常膨大,或呈"双峰"畸形。

处理:

第一,肌肉微细损伤或伴有少量肌纤维撕裂者,伤后应立即给予冷敷,局部加压包扎,休息时应抬高患肢。

第二,24～48小时后可开始理疗和按摩,按摩时手法宜轻柔,伤部仅能做些轻推摩,伤部周围可做揉、捏、搓等,同时配合点压穴位(宜取伤周穴位)。

第三,如肌肉大部或完全断裂者,在局部加压包扎并适当固定患肢后,应立即送往医院诊治。

3.面部损伤

原因:篮球比赛中,在争球、上篮、抢篮板球时,常易造成被他人头、肘顶撞而挫伤,甚至发生眉区裂伤等面部损伤。

症状:

第一,临床上都有急性外伤史。

第二,凡挫伤,局部有轻度肿胀,且逐渐加重。

第三,若眼眶挫伤、眉区裂伤,伤后2～3天肿胀明显,眼裂变小,甚至眼睛不易睁开。

处理:

第一,凡挫伤,24小时内局部冷敷,24小时后热敷,促进消肿和皮下瘀斑的吸收。

第二,凡裂伤,伤后6小时内清创缝合,伤后24小时内用破伤风抗生素,预防破伤风杆菌感染。

第三,骨折、牙齿断裂者,需去专科医院诊治。

上述损伤应先处理骨折。对创伤性滑膜炎应加压包扎,用夹板或石膏固定2～3周。

伤后3～5天可以进行理疗、按摩、外敷中药等治疗。

四、篮球运动疾病的防治方法

(一)肌肉痉挛

肌肉痉挛,即俗称的"抽筋",是指肌肉发生不自主的强直收缩的一种症状。人体的腓肠肌、足底的屈拇肌和屈趾肌最容易发生痉挛。肌肉痉挛常发生于长跑、足球、游泳、举重等运动时间长、运动强度大的运动。通常是由于大量出汗致使体内电解质失衡,肌肉收缩舒张失调,外部冷刺激等原因导致的。

1.症状表现

发病急,局部发生不自主肌肉强直收缩,僵硬,疼痛难忍且一时不易缓解,痉挛肌肉所涉及的关节出现运动障碍。

2.预防措施

运动前做好充分的准备活动,运动中遵循循序渐进的原则。夏季运动时,出汗过多,应注意适当补充淡盐水和维生素。冬季运动时注意保暖,同时加强身体锻炼,提高身体的耐寒能力和耐久力。冬泳前先用冷水淋湿全身以适应冷水刺激。冬泳时间不宜太长,避免在水中停止运动和停留太长时间。多吃含乳酸、氨基酸、维生素 E、钙的食物,如奶制品、瘦肉、虾皮、豆制品等。

3.处理方法

牵引痉挛的肌肉常可使之缓解。例如,小腿后面群肌痉挛可伸直膝关节,用力将足背伸;足底部屈肌、屈趾肌痉挛,可用力使足和足趾背伸。此外,还可配合局部按摩,采用重推摩、揉捏、叩打、点穴(如委中、承山、涌泉等穴)手法,促使缓解。

(二)运动中腹痛

运动中腹痛是指运动员在运动中因生理和病理原因而发生腹部疼痛的一种疾病。通常是由于准备活动不充分,胃肠痉挛,腹直肌痉挛,呼吸紊乱等原因造成的。

1.症状表现

安静时不痛,运动中或结束时腹痛。一般无其他伴随症状。腹痛的部位常与病变脏器的位置有关:肝胆疾患或淤血,多表现为右上腹痛;脾淤血多表现为左上腹痛肠痉挛、蛔虫病多表现为腹中部痛;胃十二指肠溃疡、胃炎,多表现为中上腹痛;呼吸肌痉挛多表现为季肋部和下胸部锐痛;阑尾炎在右下腹疼痛;宿便多表现为左下腹痛。

2.预防措施

在参加篮球运动前做好准备活动,训练内容和时间安排合理。运动中要注意呼吸节奏,宜进行深呼吸。如运动时发生腹痛,应放慢运动速度,减少运动量,轻轻按揉腹部,待疼痛缓解或消失后再逐步加快速度。在运动前不宜进食、饮水过多。餐后休息一小时后再进行运动。夏季运动要适当补充盐分。加强身体训练,增强心肺机能,提高机体的适应能力。

3.处理方法

运动中发生腹痛时,一般只要减低速度,加深呼吸,用手按压疼痛部位(或弯着腰跑一段),疼痛即可减轻,以至消失。如疼痛仍不减轻,甚至反而加重,就应停止运动。炎热天气时,口服十滴水或普鲁苯辛(每次 1 片),针刺或用手指点揉内关、足三里、大肠俞等穴位,都能缓解腹痛,可以试用。若为腹直肌痉挛,则可进行局部按摩,如果上述措施不见效,就应请医生处理,以防有腹部外科急症误诊而延误病情。

(三)运动性低血糖

空腹时血糖浓度低于 50 毫克/分升的一种症状即为低血糖。运动性低血糖在足球运动中比较常见。大都是因为长时间剧烈运动后,体内血糖的大量消耗和减少可造成运动性低血糖。或者是运动前饥饿,肝糖原储备不足,不能及时补充血糖的消耗导致运动性低血糖。另外还可能是因为交感神经活动增强和反应性肾上腺素释放过多,及中枢神经功能障碍可致低血糖。

1.症状表现

轻者倦怠(进食前特别明显),心烦易怒,面色苍白、多汗或冷汗,身冷,体温低,心跳快速,呼吸浅促,眩晕,头痛,视力模糊,迅速或强烈的饥饿感等;重者视物模糊、焦虑、定向障碍(如返身跑)、步态不稳、出现幻觉、狂躁、精神失常,最后意识丧失、昏迷。

2.预防措施

运动前检测血糖两次,每隔 30 分钟检测 1 次。合理安排运动量,每天的运动时间及运动量基本保持不变。大量运动前适当进食。不空腹参加长时间的剧烈运动。有低血糖症特别是患有糖尿病的人,宜少食多餐。

有平时缺乏锻炼的学生,或患病未愈及空腹饥饿时,不要参加长时间的篮球运动。

3.处理方法

使病者平卧、保暖。神志清醒者可饮浓糖水或吃少量食品,一般短时间内即可恢复。

(四)运动性中暑

运动性中暑是中暑的一种,由运动导致或诱发,指肌肉运动时产生的热超过身体能散发的热而造成运动员体内的过热状态。大都是因为在炎热的天气下进行长时间运动;身体疲劳、失眠、失水、缺盐;对高温环境适应能力差导致。

1.症状表现

早期有头晕、头痛、呕吐现象。逐步发展为体温升高,皮肤灼热干燥。严重者可出现精神失常、虚脱、痉挛、心律失常、血压下降。过于严重的,甚至会昏迷,危及生命。

2.预防措施

科学合理地安排训练和比赛的时间,夏季避免在上午 9 点至下午 4 点间运动,多休息。运动中适当饮用防暑降温的饮料;运动后注意补充适量的糖盐水。加强医务监督,合理选择运动服装与保护装置。了解运动性中暑的相关知识,及时检查身体反应、调整运动。

3.处理方法

当有先兆或轻度中暑时,应迅速撤离高温环境,至通风阴凉处休息,解开衣领,并服用清凉饮料、浓茶、淡盐水和解暑药物等。对病情较重的患者,应立即移到阴凉处,让其平卧。根据不同的病情,分别处理:中暑痉挛时,牵伸痉挛肌肉使之缓解,并服用含盐清凉饮料;中暑衰竭时服用含糖、盐饮料,并在四肢做重推按摩。

第十章　篮球运动的科学研究

第一节　篮球运动与身心健康

一、篮球运动与身体健康

（一）身体健康概述

1. 定义

身体健康是指个体身体结构和功能正常，营养状况良好，没有疾病或障碍，并具有生活自理能力。身体健康是一个人心理健康的基础和前提。一个人只有处于身体健康状态，才能维持心理的协调稳定，才能消除各种精神压力，更好地生活、学习和工作。

2. 评价标准

通常情况下，评价一个人身体是否健康，常用的检测指标有体格指标和功能指标。体格指标包括身高、体重、听力、视力等；功能指标包括肺活量、脉搏、血压、呼吸频率、最大摄氧量等。对于身体健康的标准，可以简单地用"五快"来概括。

食得快：进食时有很好的胃口，能快速吃完一碗饭而不挑剔食物，这证明内脏功能正常。

便得快：一旦有便意时，能很快排泄大小便，且感觉轻松自如，在精神上有一种良好的感觉，说明胃肠功能良好。

睡得快：上床能很快熟睡，且睡得深，醒后精神饱满，头脑清醒。

说得快：语言表达正确，说话流利，表示头脑清楚，思维敏捷，中气充足，心、肺功能正常。

走得快：行动自如、转变敏捷，证明精力充沛旺盛。

（二）篮球运动与人体各系统机能

1. 篮球运动的健身原理

（1）能量代谢原理

新陈代谢是机体生命活动的基本特征，新陈代谢包括物质代谢及与其相伴随的能量代谢。

①影响能量代谢的因素

影响能量代谢的因素主要有肌肉活动、食物的特殊动力作用、精神活动和环境温度等。

A. 肌肉活动

肌肉活动对能量代谢有着非常重要的影响。机体任何轻微的活动都能提高代谢率。人在运动或劳动时耗氧量显著增加，因为肌肉活动需要补给能量，而能量则来自大量的营养物质的氧化，从而导致机体耗氧量的增加。机体耗氧量的增加与肌肉活动的强度呈正比例关系,剧烈运动时机体耗氧量最多可达安静时的 10～20 倍。

B. 食物的特殊动力作用

人在安静的状态下摄入食物,人体释放的热量比摄入的食物本身氧化后所产生的热量要多。例如,摄入能产 100 千焦热量的蛋白质后,人体实际产热量为 130 千焦,额外多产生了 30 千焦热量,说明进食蛋白质后,机体产热量超过蛋白质氧化后产热量的 30%。食物能使机体产生"额外"热量的现象就是食物的特殊动力作用。现阶段,人们对食物的特殊动力作用的机制还没有完全了解。这种现象在进食后 1 小时左右开始,并延续 7～8 小时。有人推想,食后的"额外"热量可能来源于肝处理蛋白质分解产物时"额外"消耗的能量,因而认为肝在脱氨基反应中消耗的能量可能是"额外"热量产生的原因。

C. 精神活动

人脑的重量只占人体重量的 2%,但人在安静状态下,实际有 15% 左右的循环血量进入脑循环系统,这表明脑组织的代谢水平很高。研究表明,人在安静状态下,100 克脑组织的耗氧量为 3.5 毫升/分(氧化的葡萄糖量为 4.5 毫克/分),该值接近安静肌肉组织耗氧量的 20 倍。脑组织的代谢率虽然如此之高,但据测定,在睡眠中和在活跃的精神活动情况下,人脑中葡萄糖的代谢率几乎没有差异。由此可见,在精神活动中,中枢神经系统本身的代谢率即使有些增强,其程度也是可以忽略不计的。人在安静地思考问题的时候,人体能量代谢受到的影响并不大,产热量增加一般不超过 4%。但是,人体在精神处于紧张状态,如烦恼、恐惧或强烈情绪激动时,随之出现的无意识的肌肉紧张以及刺激代谢的激素释放增多等现象,使得产热量会显著增加。因此,在测定基础代谢率时,受试者必须排除精神紧张的影响。

D. 环境温度

在 20℃～30℃ 的环境中,人安静时的能量代谢最为稳定。实验证明,当环境温度低于 20℃ 时,代谢率开始有所增加;当环境温度在 10℃ 以下时,代谢率会显著增加。环境温度低时代谢率增加,主要是由寒冷刺激反射引起寒颤以及肌肉紧张增强所导致的;当环境温度在 20℃～30℃ 时,代谢稳定,主要是因为肌肉松弛;而当环境温度为 30℃～45℃ 时,代谢率又会逐渐增加,产生这种现象的原因可能是体内化学过程的反应速度有所增加,还有可能是发汗功能旺盛及呼吸、循环功能增强等因素的作用。

②运动时的能量供应

A. 运动时的直接能源

人体运动时的直接能源是来自体内的高能磷酸化合物——三磷酸腺苷(ATP)。肌肉活动时,肌肉中的 ATP 在酶的催化下,迅速分解为二磷酸腺苷(ADP)和磷酸,同时放出能量供肌肉收缩。但是,人体肌肉内 ATP 含量甚微,只能供极短时间消耗,因而肌肉要持续运动就要及时补充 ATP。

B. 运动时三个供能系统

运动时,当 ATP 分解放能后需要及时补充能量,补充的途径有磷酸肌酸分解、糖的无氧酵解及糖与脂肪的有氧氧化三条途径,生理学上称之为运动时的三个供能系统。人体从事的各种不同运动,其能量供应都分别属于这三个供能系统,而发展这三个供能系统的方法又各不相同。

a. ATP-CP(磷酸原)系统及其供能特点

ATP-CP(磷酸原)系统又被称为非乳酸能系统,是由肌肉内的 ATP 和 CP 这两种高能磷化物构成的。ATP 与 CP 同样都是通过分子内高能磷酸键裂解时释放能量,以实现快速供能。磷酸原系统供能不在其数量的多少,而在于其能量的快速可动用性。在三个供能系统中,其能量输出功率最高。凡是短时间极量运动时所需的能量几乎全部由 ATP-CP(磷酸原)系统供给。因此,在运动时供能系统中将它们统称为磷酸原系统。

ATP-CP(磷酸原)系统供能的特点:

第一,重新合成 ATP 速度最快。

第二,维持供能的时间短。

第三,不产生乳酸。

第四,ATP-CP(磷酸原)供能系统是三个供能系统中输出功率最高者。

第五,不需要氧。

b. 有氧氧化系统及其供能特点

有氧氧化系统是指糖、脂肪和蛋白质在细胞内(主要是线粒体内)彻底氧化成 H_2O 和 CO_2 的过程中,再合成 ATP 的能量系统。线粒体三羧酸循环是其三大物质的共同代谢途径,在评定人体有氧氧化系统供能的能力时,主要考虑对氧的利用率及线粒体氧化产能效率。虽然它在糖酵解作用中能迅速释放能量且不需要氧,但在这种情况下再合成 ATP 的量是非常少的。

篮球运动健身的基本目的是增强体质,提高对疾病的抵抗能力。有氧运动能力是健身的关键环节,也是提高心肺功能和心血管输氧能力的重要途径。人体在运动时,能有效地进行有氧供能,关键需要有足够的氧供应,以及肌肉可以把吸入的氧气充分利用。要做到这些,就需要呼吸、循环系统的机能,血红蛋白含量,肌纤维组成与有氧代谢有关的酶的活性等这些与氧运输及利用有关的生理机能的共同作用。经常进行有氧运动,生理机能就会提高,同时有氧运动能力也会随之提高,从而促进身体健康。调查表明,耐力运动对增强呼吸系统摄取氧、心血管系统载荷及输送氧的能力,以及组织的有氧代谢能力有显著的训练作用。因为有氧运动是一种恒常运动,也称稳定运动,是人体活动时的一种功能状态。这种运动强度的刺激可使各种生理功能惰性逐渐被克服,从而使得呼吸、循环功能提高,人体需氧量与吸氧量之间达到动态平衡稳定状态。

有氧氧化系统供能的特点:

第一,有氧供能系统的能量物质来源广泛、种类繁多、储备量大,是取之不尽的能量来源。

第二,糖的有氧氧化释放的能量比糖酵解生成的 ATP 能量大 19 倍,是体内最经济的能量供应系统。

第三,体内 95% 的 ATP 均来自线粒体内的氧化磷酸化作用,它是 ATP 生成的主要途径,也是人体能量消耗的主要供能系统。

第四,有氧氧化过程复杂、供能速度慢,脂肪的氧化供能因耗氧量大,受氧利用率的影响,只有在运动强度低、氧供应充足的条件下才能被大量利用。它是耐力运动项目的主要供能来源。

第五,糖和脂肪的有氧氧化,其最大输出功率比其他两个系统都低。

c.糖原无氧酵解系统及其供能特点

当人体剧烈运动时,骨骼肌能量消耗不仅量大且速度快,有氧供能不足。而ATP-CP大量消耗时,糖的无氧酵解便开始参与供能。当肌肉中ATP-CP被消耗的量为原储备量的50%左右时,为了迅速再合成ATP以保证持续运动的能力,骨骼肌中的糖原便大量无氧分解,乳酸开始生成。糖无氧酵解系统是400米跑、800米跑、1500米跑及100米游泳、200米游泳的主要供能系统。

糖原无氧酵解系统供能的特点:

第一,糖原无氧酵解供能速度快,被称为应急能源。

第二,糖原无氧酵解供能不需要氧。

第三,糖原无氧酵解产生的能量有限,但可积少成多。

第四,糖原无氧酵解系统供能的最大输出功率为255瓦/千克体重,约为磷酸原系统的1/2。因此,以糖原无氧酵解系统供能为主的运动,表现的速度与力量都不如磷酸原系统,但维持供能的时间较长。

第五,糖原酵解的代谢产物为乳酸。乳酸在肌细胞中的大量增多,不仅对ATP的合成起抑制作用,且会引起肌细胞代谢性酸中毒,工作能力降低,易发生疲劳。

(2)肌肉运动形式与原理

肌肉的运动主要由肌肉纤维收缩来完成,其运动方向与肌纤维的走向相关。骨骼肌是人体内最多的组织,约占体重的40%。在骨和关节的配合下,通过骨骼肌的收缩和舒张,完成人和高等动物的各种躯体运动。骨骼肌由大量成束的肌纤维组成,每条肌纤维就是一个肌细胞。成人肌纤维呈细长圆柱形,长可达数毫米乃至数十厘米。在大多数肌肉中,肌束和肌纤维都呈平行排列,它们两端都与由结缔组织构成的肌腱相融合,后者附着在骨上,通常四肢的骨骼肌在附着点之间至少要跨过一个关节,通过肌肉的收缩和舒张,就可引起肢体的屈曲和伸直。我们的生产劳动、各种体力活动等,都是许多骨骼肌相互配合运动的结果。

①肌肉运动的形式

A.肌肉动力性运动形式

肌肉收缩产生的力使关节位置与肌肉长度发生变化的运动称为动力性运动,其分为向心运动和离心运动。其中,向心运动是指肌肉收缩克服阻力,肌力大于阻力,使运动环节朝肌肉拉力方向运动;离心运动是指肌肉在阻力作用下逐渐被拉长,阻力大于肌力,使运动环节朝肌肉拉力相反方向运动。

B.肌肉静力性运动形式

肌肉持续收缩,长度不变,使关节在某个位置上固定,以维持一定姿势,称为静力性运动。静力工作可分为支持工作、加固工作和固定工作。其中,支持工作是指位于关节某一侧的肌肉持续收缩,以平衡阻力矩,使关节保持一定姿势工作,如肋木悬垂举腿动作中腹肌、髂腰肌所做的工作;加固工作是指位于关节周围的肌肉同时持续收缩,以对抗关节由于外力牵拉作用而分离的工作,如肋木悬垂时肩、肘、腕关节周围肌肉所做的工作;固定工作是指关节运动轴两侧相互对抗的肌肉同时持续收缩,使关节保持固定的工作。

②肌肉运动的原理

人体在运动中的动作,都是以骨为杠杆,以关节为支点,以肌肉收缩为动力来完成的。从力学的角度说,肌肉工作是完全遵循杠杆原理的。

人体杠杆具有支点、力点和阻力点三个作用点。从支点至肌拉力作用线的垂直距离,称为拉力臂;肌拉力与拉力臂的乘积为肌力矩;阻力与阻力臂的乘积为阻力矩。肌力矩和阻力矩分别表示肌力和阻力对骨杠杆所产生转动作用的大小。在肌肉工作中,肌力矩和阻力矩的关系大致有以下三种:

第一,肌力矩等于阻力矩,即肌肉做静力工作。

第二,肌力矩大于阻力矩,即肌肉做向心工作。

第三,肌力矩小于阻力矩,即肌肉做离心工作。

(3)超量恢复理论

人体对一定量的运动刺激需要一个适应过程,该过程一般分为负荷、恢复和超量恢复三个阶段。在负荷阶段物质能量被大量消耗,物质代谢产物被蓄积起来,人体机能下降产生疲劳。等到停止运动后,人体就进入了恢复和超量恢复阶段,机体内环境恢复平衡,肌肉的能量物质得到补充,并在开始时超过原有水平,此现象称为"超量恢复"。机体对不适宜的负荷刺激也能产生适应性变化,这种变化是不良性质的。如果长期大负荷而恢复不足,机体所产生适应性变化的结果就是发生过度疲劳或损伤。

若在超量恢复阶段内再进行锻炼,肌肉物质和肌力就会被积累起来,进而逐步提高机体能力和训练水平。通常,超量恢复常在运动后1~2天内出现。人运动到一定程度就不能按原来的强度运动,这时即为产生疲劳。疲劳时运动能力下降,经过休息后工作能力又重新得到恢复。篮球运动健身必须要达到一定程度的疲劳,才能刺激身体各项机能,从而获得超量恢复的效果。

2.篮球运动改善心血管系统机能

人体内有一种高密度脂蛋白粒子能主动负担起打扫、清理血管的任务,并把沉积在血管壁上的脂肪和胆固醇去掉。但是,体内产生这种粒子的数量很少,因而不能与脂肪和胆固醇抗衡,天长日久,这些沉积物质就堆积在血管内将血管逐渐堵塞,从而影响人的供血供氧。经常参加体育运动的人,体内的高密度脂蛋白粒子浓度明显增高,且能自动地在血管内建立起一道防线,不断地消除沉积物质,使血管畅通无阻,同时也使血液循环加快。平常人血流全身每分钟4~5周,而运动时血流全身可以提高到每分钟7~9周。从冠状动脉对心脏本身的供血情况看,运动后冠状动脉的血流量比安静时高10倍。研究发现,运动能使骨骼肌内的毛细血管分布数量增加,有利于器官的供血和功能的提高。经常参加篮球运动能使心脏周围毛细血管的数量增加,心室肌毛细血管密度增大,冠状动脉增粗,有利于心肌的血液供应和对氧的利用。

3.篮球运动改善呼吸系统机能

（1）增加肺活量

人体尽最大努力吸气后所能呼出的最大气量为肺活量。肺活量有较大的个体差异,它与年龄、性别、体表面积、呼吸肌力量强弱及胸廓弹性等因素有关。肺活量反映了人一次通气的最大能力,是最常用的测定肺通气机能指标之一。

正常成年人男性的肺活量约为 3500 毫升,女性约为 2500 毫升。经常参加篮球运动能使呼吸肌得到发展,胸围加大,呼吸深度加深,肺和胸廓弹性增强,安静时呼吸次数降低,肺活量增大。研究表明,篮球运动员的肺活量较常人高,优秀运动员可达 7000 毫升左右。经常参加篮球运动的人,肺活量明显增加,有氧运动能力显著提高。

（2）提高肌红蛋白含量和最大吸氧量

人体在进行大肌肉群参加的长时间激烈运动中,心肺功能和肌肉利用氧的能力达到本人的极限水平时,单位时间所能摄取的氧量称为最大吸氧量,通常以每分钟为计算单位。最大吸氧量能够反映机体氧运输系统的工作能力,是评价人体有氧工作能力的重要指标。

研究表明,经常参加篮球运动可以提高心脏的泵血能力、血液运输氧的能力和肌肉利用氧的能力。经常参加篮球运动还可以使肌肉中的毛细血管开放数量增加、线粒体数目增多和体积增大,促进静脉血液回流及有氧氧化酶的活性增加,并可提高肌红蛋白含量和最大吸氧量。

（3）使肺通气更有效

肺泡是人体进行气体交换的重要场所。肺泡通气量是指每分钟吸入肺泡的新鲜空气量。在每次吸入的空气中,一部分滞留在口或鼻与呼吸性细支气管之间的呼吸道内,这部分气体是不能与血液进行气体交换的,这一部分呼吸道的容积称为解剖无效腔,如体重 70 公斤的男性其容积约为 150 毫升。从气体交换的角度来讲,只有进入肺泡的气体才是有效的通气量,即肺泡通气量。因此,从提高肺泡通气量的角度来看,在一定范围内深而慢的呼吸比浅而快的呼吸更为有利。

一般人在安静时每分钟呼吸 12～16 次,每次呼吸吸入的新鲜空气约 500 毫升,每分钟肺通气量约为 6～8 升,而剧烈运动时呼吸次数可增至每分钟 40～50 次,每次吸入空气达 2500 毫升,为安静时的 5 倍,每分钟肺通气量可高达 70～120 升。篮球运动可导致人安静时呼吸深度增加,而呼吸频率下降。在相同肺通气量的情况下,运动员的呼吸频率比无训练者要低,肺泡通气量和气体交换率增大,即肺通气更有效。

（三）篮球运动对身体素质的促进作用

1.篮球运动对力量素质的影响

力量素质是篮球运动员的首要素质。力量训练是篮球运动员身体训练的重要组成部分,是提高竞技水平的基础。现代篮球竞赛日趋激烈,对篮球运动员身体素质的要求越来越高,只有通过有效的身体训练,才能保证运动员更好地掌握先进的技术和战术。在篮球运动中,力量是技术能够充分发挥的重要保证。

篮球运动员在比赛和训练中经常进行跑、跳、投、争抢篮板球和防守等动作,为了使自己跑得快、跳得高,运动员需要充分利用大肌群力量,通过腿、臂、肩、背、腰以及整个躯干的各肌群有机协调配合,才会产生最佳的做功效果。因此,经常参加篮球运动可以提高力量素质。

2. 篮球运动对速度素质的影响

（1）提高反应速度

所谓反应速度是指人对各种信号刺激（如声、光、触觉等）快速应答的能力。这种能力取决于信号通过神经传导所需时间的长短。当机体的感受器感受到刺激时,由神经元传入中枢神经,再由中枢神经发出指令,经运动神经元传至效应器肌肉,通过肌肉收缩产生运动。

反应速度在运动中又称为反应时。反应时长,则反应速度慢;反应时短,则反应速度快。篮球运动员在看到进攻球员传球或投篮时,非常迅速、准确地做出判断,并同时做出相应的技术动作,这就是良好的反应速度。经常参加篮球运动可以提高感受器的敏感程度,感受器越敏感,越能缩短对各种信号刺激的反应时间,优化传导途径,提高中枢神经系统的兴奋度。

（2）加快位移速度

位移速度是指在周期性运动中单位时间内人体快速位移距离的能力。它通常用通过一定距离的时间或单位时间内所通过的距离来表示。

位移速度的特点是通过肌肉系统最大限度的快速活动形式在最短的单位时间内完成动作。例如,篮球运动员的攻防转换、运球上篮的速度、长传快攻上篮的跑动速度等,可使神经兴奋与抑制过程灵活性提高、转换能力增强、人体两脚交换频率增快,位移速度也就加快了。例如,兴奋强度大、传递速度快、协调性好,即指挥能力强,动作速度必然快。此外,动作速度的快慢还与人体各器官系统的准备状态、快速力量、速度耐力水平以及动作熟练程度有关。

3. 篮球运动对耐力素质的影响

篮球运动员的专项耐力素质主要是指速度耐力,它反映的是篮球运动员在规定时间内完成大强度运动的能力。在国际篮联规定的 40 分钟的篮球比赛中,攻防节奏不断变化,运动员必然要具备良好的有氧代谢能力。同时,篮球比赛具有强度大、变化多、对抗性强的特点,运动员在比赛中要进行时间与空间、速度与高度的争夺,每个回合的跑、跳、投、传等快速动作多数是在无氧状态下进行的,所以运动员又需要具备良好的无氧代谢能力。无氧耐力是速度耐力的生物学基础,也是篮球运动员必要的专项素质。

篮球比赛是一项长时间的高、中、低强度重复交替进行的非周期性运动项目,其运动形式和能量供应特点与周期性运动项目有较大差别。运动员需要有长时间反复进行短距离、高强度运动的能力。长时间是指比赛总时间长,而且一般都要连续比赛多场;反复是指各种急起、急停、跳跃、滑步等动作,这些动作在一场比赛中需要不断重复;短距离、高强度的运动是指各种急停、急起、跳跃、滑步等脚步动作,这些动作往往实际距离较短,但都属于爆发式的极限强度运动。因此,经常参加篮球运动,能提高速度耐力素质。

4. 篮球运动对灵敏素质的影响

身体的灵敏素质是指人体在各种复杂、突变的情况下,快速、准确、协调、灵巧地完成动作的能力。篮球运动中的跑、跳、投、传,每个动作都需要全身的参与。运动员在场上的位置不同,对全身各关节柔韧性的要求也就不同。因此,全身各关节的柔韧性在每个动作中都有其具体的作用,哪一个部位的不协调都会影响技术动作的发挥。因此,经常参加篮球运动可以提高身体的柔韧性,而提高柔韧性可以预防肌肉扭伤,缓解背痛、肌肉痉挛、肌肉酸痛等症状。

5.篮球运动对柔韧素质的影响

柔韧素质是指人体关节活动幅度的大小,以及跨过关节的韧带、肌腱、肌肉、皮肤及其他组织的弹性和伸展能力。但对于一个健康的人而言,全身能够自由灵活地做出各种动作,必须要具备基本的柔韧素质。

篮球运动是综合性活动,要求做动作时既能较大幅度地伸展,又能快速地收缩变化,同时动作既要有力又要协调。为此,必须注意强化运动员的关节韧带,尤其是腰、胯、肩、踝关节韧带的锻炼。拉长韧带、加强韧带的弹性,不仅可以提高灵活性,而且对增强力量、避免受伤都有非常重要的作用。大量的运动实践证明,柔韧素质差是运动员灵活性差且很容易受伤的主要原因之一。

二、篮球运动与心理健康

(一)心理健康概述

1.心理健康的基本概念

现代科学证实,心理健康是人体健康不可分割的重要组成部分,是人生幸福的基石。那么,究竟什么是人的心理健康呢?人的心理健康也有一定的标准,只是人的心理健康标准不及人的生理健康标准那么具体和客观。

目前,国内研究一般认为,人的心理健康包括智力正常、情绪健康、意志健全、行为协调、人际关系适应、反应适度、心理特点符合年龄等。了解与掌握心理健康的定义及标准,对于指导运动员的健康具有十分重要的意义。掌握了人的心理健康标准,运动员就可以此为依据对照自己进行心理健康的自我诊断,预防心理疾病的发生,保持最佳的身心状态。如果发现自己的心理状况在某个阶段或某几个方面与心理健康标准有一定距离,就能够有针对性地通过各种自我心理调适术或心理疗法,加强心理锻炼,以期达到心理健康水平。如果发现自己的心理状态严重地偏离了心理健康标准,就要及时就医,以便早期诊断与早期治疗。

人的心理健康与生理健康相辅相成。一个人如果只是生理健康,那他还算不上健康。试想,一个人如果没有良好健康的心灵,只有一个健康的身体,那么他是无法走向成功的,也无法过上幸福的生活。为了实现心中的理想或某一人生目标,人们不遗余力地奋斗着、抗衡着,用智慧与劳动不断努力打造着美好的幸福生活,并试图从中体现自身的生命价值,达到最佳的生存状态。

2.测定心理健康的标准

人的心理健康有一定的标准,但它不及人的生理健康标准那样具体和客观。了解与掌握心理健康的标准对于增强与维护我们的健康有重要的意义。具体而言,心理健康的标准有以下几点。

(1)智力发展正常

智力是指一个人的观察力、注意力、记忆力、想象力和思维能力等的综合。心理学对智力定义存在不同观点,有人认为智力是一种先天的心理能量,有人认为智力是一个人心智操作所达到的水平,还有人认为智力是一种被心理学家赋予的品质。

智力发展正常是一个人学习、生活、工作的基本心理基础,也是一个人适应周围环境、谋求自我发展的心理保证。可以说,智力正常是一个人心理健康的首要标准。

(2)保持积极的情绪

从生理学上来讲,情绪是神经系统活动的结果和表现,是大脑皮层和皮层下许多部位协同活动的过程。具体而言,情绪是一系列主观认知经验的统称,是多种感觉、思想和行为综合产生的心理和生理状态。情绪有积极和消极之分,积极的情绪促进人的发展,消极的情绪阻碍人的发展。

情绪稳定、乐观是心理健康的主要标志。心理健康的人积极情绪多于消极情绪,总体上能保持乐观、积极向上的心态。当然,每个人在生活、学习及工作中都难免遇到困难和挫折,但对于情绪稳定、乐观的人来说,他们能够及时调整自己的不良情绪,采取积极的态度面对困难与挫折,并最终获得成功。

具有积极情绪的人愉快、乐观、开朗,虽然也会有悲、忧、愁、怒等消极的情绪体验,但一般不会长久。他们能适当地表达和控制自己的情绪,不以物喜,不以己悲;言谈举止都能够保持谦逊不卑、自尊自重;在社会交往中,既不妄想也不畏缩恐惧;具有明确的人生观、价值观与世界观;能够以自身为标准,影响他人,并使他们也能保持积极的情绪。

(3)意志品质健全

意志品质是由个体意志行为特点构成的稳定的心理特征的总和,主要包括意志的自觉性、顽强性、果断性、坚韧性和自制性。

自觉性是指个体在行动中具有明确的目的,能认识到行动的社会意义,并能够主动地调节、支配自己的行动,以服从于社会要求的心理品质。有自觉性的人,非常明确自己行动的目的,目标一旦形成便不会轻易让外界影响自己,但同时又善于接受一切有益的意见。自觉性反映了一个人的坚定的立场和信仰,它是产生坚强意志的来源,并贯穿于整个意志行动的始末。

顽强性有两方面的含义:一是指坚定的意志,即在任何时候、任何条件下都不慌乱,对目标具有执着的追求;二是指顽强的毅力,即为了目标不怕困难,坚持到底。

果断性是指个体根据客观环境变化的状况,能迅速而合理地采取决定,并执行决定的品质。具有果断性品质的人,当客观情况需要立即做出决定时,他会毫不犹豫地采取果断措施。当然,在客观情况需要延缓决定时,他又会深思熟虑,不会草率行事。

坚韧性又称坚定性、顽强性。它表现为长时间坚信自己决定的合理性,并坚持不懈地为执行决定而努力。具有坚韧性品质的人,能在困难面前不退缩、在压力面前不屈服、在引诱面前不动摇。这种人具有明确的行动方向,并且能坚定不移地朝着他先前制定的目标前进。

值得说明的是,坚韧性不同于执拗。执拗的人不能正视现实,不能根据已经发生变化的形势灵活地采取对策,也不能放弃那些明显不合理的决定。坚韧性与独立性是相联系的,具有独立性品质的人不易为环境因素的变化而动摇。

自制性即自制力,它主要表现在两方面:一是指能抵制与实现目标不一致的思想、外界的诱惑等;二是指为了达到目标能够忍受各种痛苦和磨难。自制力的高低反映了意志品质的强弱。自制力强的人,组织性、纪律性较强,并且注意力也非常集中。

（4）自我意识正确

自我意识是个体对自己存在状态的认知,也称自我或自我概念。自我意识所包含的内容非常丰富,主要有对自己生理状态、心理状态、人际关系及社会角色的认知。从心理学意义上讲,自我意识是个体的一种自觉心理状态,贯穿于人的各种心理活动中。

通常情况下,自我意识表现为认知的、情绪情感的与意志的三种形式,分别称为自我认识、自我体验与自我调节。

自我认识是自我意识的认知部分。它包括自我感觉、自我观察、自我观念、自我分析和自我评价等。例如,"我身体很强壮""我非常聪明""我腿很长""我很会找东西""我的脾气不好"等。概括而言,自我认识主要涉及"我是一个什么样的人""我有什么特点""我为什么是这样一个人"等问题。

自我体验是自我意识的情感成分,是伴随自我认知而产生的情绪情感体验。它包括自我感受、自尊心、自信心、自爱、自恃、自卑、自怜、责任感、义务感、优越感、羞耻感、荣誉感等。例如,一个男孩觉得自己太消瘦了,不喜欢自己的身材。自我体验主要涉及"我是否满意自己""我能否接受自己的某些行为"等内容。

自我调节是自我意识的意志成分,是在自我评价指导和自我体验影响下,个体对自己的行为、心理活动、个性品质及与他人、与社会关系的调节、控制。自我调节集中体现自我意识在改造主体和主客体相互关系中的主观能动作用。自我调节又包括自主、自强、自卫、自律、自我监督、自我激励、自我控制等心理成分。其中,自我控制是最集中的调节手段,亦是个体是否具备自制自控良好心理品质和主动积极的心理行为的重要功能表现。自我调节主要涉及"我应当成为一个怎样的人""我怎样节制自己""我怎样成为那样一个人""如何改变我的状况,成为理想的那种人"等问题。

（5）人格和谐完整

人格是构成一个人的思想、情感及行为的特有统合模式,这个独特模式包含了一个人区别于他人的稳定而统一的心理品质。人格内容广泛,主要包括能力、物质、性格、需要、动机、兴趣、理想、信念、世界观等很多因素。人格具有独特性、稳定性、统合性、功能性四大特征。

心理健康者的人格在其整体的精神面貌中能够完整、协调、和谐地表现出来。其主要表现在:思考问题的方式是适中而合理的,待人接物能采取恰当、灵活的态度,对外界事物不会有偏激的行为和反应,既能与社会的步调合拍,也能与集体融为一体。

（6）人际关系和谐

人际关系是指人与人之间由于交往而产生的一种比较稳定的心理关系,它是在一定的群体背景中,个体在交往的基础上形成的,是由个体的个性特点进行调节并伴随着产生满意或不满意的情感。和谐的人际关系既是心理健康水平的一个重要标志,也是提高人们心理健康水平的一个重要途径。人际关系的实质是人的全部社会关系中的"心理关系"。人际关系以社会关系为基础,受社会关系制约,反过来又影响社会关系的发展。

人际关系和谐的人乐于与人交往,不仅能接受自我,也能接受他人、悦纳他人,能认可别人存在的重要性。这样的人能为他人所理解,为他人和集体所接受,能与他人相互沟通和交往,人际关系协调和谐,能与集体融为一体,既能在与挚友间相聚之时共欢乐,也能在独处沉思之时无孤独感。

(7)适应能力良好

适应能力是个体看待一个问题或遇到危机时,能够找出一整套非常规解决方案的能力。适应能力不仅仅局限在人类领域,在植物、动物、微生物领域也都存在。

适应能力包括三个方面:生理适应能力、心理适应能力与社会适应能力。其中,生理适应能力是指对声音、味道等刺激物的适应;心理适应能力是指面对环境变化和遭遇挫折后借助心理防御机制使人减轻压力、恢复平衡的调节过程;社会适应能力是指个体为了生存发展而努力改变环境,并使其满足自己的需求。

(8)人生态度积极

心理健康的人始终对自己的人生持有乐观、向上的积极态度,有上进心,乐于学习、工作和生活,能把自己的智慧和才能在学习、工作和生活中充分地发挥出来,并取得成就,获得满足感;能够客观评价自己,积极地完成学习和工作任务;在遇到困难的时候,能够胜不骄、败不馁,努力争取更大的成就,实现自己的人生价值。

(9)行为协调一致

人的行为像是心理活动的一面镜子,人的心理活动各方面都会在行为中得到反映,因而人的心理健康也能通过行为体现出来。

(10)兴趣爱好广泛

兴趣爱好给人们带来的积极影响是非常大的,如陶冶情操、增强体魄、开阔视野、调节情绪、舒缓压力等。一个人要想达到真正的心理健康,就必须有广泛的兴趣爱好。

(二)篮球运动对心理健康的促进作用

1.培养情商

情商一般情况下表现为协作配合的能力、处理人际关系的能力、组织管理的能力、解决问题的能力以及承受挫折的能力等。情商作为一种非智力因素,对人们的工作或学习以及事业的成功都至关重要。

篮球运动有明显的对抗性、集体性规律和统一性规律,参加篮球运动可以让人拥有充沛的体力和精力、良好的心理承受能力、公平的竞争意识、积极的社会交往能力,以更高的情商去应对生活中的困难。参加篮球运动,既可以培养人团结拼搏、乐于奉献、积极向上的优良品质,也有利于人们形成文明的行为方式和良好的体育道德风尚,还有利于培养人们克服困难、善于创新的精神以及培养人们科学、文明、健康的生活态度。一场篮球比赛不仅是运动员身体和技能的较量,也是人们智慧、意志和协作精神等综合素质的竞争。运动场上人们表现的欲望,反映人们热爱美、表现美以及追求美的情感与能力,这是当代人的情商中所具备的基本内容。

2.提高健康幸福感

健康幸福感是与积极参加身体锻炼有关的某种兴奋、自信、自尊的情绪和态度体验,是心理健康的重要标志之一。调查研究表明,健康幸福感与长期锻炼身体呈正相关的关系。积极参加体育运动者比不运动者的自我感受和评价更积极,其中女子比男子相关程度更高。这主要是锻炼身体产生内心愉快和乐趣的结果,也可能是由于女子比男子在活动中更富于感情色彩和更具有自我投入的倾向。锻炼身体对健康幸福感产生积极的原因有生理的、心理的和社会的,也可能是三者相互综合作用的结果。在篮球运动中,当一个技术或战术运用成功,或者取得比赛胜利后,个体会以自我欣赏的方式传递信息给大脑,体验成就效应,从而产生自我认识的成就感和积极的情感体验,进而产生愉快、振奋和健康幸福感。

实践调查表明,锻炼身体30分钟就可以使得紧张、困惑、疲劳、焦虑、抑郁和愤怒等不良的情绪状态明显改善,同时使精力保持在很好的水平。焦虑是一种对当前或预感到的威胁所反映出的恐惧和不安的情绪。与紧张、焦虑等消极情绪相比,抑郁属于更深层的复合性情绪,它可能是伴随人生价值的失落而产生的悲伤、恐惧、焦虑及羞愧甚至负罪感,其持续时间越长,给人带来的痛苦越大。抑郁症的具体表现特点为悲观、悲伤、失助感、低自尊和绝望,以及易疲劳、易怒、优柔寡断、回避社交和厌世。大量实践经验表明,短期身体活动或身体锻炼对于正常人的应激症状(如焦虑、抑郁和愤怒)可起到短时间的调节作用,而长期参加体育锻炼则对心理疾病患者的焦虑、抑郁具有长期的缓解作用。对于那些性情怪僻、郁郁寡欢、不愿与人交往或时冷时热的人来说,参加篮球运动更能产生积极的作用。

参加篮球运动不仅能够使人快乐、调节情绪、振奋精神,而且这种积极的情绪状态可以使人自信、自尊、自豪、自强,并使烦恼、焦虑、抑郁、自卑等不良情绪得到缓解。

3.塑造健全的人格

篮球运动锻炼能实现人的个性的自由发展。篮球运动从宏观上讲是团队之间的竞争,但从微观上讲又是群体中个体之间的技巧、智能的较量及身体的直接对抗。运动中的每个环节,都要求个体在充分发挥自身特点和水平的基础上构成整体最佳实力,或者说群体的默契配合需要个体的技巧和智能的充分发挥。篮球比赛场上情况复杂多变,每次战术行动都要求个人做出正确的观察和判断。篮球比赛中,运动员果断选择、运用技战术的时机非常重要。个体过多的失误会造成全局的被动。艰难中需要冒险,常态下需要创新,个性鲜明、人格独立的人才敢于冒险与创新,只有敢于冒险和创新,才有可能创造出意想不到的成功。

篮球运动参与者在训练、比赛和日常生活中,能培养相互支持、理解、团结友爱的意识。若大家长期相处在一个气氛融洽的集体内,则对大家的情绪、健康都是有益的。而集体目标的实现在很大程度上要依靠个人的身心健康。

4.创造良好的情绪体验

身体活动或身体锻炼为参与者提供一个体验“尖峰时刻”的机会,这种体验可以提高人们的生活质量。所谓"尖峰时刻"，包括最佳表现、流畅体验、身体运动快感以及高峰体验等良好的情绪体验，是奖励性的、难忘的和强有力的个人体验。"尖峰时刻"经常出现在篮球运动中，而且是对身体活动的一种特殊而有价值的自我奖赏。

篮球运动中自始至终贯穿着比赛双方在身体素质、技战术水平、心理智能等多方面的对抗和竞争，在规则允许的范围内攻击对手，战胜对手，获取胜利。篮球运动富有趣味和激情，在运动过程中，锻炼者娴熟地运球、巧妙地传球、准确地投篮、果断地抢断、高超地扣篮与封盖，再加上攻守交错、对抗变换，这些都给人以美的感受，参与者及观看者都会经历"尖峰时刻"，并能得到良好的情绪体验。

5.培养美感

美感是关于客观事物或人们的言论、行动、思想、意图是否符合人们的美的需要而产生的情感。篮球富有表现力的动作与精彩的竞技表演能使人产生美的情感，给人带来大方、自然、协调与健康的美。美感的成分非常复杂，从体验上来讲有两个明显特点：一是美感，是一种愉快的情感体验；二是美感，是一种倾向性的体验。

美感表现为对于美好事物的肯定，促使人一而再、再而三地去欣赏它，对它感到亲切和迷恋。美的高级情感是在人的社会性需要的基础上产生的，是人类所独有的。这些情感在人的整个情绪体验中占主要地位，对人类生活起着重要的作用。例如，篮球是一项竞技性较强的项目，长期从事篮球运动能提高人们创造美的能力。

6.提高智力

经常参加篮球运动可以提高运动员的智力，使其注意、记忆、反应、思维和想象等能力得到提高，还可以使其情绪稳定、性格开朗、疲劳感下降等，这些非智力成分对人的智力具有很好的促进作用。疲劳是一种综合性症状，与人的生理和心理因素密切相关，当一个人的情绪消极，或任务超出个人的能力时，生理上和心理上都会很快地进入疲劳状态。当一个人处在持续紧张的状态下时，极易造成身心疲劳和神经衰弱，而保持良好的情绪状态和积极参加篮球运动可以使身心得到放松。

7.培养意志品质

现代篮球比赛中，各球队的水平越来越接近，争夺更加激烈，比赛中双方球员都处于激烈对抗中，场上运动员不仅需要具备良好的技战术素养和身体素质，更需要具备坚强的意志品质。运动员在赛场上的每次行动都会遭到对手的阻拦，如投篮、争夺篮板球、运球突破对方等技术行为，都要在对手的严密防守下完成，有时甚至会出现犯规式的防守；场上的退守及反攻，都要付出很多的体力；而比赛中的攻守转换、比分交替等情况都有强烈的情绪体验。因此，篮球运动竞赛是参加者克服各种困难实现预期目标的意志过程，是对参加者勇敢、果断、顽强等意志品质的考验，实质上也是意志品质的较量。如果缺乏自制力，就不能应对这些不断变化的状况，也不能跨越各种的障碍、战胜各种的困难；如果缺乏坚强的意志品质，就经受不住这些考验。

对篮球运动员来说，意志品质是非常重要的。因此，参加篮球运动不仅能锻炼人们坚韧不拔、勇敢顽强、吃苦耐劳的意志品质，而且对培养人的自觉性、目的性、果断性、自制力、坚持力和独立工作的能力,以及克服生理惰性等均会产生积极的影响。

第二节 篮球运动与社会健康

一、社会健康概述

(一)社会健康的定义

社会健康也称社会适应性,是指个体与他人及社会环境相互作用并具有良好的人际关系和实现社会角色的能力。有此能力的个体在交往中有自信感和安全感,与人友好相处,心情舒畅,少生烦恼,知道如何结交朋友、维持友谊,知道如何帮助他人和向他人求助,能倾听他人意见、表达自己的思想,能以负责任的态度行事并在社会中找到自己合适的位置。

(二)社会健康的标准

人,既是有着细胞器官等组织的生物人,又是有着丰富情感和独特个性的心理人,而从本质上看,人是一个社会人,扮演着各种社会角色。每个人都要生活在社会中,而不是生活在世外桃源,因而在各种层次的人际关系网络中,个人与社会的适应情况不仅表现在对自己、对他人、对家庭、对集体、对社会的态度上,而且还表现在与社会建立联系的方式及对各种各样事情的处理上。

综合国内外的一些研究成果,主要从以下几个方面对一个人的社会适应状况做出评价:

①能接受与他人的差异。

②能与家庭成员和睦相处。

③有一个或两个亲密的朋友。

④共同工作时,能接受他人的思想。

⑤能很好地与同性、异性交朋友。

⑥当自己的意见与多数人的意见不同时,能保留意见,继续有序地开展工作。

⑦主动与人交往,有稳定而广泛的人际关系。

二、篮球运动对社会健康的促进作用

(一)篮球运动对价值观念的影响

价值观是指客体对主体的满足程度,是人们对客观事物有无价值或价值大小的一种根本观点和评价标准。在现实生活中,同样的事物对有的人有价值,对有的人不存在价值;对有的人价值大,对有的人价值小。人们在认识事物及其属性的基础上,从自身需要的角度出发,确定各种事物是否有价值及其价值的大小,从而确定活动的价值取向。

篮球运动具有强烈的教育作用。因为它是一项集体运动项目,对培养人的组织性、纪律性、集体主义精神和机智灵活的应变能力具有显著的作用。由于绝大多数人都具有很强的上进心、好奇心及活泼好动等心理特征,所以大多数人都喜欢参加篮球运动。开展篮球竞赛活动,有助于培养人的竞争意识和开拓精神。"胜不骄,败不馁",是对人意志素质方面的要求。参加篮球运动能激励参与者力争上游、奋勇拼搏的竞争精神,也有助于培养和增强参与者的责任感、义务感和集体荣誉感。篮球竞赛能给篮球爱好者带来精神上的满足和情感上的愉快,激发锻炼身体的意愿。

通过实践,人们逐渐认识到篮球运动的教育价值:一是篮球运动是集体项目,因而从事篮球运动能够增强人的集体意识,强调人与人之间的相互配合、相互信任、相互协作;二是篮球运动是在严格、统一的竞赛规则的规范下进行的文明运动,能够培养运动者良好的行为规范和良好的组织能力;三是篮球运动是一项高体能、高智慧的运动,经常参加篮球运动能提高人的智能和体能;四是篮球运动有助于人的不断进步和发展,每次障碍的克服和自我超越的实现,都会使参与者产生成就感,可以激励参与者不断战胜自我,接受新的挑战,跃上新的高峰。篮球运动的这些特性使参与者和观赏者都能从心理上得到享受和满足,给人一种美的享受,促进人格的培养和个性的完善,形成正确的人生观、价值观。

(二)篮球运动对竞争意识的影响

竞争意识是当今社会必备的素质之一。它是支配人的行为的一种心理活动过程,是社会生存竞技规律在人脑中的反映。在日常生活中,谁的竞争意识强,谁就能在生存发展中占据优势地位,能获得最终的成功与进步。因此,培养竞争意识已然成为当前人们需要率先发展的要素之一,并探索培养这种意识的有效手段和方法,以使人们在学业上、职业选择上和未来的事业发展中获得成功。经常参加篮球运动和比赛,是培养人们竞争意识的一个绝佳途径。

篮球比赛具有鲜明的优胜劣汰的特点,竞争主体更换频繁,名次优胜经常变更,参与者始终有获取成功的可能性,从而能激发人们奋发向上。由此焕发的竞争和奋斗精神又具有迁移性,可供人们在各个领域作为借鉴,并从中获益。因此,经常参加各种篮球活动与比赛,不仅能够提升人的竞争意识,而且也为其今后走向社会并适应社会的竞争环境打下坚实的基础。

(三)篮球运动对合作精神的影响

合作是两个或两个以上的人或者群体为达到共同目标,自觉或不自觉地在行动上相互配合的行动方式。合作与竞争一样,是人与人相互作用的基本形式。合作与竞争在形式上是对立的,但在社会生活中却是相互伴随的。

篮球运动是集体项目,比赛中贯穿着集体的协同配合。篮球运动中的传切、掩护、突分和策应配合,必须由两三人在局部范围内进行协作,才能取得良好的效果。而综合多变的防守战术体系,更是靠全队的密切合作、协同配合才能完成的。群体内的合作,依靠个体之间统一目标、统一思想、相互理解战术的形式,形成一个有机的整体,展开与对手的竞争与对抗。这种沟通、理解与合作具有普遍的社会意义。个体的合作是团体胜利的基础,个体行为上的相互合作直接影响着人的心灵和情感上的沟通。此外,场外的热心观众把自己的思想、激情都投入到比赛的氛围之中,投入自己认同的球队之中,篮球运动也让他们真正懂得合作与竞争是团队获得健康发展的必要条件。

（四）篮球运动对创新精神的培养

篮球技战术的不断变化是篮球运动员不断创新的过程。篮球运动员在比赛中的技术运用，必须随着比赛的变化而改变，要果断、快速地做出应答，通过观察进行分析判断，做出行之有效的组合动作。从运动结构看，篮球技术中有些动作是相对固定的，但在实际运用中，整个技术动作又表现出很多不固定的动作成分。在相同的条件下，球员做出的动作组合往往是不同的，这需要篮球运动员灵活应变，在比赛中创造出新的、巧妙的动作及配合。因此，篮球运动有利于培养良好的思维能力、应变能力和创新精神。篮球运动既是一个高度协同的全面抗衡，又是个人斗智斗勇的竞技较量，球员们可以在球场上尽显个人的技术和才智。从这个意义上说，篮球运动有助于培养参与者的竞争意识和开拓精神。这些优秀品质不仅表现在球场上，而且也会渗透到日常的工作和生活中，有利于培养运动员的创新精神。

第三节　篮球科学研究

一、篮球科学研究的内容和特点

（一）篮球科研的基本内容

随着现代科学技术的发展，篮球运动科学研究在其发展中不断地吸收其他科学领域的知识和方法，使篮球运动科学研究的范围越来越宽，探讨的问题越来越深入，研究的内容也越来越广泛，根据篮球运动的规律和特点，要从长期研究着眼，从短期需要解决的问题着手，二者兼顾。

1.篮球科研内容的分类

篮球科学研究的内容概括起来可分为以下三种。

（1）基础理论类研究

以认识和探索篮球运动的自然规律和有关原理、原则为主要目的，属于理论性的研究。

（2）应用类研究

依据篮球运动的基本规律和有关原理、原则，研究篮球运动教学、训练和竞赛中的关键问题，并从理论的高度，提出解决办法。

（3）开发类研究

将研究成果应用到篮球运动的教学训练和组织竞赛等方面，并将应用研究再扩大、发展到各个运动项目的教学训练和组织竞赛中去。

2.篮球科研的主要内容

当前篮球科学研究的主要内容包括以下几个方面。

（1）篮球运动发展史

①篮球运动的演变历程。

②篮球技术、战术的演变与发展历程。

③对篮球自身理论的成熟与完善方面的研究。

（2）篮球技术、战术的运用

①对篮球技术、战术的发展、运用与创新的研究。

②篮球战术的发展、运用与创新。

（3）篮球运动理论

①对我国篮球运动发展的战略与规划研究。

②对篮球运动教学理论的研究。

③对篮球训练理论的研究。

④对篮球运动员选材、育才、成才规律的研究。

⑤对篮球科学研究理论与方法的研究。

（4）篮球规则的理论

①对篮球规则、裁判法的研究。

②对不同等级裁判员培养、选拔和使用的研究。

（5）篮球与相关学科的理论运用

①心理学在篮球学科中的运用研究。

②社会学在篮球学科中的运用研究。

③自然学科（生理、生化、生力等学科）在篮球学科中的运用研究。

④管理学在球队管理中的运用研究。

（6）发展理论的研究

①对篮球职业化、产业化的研究。

②对篮球市场开发、营销的研究。

（二）篮球科研的特点

篮球运动科学研究与其他体育项目科学研究具有许多共同的规律。但由于篮球运动本身的特殊性，篮球领域的科学研究活动具有自身的特点。综观我国篮球科研的发展状况，其特点主要表现在以下几方面。

1.研究对象和领域的广泛性

（1）研究的对象

涉及儿童至老年的各个年龄段不同篮球水平的参与者；不同性别的参与者；不同类别的学生、教师；不同级别的运动员、教练员、裁判员，不同职能的管理人员、经营人员；以及学校篮球、竞技篮球、群众篮球、职业篮球、篮球市场等多种研究对象。

（2）研究的层面

既有指导性的理论体系、领导体制和发展战略等的宏观研究，又有操作性的生化反应、力学分析和技术运用等应用研究；既有对国家队等高层次篮球队的研究，又有对少儿篮球以及篮球后备力量的研究。

（3）研究的范围

篮球科研包括了篮球运动理论体系与史学研究；篮球技术、战术、身体、心理训练的理论和实践研究；篮球竞赛的指挥、分析和调控研究；篮球教学训练的生理、生化和运动生物力学的应用研究;篮球运动员营养、医疗和疲劳恢复的研究;篮球裁判员的培养和篮球规则与技战术关系的研究;篮球运动的管理、体制、赛制和发展策略研究;篮球运动科学研究状况的研究等方面。

2.研究内容的实效性

篮球运动科学研究为篮球运动发展服务的功能,决定了篮球运动科学研究的内容和问题必须来自运动实践。篮球运动丰富的技术动作、战术设置,独特的运动形式以及相关学科知识的发展和交融,为篮球运动科学研究提供了大量的研究素材。同时,篮球运动科学研究的结果只有经篮球实践的检验,才能成为科学研究成果。可见,科研内容来自篮球实践,又服务于篮球实践,这是互动统一的,也是推动篮球运动科学研究不断发展的原动力。就已有的成果来看,篮球运动科学研究内容的实践性、实效性特点突出。不少选题都紧紧围绕篮球教学、训练和比赛实践等问题进行研究。

3.研究过程的动态性和研究结果的创新性

动态性规律是篮球运动的基本规律之一,篮球运动科学研究也秉承了篮球运动的动态特点。篮球运动科学研究一般时间长、跨度大。从提出科学假想、搜集资料、进行预实验、科研实验,到结果分析、科学论证、得出结果,其过程就是一个动态发展的过程。随着相关学科知识和科学技术的发展,越来越多的新理论、新方法、新手段、新科技成果运用于科研之中,使篮球运动科学研究的方法、成果不断创新发展。因此,研究中一成不变的方法、思想,没有新意的命题、思维,都无法保证研究的科学性和创新性,并会影响到研究结果的实效性。

4.研究理论和方法的综合性

随着现代篮球向科学化、社会化及职业化道路迈进,职业篮球带来的商业化、产业化气息促进了当今篮球运动在观念、理论方面的更新,技术与战术方面的创新,形成了篮球运动的新特征。特别是现代科学技术的发展和科学知识的创新,为篮球运动科学研究提供了丰富的理论依据和研究方法,开拓了篮球科学研究的思路。

因此,为了全面地探索篮球运动的未知因素,揭示篮球运动的规律,篮球科研必然将涉及自然科学、人文社会学、哲学等方面的综合研究。它所涉及的相关学科主要有:生理学、心理学、生物力学、生物化学、解剖学、运动医学、运动训练学、人体测量学、体育社会学、体育比较学、经济学教育学、体育统计学、人类学以及控制论、系统论、信息论等多种学科理论。

此外,现代科学技术的成果也逐渐被大量采用,如幻灯投影技术、摄影摄像技术、各种精密仪器的使用、电脑软件的开发以及各种针对性研制器材的应用等。借助这些相关学科知识的交叉作用和现代科学技术的新成果,综合运用各种研究方法,当今篮球科研可以从不同角度探讨篮球运动的诸多问题,从而拓宽篮球科研领域,加大研究深度,增强研究的科学性、实效性和针对性。

二、篮球科学研究的方法和程序

(一)篮球运动科学研究方法

科学研究方法,是人们发现新现象、提出新理论的手段,是在科学活动中运用科学的实践与理论思维的技巧。随着现代科学技术对体育科学技术的渗透,随着体育运动的不断发展和人们对体育认识的日益深化,促使体育科学研究向深度和广度方面迅速发展,并逐渐形成了符合体育科学自身要求的研究方法。目前,观察法、调查法、实验法、逻辑方法、数学方法和"三论"方法等均已在体育科学领域中得到广泛的应用,同样,在篮球运动科学研究中成为探索篮球运动发展规律的有力工具。

1. 观察法

观察法是在自然条件下,通过人的器官或科学仪器,根据一定的目的,有计划地对研究对象进行系统考察,从而获得科学事实和资料,并运用有关方法加以整理,从现象到本质,从感性上升到理性,最后获得规律性认识的一种研究方法。篮球运动科学研究中通常采用的临场技术统计,就是通过一些测量工具(目前常用的有计算机)对比赛进行定量描述的方法。摄像法则是利用照相机、摄像机、电影摄影来记录所观察到的事物和现象,而后进行深入观察分析的一种研究方法。

(1)观察的分类

观察的种类很多,但就其目的任务而言,可分为质的观察和量的观察两种。质的观察是通过观察来确定客观事物在发展过程中的性质,如比赛中采用何种战术、战术的变化、战术的实效等。量的观察是观察客观事物在发展过程中数量的变化,如在篮球运动科学研究中,通常用于对比赛及训练中运动员运用技术等方面情况的观察统计。

(2)运用观察法的基本要求

①观察应具针对性。观察应有明确的观察目的,使观察具有针对性。观察的针对性来源于理论思维的指导作用,为提高观察的实效,就要充分发挥理论思维对观察的能动作用。

②观察应具客观性。为保证观察过程客观和准确,应坚持实事求是的科学态度。观察时,不择己所好,忌主观片面。

③观察应具系统性。由于事物总是发展变化的,因此要客观地认识事物的发展全过程,就必须进行系统观察。

④观察应具准确性。为防止在观察过程中由于主、客观原因而带来误差,要求观察者在观察前做好仪器的校检,选择好观察的位置,印制好观察记录表。正式观察前先进行实习,以便修改、完善和熟悉观察指标,保证观察的准确性。

(3)观察法在篮球运动科研中的运用

篮球运动科学研究中经常采用的技术统计是一种抽样观察方法。它是通过对训练和比赛的现场观察,记录下观察内容的具体数据和情况,然后进行分析、研究的一种常用方法。

技术统计内容的选择与表格的设计对于研究工作能否顺利进行有密切关系,而统计材料的组织运用则关系到研究的质量。

①设计统计表格。确定统计指标是设计统计表格的关键。首先,应根据课题的任务和需要的数据确定统计内容。其次,应根据所研究事物的结构环节和有关因素来选择统计内容。

表格的设计应符合既便于临场观察记录,又便于统计计算的原则。统计记录表有两种形式:一种是场地图形式,即用全场或半场的场地图记录观察的事实;另一种为表格记录形式,即用根据研究目的设计的表格记录观察的事实。

②统计材料的整理与分析。临场统计的原始材料,只有经过整理之后才能用以分析、对比。首先要对统计的数据进行核对,而后进行归类登记,填入登记表,以便分析时使用。各项统计数据都必须进行计算,算出总数、平均数和百分比,并进行统计学处理。

在统计材料整理之后,根据课题的任务需要进行归纳和分析。属于观察教学训练的问题,要根据统计数据对教学训练活动从理论上进行分析,作出评价,并从总结中发现问题,提出改进意见。属于对比赛的观察统计,则应根据统计数据对比赛胜负的原因、技术和战术运用的问题进行分析,进而总结出影响球队比赛成绩的原因,提出改进措施。

2.调查法

调查法是研究者通过直接观察或间接了解研究对象的各种方式去搜集反映研究对象的材料,是当前篮球运动科学研究常用的一种方法。根据调查对象的数量与范围的大小,可分为普通调查、典型调查、抽样调查等类型。根据调查的性质和内容,又可分为现状调查、前瞻调查、回顾调查等。调查方式有访问调查法、问卷调查法、特尔菲法等。

(1)访问调查法

访问调查法也称研究性谈话调查法,是通过有目的的谈话,寻求研究资料的方法。访问调查法的步骤如下。

①取样。根据被访问的总体特征和研究目的,决定抽样方法,决定访问的样本。

②制定访问时的提问提纲。

③进行访问。访问者要先表明身份、单位和访问目的等。

④记录答案,及时整理。

(2)问卷调查法

问卷调查是一种书面形式的调查,是以卷面形式提出若干问题来询问被调查对象,然后对所得材料进行分析的研究方法。问卷调查法的步骤如下。

①问卷的设计。调查问卷的内容应包括三部分,即问卷的标题、问卷的说明部分和调查问题项目部分。调查问题部分,结构形式大体上有问题罗列式(陈述式)和表格式两种,也可将这两种形式结合运用。

第一,问卷的标题与说明部分。问卷的标题要反映调查内容,名称要确切,一目了然。问卷的开头应有一段简单的文字说明,简要讲明调查的目的、意义及请求对方帮助与支持,而后解释某些调查问题的概念和含义,说明回答问题的形式、要求与意见和建议填写在何处,是否署名填答,请求填完问卷寄回的时间期限。最后应注明自己的姓名、工作或学习单位、邮编、地址、联系电话。措辞应谦虚并表示感谢。

第二,确定调查内容。问卷中所调查的问题,应紧紧围绕课题的研究任务及材料来确定,而后对问题进行合乎逻辑的分解,使之成为明确的、互相独立的具体小问题。问题应简明,在排列上应注意将同类性质问题排在一起,可用一小标题领题,并按问题的复杂程度由浅入深、先易后难排列,将简单的问题、容易的问题和对后面问题有启发意义的问题排在前面,而开放的问题和敏感的问题排在后面,检查成套可行性的问题不要排在一起。问题排列顺序要有逻辑性。

第三,确定回答问题的方式。根据调查问卷问题提问的形式不同,回答方式也不同。对开放型(自由式)问题可根据被调查者的认识自由回答。这类问题多用于面访调查提纲,被调查者具有较高的文化素养与学识水平。对封闭式问卷,调查者只能在规定好的几个答案中选择一个,或把答案分为几个层次让被调查者按其重要程度排出顺序。

②问卷的信度和效度检验。问卷的信度即问卷的可靠性,效度是问卷的有效性,问卷的信度是效度的前提。调查结果的信度与效度对结论推导的真实性有至关重要的作用,因此,保证问卷的信度与效度是研究者必须掌握的技巧。为保证问卷的信度与效度,必须注意以下几方面。

第一,设计问卷内容时,首先,要阅读有关文献资料与专业书籍,并经专家评定;其次,为避免设计的内容有所遗漏,应采取开放式与封闭式相结合的回答方式;最后,正式调查前,可通过小样本或小范围的预调查,以验证其可行性与有效性。

第二,进行信度与效度检验。信度一般是指所测得的数据的可靠程度,即调查材料反映调查对象实际情况的可靠、真实程度。

信度检验。通常以相关系数表示,常用的计算方法有两种。第一种是"测量再测量"方法,用测量与再测量的相关系数估价可靠性。第二种是折半法,即采用"分半信度法"求问卷的"内部一致性系数",此方法一般用于态度量表的信度检验。

效度检验。常见的问卷效度有内容效度与结构效度两种。内容效度是指问卷的内容是否反映了研究课题所需要的全部材料。检验方法有两种:一种是表面效应检验,或称逻辑分析检验,它是请有关专家全面审核评价问卷的内容性能,从问卷内容上和逻辑关系上看问卷是否符合调查的目的、任务与研究的需要。另一种是评定量表方法,即分别对问卷内容的各大问题及其范围加以定量评定(评分),然后算出每个评分者的效度分数,最后求出全部专家总的平均效度分数。

结构效度是指问卷调查结果与问卷中问题的结构特征之间的对应程度。具体操作方法:可在问卷调查前将问卷设计排列的问题打乱后随意排列,然后在小范围内(15人左右)请专家逐一判断每一问题属于哪一类问题,以及各类间距构成的总体结构是否与主题相一致,如果专家判断问题分类正确率达80%以上,且总体结构与调查主题相符合,则问卷的结构效度是有效的。

(3)特尔菲法

特尔菲法又称"专家调查法",它是调查者以书面形式对研究的问题向有关专家进行咨询调查,并背对背地反复汇总征询意见,从而进行预测与判断的一种调查形式。在篮球运动科研中多用于研究技术、战术发展趋势及预测大赛的胜负情况等。

第一,特尔菲法特点有如下几个。

①专家互相隔离和匿名填答问卷,有利于消除相互影响,充分独立地发表意见。

②调查经过反复综合和反馈,既能充分集中多数专家的意见,又不排除少数人的意见。

③对每一轮调查结果,研究者都要进行统计处理,最后的结果力求转换为定量评价,以获得对问题的准确定量评价与判断。

④在反复调查中,向每一位专家提供上轮调查的结果,便于每位专家在逐轮独立分析评价时有多种参考信息,进而提出客观意见。经几轮调查后,专家意见大多趋于一致,则使调查结论更为可靠。

第二,特尔菲法的运用程序如下。

①确定调查主题,拟定调查纲要和调查表格。

②确定被调查专家,应选择在本研究领域内连续工作十年以上有造诣的专业人员,专家人数一般以 10~25 人为宜。

③调查过程如下。

向专家发函,提出要求,提供有关背景材料,明确预测目标,征求意见。

发调查表给专家。调查表只提出要求检测的问题。

调查者对专家寄回的调查表进行汇总整理,并将统计归纳后的结果反馈给各位专家,为专家修改自己的意见作参考。

调查者回收第二轮问卷后,进行统计归纳,再反馈给各位专家。如此反复三至四轮即可得出较准确的预测结果。

3. 实验法

实验法是研究者利用一定的物质手段,人为地控制、模拟自然现象,排除非实验因素的干扰,突出主要因素,在特定的条件下通过实践探索自然规律的一种研究方法。实验的类型很多,主要有定性实验、定量实验、对照实验、模拟实验等。

(1)科学实验的构成因素

任何科学实验都包括三个基本因素,即施加因素、实验对象和实验效应。

施加因素又称处理因素,即在实验中为揭示实验对象可能发生某种变化的突出因素,如提高投篮命中率实验中的某种训练手段与方法等。施加因素必须使之成为规范稳定的、可操作实施的一些内容、方法、手段等。

实验对象泛指实验课题所涉及的全部对象,即实验研究的总体。从实验对象总体中抽出实验个体称之为实验样本,它是实施实验的受试者。

实验效应是指通过实验后施加因素对受试者的作用。为了解释施加因素在受试样本产生的效应,就必须通过一定的指标来进行观测,以便确定实验的效应程度。选择指标必须遵循指标的有效性、指标的客观性、指标的代表性及指标的标准化等原则,才能保证观测结果的正确性和可靠性。

(2)实验的设计

实验的设计就是实验的设想方案。即在实验前对即将进行的实验工作进行全面的考虑,确定实验方法途径,拟订出明确的方案,提高实验的计划性,以保证实验工作顺利进行。

①设计实验的原则有重复性原则、可控性原则、随机性原则、对照性原则。

第一,重复性原则。必须使所设计的实验方案重复进行,并产生同样的结果。

第二,可控性原则。尽量控制各种实验条件,采用均衡或对称安排的方法来达到控制实验的目的。

第三,随机性原则。实验对象必须随机抽样,不能人为地挑选。

第四,对照性原则。"有比较才能有鉴别",实验分组设计常有自身比较设计、组间比较设计和配对比较设计。

②实验设计的内容:应包括实验题目、实验原理(理论依据)、实验的目的任务、实验时间、实验对象、实验分组设计、实验的施加因素、实验效应观测指标及测试步骤等。

(3)实验的实施

实验的实施是科学实验的中心环节。在此阶段,实验人员要完成以下几项任务。

①实验仪器设备的安装。

②预备性实验。

③实验过程中的操作、观察与记录。

④对实验结果进行处理与评价。

4.逻辑方法

科学研究必须通过观察、实验、设计等方法对搜集的资料与事实运用理论思维的方法进行整理,使认识从经验层次上升到理论层次。资料事实的整理过程是多种方法辩证统一的运用过程,包括比较、分类、类比、归纳与演绎、分析与综合等逻辑思维方法。

(1)比较法

比较是确定事物的共同点和差异点的一种逻辑方法,是人类认识事物最基本、最常用的思维方法。比较同一事物在不同时间的状态叫纵比,比较不同事物各自的特点叫横比。

在篮球运动科学研究中,广泛地运用比较方法,无论是对比赛统计资料的分析或对实验结果的论证及新观点、新方法的提出,无不运用比较法。在篮球领域中,各种现状分析时常用纵向比较以揭示篮球运动发展的规律,在提出新观点、新论证、新方法时,又常采用与世界篮球强国的横向比较。

应用比较法进行研究的条件有如下几点。

①比较对象必须具有可比性。两种比较对象需要比较的属性能用同一单位或标准去衡量,否则这两种对象就不能相比。

②要有精确、稳定的比较标准。这是定量比较的基础,也是定性比较所必需的。因此,选择和制定精确、稳定的比较标准是有效进行比较的前提。

③比较研究要以正确的理论作指导。

(2)分类法

分类是根据研究对象的共同点和差异点,把研究对象划分为不同种类的逻辑方法;是人们用以区分客观世界,从而掌握客观世界的基本方法。"类"是具有某些共同特征的集合,分类是在比较基础上进行的。常用的分类有现象分类和本质分类两种类型:现象分类,是根据事物的外在联系或外部标志进行分类;本质分类,是以对象本质特征的内部联系为标准的分类。

分类可以把纷繁复杂的事物加以条件化、系统化,从而深化人的认识。通过分类可以揭示同类的共性和本质,从而为进一步研究奠定基础。因此,分类也是篮球运动科研的重要方法。例如,为了揭示篮球动作的特点,加深对篮球技术的认识,改进教学训练,进行了"对篮球技术动作分类"的研究,研究结果揭示了篮球技术动作结构特点及内在联系,从而对篮球运动教学改革及教材建设提供了有益的参考。

运用分类法时,首先按照分类对象大的相同点把对象分成大类,再按大类中对象次一级的相同点分成次级类,以此类推,逐渐将对象分成不同等级的类系统。

分类必须遵循的原则有三点。第一,分类必须根据同一标准进行;第二,分类必须相应相称,被划分的各子项之和必须与被划分的母项正好相等;第三,分类必须按一定层次逐级进行,避免超级划分的逻辑错误。

(3)分析法

分析就是把研究对象分解为各个组成部分或简单要素加以研究,以达到认识其本质的一种思维方法。如研究快攻问题可分解为发动、接应、推进、结束等部分来分别加以研究。

分析法有四种:一是定性分析,是为了确定研究对象是否具有某种性质的分析;二是定量分析,是为了确定客观对象各个部分数量的分析;三是因素分析,是为了确定引起某一现象变化原因的分析;四是系统分析,是一种动态分析,它将客观对象看成一个发展变化的系统。

运用分析法时,必须首先了解研究对象各个组成部分的特征,才能把整体加以解剖,把各个部分从整体中分离出来,加以深入的分析。分析法一般多与综合法结合运用,以便更好地全面把握研究对象的发展过程。

(4)综合法

综合法就是把研究对象的各个部分、各个方面和各种因素联系起来加以考虑,从而在整体上把握事物本质和规律的一种思维方法。例如,从快攻的发动接应、推进、结束等环节分别分析后把各环节联系起来,考察它们相互间的联系以及各环节与快攻总体战术的联系,从而得出对快攻战术的完整认识。分析与综合是统一的认识过程中的两个侧面,它们互为前提、互相补充、互相转化。人的认识过程就是在分析——综合——再分析——再综合的过程中不断提高的。因此,在实际的逻辑思维中没有纯粹的分析和综合,在科学研究中的加工、整理资料与事实的过程中要充分认识到"分析与综合同时使用"这一重要的方法原则。

5.系统科学方法

(1)系统方法

系统方法是用系统的思想研究事物的方法。它首先把研究的事物看作一个系统,从整体与部分之间,整体与外部环境的相互联系、相互作用、相互制约的关系中,综合地考察对象,最佳地处理问题。系统方法的基本原则是整体性、相互联系性、有序性和动态性。

(2)控制论方法

控制是指一个系统为了达到一定目的或保持某种特定状态,根据内部和外部各种变化进行调节的过程。控制论应用于体育领域对于在体育教学训练中系统实施有目的、有方向、有计划的调节，以达到最佳效果有着积极的作用。控制论方法是由功能模拟法、黑箱法、反馈控制法、有机协调等具体方法组成的。目前，篮球运动科研中主要运用反馈控制方法。反馈控制方法是指运用反馈和控制的概念去分析和处理问题的方法。

（3）信息方法

信息论是用数理统计方法来研究信息传递、信息控制、信息量的计算，以及阐明信息在系统中的作用和规律的一门学科，它是控制论的基础。信息在篮球运动研究中具有重要的意义，它是选择研究题目、确定研究方向、选择研究方法以及检验科研成果必不可少的依据。信息方法是指运用信息论的观点，把系统的运动过程或控制过程当作信息传递和信息转换的过程，并通过对信息流程的分析和处理，以达到对某些复杂系统运动过程和控制过程规律性的认识。控制论、信息论、系统论是新兴学科，它为体育科研提供了新的思维方式和从整体上认识事物的系统科学方法。这些方法推动了篮球运动科学研究的发展，并取得初步的成果。由于它在篮球运动科研应用中刚刚起步，有许多问题尚待探索。

（二）篮球运动科学研究程序

科学研究活动是人类能动地认识世界和改造世界的过程。对于一个具体的研究课题来说，从选题开始到研究工作结束，是一个不断深化的认识过程，在整个过程中，必须按一定的程序完成各项工作。

1. 选择研究课题

选题是进行科学研究的第一步。它直接影响研究能否完成和是否有价值。因此，必须认真地对待选题工作。

2. 建立假说、验证和制定研究计划

（1）建立假说与验证

①建立假说

在科学研究中，为了便于探索客观真理，往往对未知的事物提出设想与推测，这就是假说。科学研究常以假说为基点来设计实验或观测，再通过实验结果来验证假说。所以，假说是发现新事物、形成新理论的桥梁。一个假说从酝酿到形成一般要经过三个步骤：第一，在科学研究中发现新事实、新关系。第二，对上述新事实、新关系产生的原因及发展规律进行初步假定。第三，运用科学方法对初步假定进行逻辑推理，从而形成完整的科学假说。建立假说通常采用类比、归纳、演绎等逻辑方法。

类比法：根据事物中存在的共同点，用已知的事物去推测未知事物的方法称为类比推理法，它是理论思维的一种逻辑推理形式。

归纳法：这是一种由特殊到一般的推论方法，运用归纳法可以把大量经验材料经过分析整理，提高到理性认识阶段，把若干特殊的理性认识变为一般的理性认识。

演绎推理：这是一种由一般到特殊的推理方法。推理的客观基础是一般与个别的关系。即一般寓于个别中，个别含有一般。

②验证假说

假说只是一种猜测，它正确与否必须经过检验。检验的标准是实践，即科学事实。通过严格的科学实验、观测、调查等方法获取科学事实来验证假说。只有通过实践证明是正确的,假说才能成为科学理论。

(2)制订研究计划

研究计划是对研究工作经过谋划而形成的实施方案,也称之为研究方案。有了周密详细的研究计划,才能有步骤、高效率地完成研究任务。研究计划的内容包括以下四部分。

①研究课题名称。

②选题依据。这部分是选择和确定研究课题的理论阐述。主要包括国内外的研究动态、提出问题的理论与实践依据、研究的目的意义。

③研究对象的范围与研究任务。这是根据假说进一步将研究对象的具体范围明确化,研究任务条理化。

④研究方法指收集科学事实验证假说的具体研究方法。在设计过程中包括以下内容。

设计研究指标。即实验、观察和调查的具体项目。

建立操作定义。对于研究中某些抽象概念和指标作出明确的操作界定。如技术结构、快攻、妙传等,要明确指出其具体内容和特征,才能在收集材料过程中实际操作。操作定义在科学研究中具有重要作用,它有利于提高研究指标的客观性,使理论概念具体化,将指标变为可直接感知、测量的具体事物。同时有利于提高研究指标的统一性,从而有利于指标结果的对比分析。建立操作定义的常用方法有三种:第一,用客观事物发生状态、数量和具体现象来界定;第二,分解被定义指标(问题)的特征和所含的小指标(或因素),如"教学训练能力"可定义为"讲解示范能力、组织教学与练习能力、发现与纠正错误能力、临场指挥能力、思想教育与球队管理能力、评价与总结能力"等;第三,用被定义指标表现的主要特征的数量标准进行界定,如高大队员定义为身高两米以上的锋线队员。

研究样本与抽样方法的设计。研究样本设计是从研究对象的总体中合理取出来的部分对象。常常限于条件不可能对研究对象总体进行全面研究,只能进行抽样研究。样本量的大小(多少)以能代表研究总体的特征为宜。样本量太小,其代表性就差,样本量越大,误差越小,但受经费、时间、人力等条件的局限,研究者往往很难实现。按照统计学中确定样本量的方法,在样本误差允许范围内时,应力求以较少的样本满足研究的需要。抽样方法设计是指确定样本量后,还要根据研究对象总体范围的大小和构成特征,采取相应的抽样方法。抽样方法有随机抽样和非随机抽样,随机抽样时应遵守随机抽样原则,杜绝研究者按主观意图进行选择性抽样。常用的随机抽样方法有抽签法、随机数字套用法、等距抽样、分层抽样、整群抽样、多段分级抽样等。非随机抽样是与随机抽样对应的一种抽样方式,主要是研究者根据主观判断或操作方便来抽取样本。非随机抽样的方法有偶遇抽样、立意抽样、定额抽样等。由于非随机抽样不能控制统计上的误差,因此在推断总结时要非常慎重。

对数据进行统计处理的设计。统计分析方法的设计常用的有定距指标(比率数)、事物相关关系统计指标(如比例数、回归系数、差异程度、指标贡献率等等)。

预期结果。假说要经过推理,说明其原理和研究成果可供应用的范围等。

工作进度安排。即详细的日程计划。它将整个研究工作的顺序步骤、时间阶段及各阶段工作内容与措施作出预先安排,形成合理的工作流程。

经费预算。

课题负责人、参加人及协作单位。

参考文献

[1]王新.高校篮球训练研究[M].长春:东北师范大学出版社,2019.

[2]张伟,肖丰.高校篮球运动教学理论与方法研究[M].北京:新华出版社,2019.

[3]杨杨.篮球教学方法研究[M].北京:现代出版社,2019.

[4]刘洋,曹国强,周怀球.篮球运动多维发展探析与科学化训练[M].北京:九州出版社,2019.

[5]王荣.篮球教学与训练的多维探究[M].天津:天津科学技术出版社,2020.

[6]于洋.高校篮球教学训练技巧研究[M].北京:新华出版社,2020.

[7]闫萌萌,张戈.当代高校篮球教学与训练实践研究[M].太原:山西经济出版社,2020.

[8]王俭民.篮球教学与体育训练[M].长春:吉林科学技术出版社,2020.

[9]徐云美.篮球运动教学与训练方法[M].天津:天津科学技术出版社,2020.

[10]丁文.篮球教学导论[M].哈尔滨:哈尔滨出版社,2020.

[11]杨照亮.基于体育强国背景下现代篮球运动的教学与训练研究[M].长春:东北师范大学出版社,2018.

[12]解长福,王淼,张聪.篮球教学与训练[M].哈尔滨:东北林业大学出版社,2018.

[13]鲁茜.篮球教学与训练[M].上海:华东师范大学出版社,2018.

[14]廖俊.篮球教学与训练研究[M].哈尔滨:东北林业大学出版社,2018.

[15]战美迎.高校篮球教学与训练研究[M].长春:吉林大学出版社,2018.

[16]杨玉霞.现代大学生篮球教学与训练研究[M].西安:西北工业大学出版社,2018.

[17]周荣凤,孙亚光,刘文亮.高校篮球教学训练基本理论与实践研究[M].长春:东北师范大学出版社,2018.

[18]马涛.篮球运动教学与训练[M].长春:吉林美术出版社,2018.

[19]贺成华,陈清,夏重华.高校篮球运动教学与训练[M].北京:九州出版社,2018.

[20]沈威.现代篮球教学体系构建与训练科学[M].北京:新华出版社,2018.

[21]黄德星.青少年篮球教学理论与训练方法[M].长春:东北师范大学出版社,2018.

[22]勾占宁.现代篮球运动教学与训练方法研究[M].北京:团结出版社,2018.

[23]朱淑玲.高校篮球课程建设与教学训练的开展研究[M].北京:地质出版社,2018.

[24]姜毅.现代篮球教学理论与科学化训练研究[M].北京:中国大地出版社,2018.

[25]刘浩,张戈.篮球[M].重庆:重庆大学出版社,2018.

[26]谭晓伟,岳抑波.高校篮球教学开展的理论与实践研究[M].长春:吉林人民出版社,2018.

[27]李忠义.校园篮球执教之路[M].北京/西安:世界图书出版公司,2018.

[28]洪锡均.青少年篮球训练理论与方法[M].北京:中国社会出版社,2018.

[29]宋良忠.产生式系统理论与篮球课程改革[M].沈阳:辽宁大学出版社,2018.

[30]宁昌峰.现代体育教育训练的理论发展与创新研究[M].北京:煤炭工业出版社,2018.

[31]金宗强,鲍勇.体能训练在竞技运动中的实验应用研究[M].天津:天津大学出版社,2018.

[32]辛娟娟.运动技能与体育教学[M].北京:九州出版社,2018.

[33]余丁友.现代篮球运动教学与训练研究[M].北京:冶金工业出版社,2019.

[34]杨明刚.现代篮球教学与训练精要[M].长春:吉林大学出版社,2019.

[35]黄震.高校篮球教学与训练实践研究[M].长春:吉林人民出版社,2019.